大夏书系 | 全国中小学班主任培训用书

初中体验式班会课程

刘令军 戴姣 ——————— 编著

华东师范大学出版社

·上海·

图书在版编目（CIP）数据

初中体验式班会课程 / 刘令军，戴姣编著.
—上海：华东师范大学出版社，2023
ISBN 978-7-5760-4050-0

I. ①初 ... II. ①刘 ... ②戴 ... III. ①班会—活动课程—课程设计 IV. ① G455

中国国家版本馆 CIP 数据核字（2023）第 138735 号

大夏书系 | 全国中小学班主任培训用书

初中体验式班会课程

编　　著	刘令军　戴　姣
责任编辑	卢风保
责任校对	杨　坤
封面设计	奇文云海 · 设计顾问

出版发行	华东师范大学出版社
社　　址	上海市中山北路 3663 号　邮编 200062
网　　址	www.ecnupress.com.cn
电　　话	021-60821666　行政传真 021-62572105
客服电话	021-62865537
邮购电话	021-62869887
地　　址	上海市中山北路 3663 号华东师范大学校内先锋路口
网　　店	http://hdsdcbs.tmall.com/

印 刷 者	北京季蜂印刷有限公司
开　　本	700×1000　16 开
印　　张	18.5
字　　数	292 千字
版　　次	2023 年 9 月第一版
印　　次	2023 年 9 月第一次
印　　数	6 100
书　　号	ISBN 978-7-5760-4050-0
定　　价	72.00 元

出 版 人	王　焰

（如发现本版图书有印订质量问题，请寄回本社市场部调换或电话 021-62865537 联系）

目 录

前言　班级建设的抓手是价值塑造　　　　　　　　　　　　I

上篇　体验式班会课程的构建逻辑

第1章　体验式班会课程开发的操作体系　　　　　3

第1节　概念界定　　　　　　　　　　　　　　　4
第2节　教育主张　　　　　　　　　　　　　　　5
第3节　施教原则　　　　　　　　　　　　　　　10
第4节　操作技术　　　　　　　　　　　　　　　13
第5节　使用的工具　　　　　　　　　　　　　　17
第6节　体验式班会课程开发的逻辑结构　　　　　24

第2章　体验式班会课程的操作方法　　　　　　27

第1节　班会课的课堂结构模型　　　　　　　　　27
第2节　初中体验式班会课程的逻辑结构　　　　　32

下篇 体验式班会课程的实战案例

第1章　培养习惯·学会反思·自我完善　　39

第1节　相逢是首歌　　39

第2节　珍爱生命，安全出行　　46

第3节　错题是学习的宝贵财富　　53

第4节　聆听国歌的礼仪　　59

第5节　遵守秩序　　66

第6节　寻找文明使者　　72

第7节　做一个有担当的男孩　　79

第8节　做一个优雅女孩　　86

第9节　我们应该创造什么样的课桌文化　　92

第10节　微习惯，塑造你的个人优势　　99

第11节　做事情要有精益求精的精神　　106

第12节　有感谢，要学会表达　　114

第2章　主动进取·自我教育·汲取力量　　121

第1节　请学会主动出击　　121

第2节　依据身份塑造你的外在形象　　127

第3节　学会处理好与任课老师的关系　　133

第4节　学会与人沟通　　　　　　　　　　　140

第5节　成就别人就是成就自己　　　　　　　148

第6节　我做好一点，班级就更好一点　　　　155

第7节　为他人着想的善良　　　　　　　　　163

第8节　我的忍耐有底线　　　　　　　　　　170

第9节　"班级系列人物传"　　　　　　　　　178

第10节　我的偶像　　　　　　　　　　　　　183

第11节　中国力量——长征精神　　　　　　　188

第12节　中国力量——"两弹一星"精神　　　　195

第3章　理性成长·拼尽全力·家国情怀　　　202

第1节　成功一定有方法　　　　　　　　　　202

第2节　学会管理好我们的课余时间　　　　　210

第3节　嘘，请保持安静　　　　　　　　　　217

第4节　用好手机这个工具　　　　　　　　　225

第5节　爱是责任　　　　　　　　　　　　　232

第6节　中国字，中国人　　　　　　　　　　240

第7节　我们都是五星红旗的护旗手　　　　　246

第8节　一本中国护照带给我们的安全感　　　251

第9节　我们为什么要努力读书　　　　　　　257

第10节　给自己积极的心理暗示　　　　　　　265

第11节　努力到竭尽全力，拼搏到感动自己　272

第12节　挫折是一块磨刀石　　　　　　　　　278

前言　班级建设的抓手是价值塑造

当前的教育背景是："双减"，即减轻义务教育阶段学生作业负担和校外培训负担。

但"减"不是目的，只是一种措施，一种手段，"减"的目的是提"质"，即提高教育教学质量。所以，合起来称之为"减负提质"。

如何提质？之前的做法是加班加点，无限制地增加学生的学习时间，让学生苦不堪言。在宁乡市德育名师工作室，我给老师们提的要求是：作为一名德育人，应该不局限于用教学的方式提质，更多的是采用德育的方式提质。

我跟工作室老师们表达的一个观点是：德育人的理想境界，是不收家庭作业，不检查家庭作业，让学生自己主动去做作业，学生照样能考好。虽然这个目标很远，但这就是我们想要到达的地方。我们工作室的戴姣老师，由于长期从事班会课研发，经常外出上课、学习，耽误了很多教学时间。但她带的班级，学生中考成绩依然领先。所以，教学质量的提高，不是靠时间堆积，而是靠学生自主学习、自主教育。在班级管理中，管理的问题用管理的方式解决，教育的问题用教育的方式解决。提质是教育的问题，因此，不能一味用管理的方式去解决。给学生布置大量的课后作业，事后再检查督促，没有完成的给予处罚，这是管理的方式，不是教育的方式。

那么，怎样才能将一个班带好？

在班级管理实践中，一线老师工作非常积极，但容易迷失方向，被班级问题绑架，将自己的主要时间和精力都花费在解决问题上。

我的一个同事，每天走进学校，就开始处理问题：老师，昨天我们寝室被扣分了；老师，昨天某某同学打架了；老师，昨天某某同学丢钱了……老师一听，立马跑进教室，去进行处理。这个班几年带下来，他发现自己每天都在解决问题中度过，把自己弄得精疲力竭、心力交瘁。而他从来没有去做过另外一件事情，那就是班级建设。

一线老师要把一个班级带好，应该将自己的主要时间和精力放在班级建设上，而不是解决问题上。

我的邻居，生了一个二孩，孩子经常感冒，一感冒母亲就送到医院打针吃药，治疗好了以后，过了一段时间孩子又感冒了，于是又送到医院打针吃药……由于长期在家和医院之间奔波，原本活泼开朗的母亲心理接近崩溃。她从来没有想明白一个问题，那就是打针吃药其实只是解决问题，真正有效的方法就是让小孩强身健体，这才是建设性的方法。

班级管理也是如此，班级建设就是让班级强身健体的方法。

一线老师的迷茫是：我该怎么去进行班级建设？

对班级进行建设，首先要找到抓手，有了抓手，你满身的力气才能找到施力点。我们的研究表明，对学生进行价值塑造是班级建设的一个有力抓手。

一、什么是价值塑造

任何一个职业人在自己的行业领域里都可以进行自己的价值塑造。本书中的价值塑造，仅是指教师这个群体，在教育教学工作实践中，通过具体的课程、实践活动以及自身言行，对学生世界观、人生观、价值观的塑造。

一个人在具体的情境中采取的具体行为，一定是有根据的，有本源的，这个根据和本源就是他的个人价值观。

在班级管理中，一线老师的失误在于，只关注学生的外显行为，不去寻找外显行为的本源。比如学生打架，同学之间一言不合，大打出手。比如班级一盘散沙，班级内部之间相互攻击，相互指责，学生遇到问题就逃避、推诿、不敢负责。看到学生的这些行为，老师的处理办法是跟学生讲解打架的危害，讲解班级一团散沙的危害，这是典型的"头疼医头，脚疼医脚"。由于没有找到问题的本源所在，苦口婆心说了很多，总是收效甚微。

我的朋友周女士，有段时间发现眼睛干涩，看物模糊，于是到一个小诊所开了很多治疗眼睛的药。结果一直没有好转，病情越来越严重，没办法，只好去大医院眼科做检查。医生在检查她的眼睛的同时，开了另外一个检查——查血糖。结果出来了，原来是糖尿病，几片药吃下来，她的眼睛就恢复了正常。糖尿病才是周女士眼睛问题的"本源"，抓到问题的本源，问题就迎刃而解。

同样的道理，对学生进行价值塑造，就是班级建设的本源，我们要抓这个本源，而不是老盯着学生的外显行为，避免在班级建设中盲目施力，野蛮施力。

二、为什么要进行价值塑造

朋友苏先生，再婚家庭：苏先生带一个儿子，妻子带一个女儿。

儿子结婚，苏先生给了 20 万元红包。妻子有意见了，为什么拿那么多钱给你儿子？苏先生说，那是我儿子。妻子说，那是你儿子，不是我儿子，为什么拿我们的钱给他？苏先生说，拿的是我自己赚的钱。妻子说，你的钱是夫妻共同财产，明年女儿结婚，你也要拿 20 万。苏先生说，那是你女儿，不是我女儿，要拿你自己拿。

家庭纷争不断，苏先生牵挂自己的儿子，妻子牵挂自己的女儿，两人价值观不同。

一个家庭，要稳定，要和谐，需要有相同的价值观。

疫情期间，有人逆行，有人哄抬物价，价值观不同，导致在疫情面前有人施推力，有人施阻力。

2020 年 2 月 23 日，武汉市武昌区华锦社区 100 多位居民报名做志愿者，他们按照就近就便原则，到本人居住地所在的社区党群服务中心报到，加入社区防控志愿服务队。

2020 年 3 月 8 日，湖北鄂州市市场监管局下达行政处罚听证告知书，拟对鄂州市武昌大道卫斌生鲜超市在疫情期间涉嫌捏造涨价信息、哄抬价格的违法行为处罚 40 万元。

疫情期间，有人逆向而行，有人乘机发国难财，有人为公德，有人为私利，价值观不同。

一个国家，要齐心协力，要万众一心，需要有相同的价值观。

清华大学，国之重器。众人皆知，它的校训是：自强不息，厚德载物。

在清华大学章程中，明确提出"实行价值塑造、能力培养、知识传授'三位一体'的培养模式"。在这所中国顶级的大学里，价值塑造被放在了首位，蕴含在每一门课程中、每一次活动中、每一位教师的言行中。

北京师范大学原校长董奇说："教师点燃了教育的光芒和民族的希望，点亮了每一个个体的生命之光，价值塑造是广大教师的首要责任。每一位教师都要勇担'传道、授业、解惑'的现代职责，用正确的价值观引导学生求真求善求美。"

一个班级要发展，最重要的是要凝聚力量，相向而行。而要凝聚人心，首要的就是让班级的所有成员，都有相同的价值观。

我曾在一线担任过多年的班主任，从2010年开始进行教育写作，醉心于德育研究，随着年龄渐长，不断阅读、阅己、阅人、阅事，拨云见日，化繁为简，越接近教育的本质，越发现价值塑造才是教师真正的首要责任。

三、怎样对学生进行价值塑造

在中小学的课程表中，每周都有一节班会课，班会课是班主任对学生进行思想品德教育的主阵地，对学生进行价值塑造，主要通过班会课来实施。

在实际工作中，一线班主任的班会课上得怎么样呢？

（1）从来不上班会课。在班级课程表上有班会课的名称，但实际上班会课变成了文化课或者自习课。班主任是数学老师的，变成了数学课，班主任是语文老师的，变成了语文课，或者班主任觉得那一天的作业比较多，就变成了自习课。

（2）上"变式"班会课。对于学生来讲，班会课就是开心好玩的课，班干部组织，主持人登场，变成了文艺汇演课。在此过程中，学生也有体验，也有成长，但主题松散，育人目标不明确。这样的班会课上多了，容易涣散班级纪律，带来消极影响。

（3）上"灌输"式班会课。班主任懂得班会课的用途，每周一节课都用来进行思想教育，也有课件，但缺少育人过程，直接告诉学生"答案"——

你应该怎么做怎么做，至于为什么要这么做，没有具体的体验和感受。即便这样，这种班主任在一线也已经非常难得。

我与一位政教主任交流，他说："德育为先，这句话往往在一线喊成了口号，属于'说起来重要，做起来忘掉'的那种。但是……"他又说："如果一所学校，真的把德育放在优先发展的位置，班主任将课表上每周一节的班会课都落到实地，学校政教处会减少很多事情，班级也才会实现真正的自主管理。班会课，应该是一所学校德育的主要施力点，但是很多学校的德育施力，都不在这个点上，多数属于无效施力、盲目施力，浪费了老师很多时间和精力。"

我问："谁都知道精准施力的重要性，为什么一线班主任就不能通过班会课这个抓手来进行教育的精准施力呢？"

政教主任说："一线班主任缺两样东西，一是班会课教案，二是班会课操作理论。"

我突然明白了。班会课没有教材，没有教案，你让班主任拿什么内容来组织教学？网络上有很多的班会课教案、课件，但都是"点"状的，碎片化的，不成体系，班主任拿来，就只能东一榔头，西一棒槌，德育始终缺乏系统性、完整性、逻辑性。尤为关键的是，班会课还没有操作理论，你让班主任如何去设计班会课，如何去对学生进行价值塑造？巧妇难为无米之炊，这就是班主任的困境所在。

同样是这些教师，他们为什么能把语文教好，能把数学教好，能把物理化学教好？因为这些学科都有相应的课程，按照循序渐进的思路，一个知识点连接一个知识点，老师在课程的导引下，一步一步实现了课程教学目标。

而他们之所以不能将学生的价值塑造做好，是因为他们缺少了这个领域的专业课程。教育需要有施力点，才能实现精准施力。课程就是老师的施力点。

因此，解决上述难题的瓶颈在于：

对于老师而言，需要一个课程来提高自己的概念解读能力。

对于学生而言，需要一个课程来提高自己的理解消化能力。

本书的写作，源自宁乡市德育名师工作室八年的实践。我们的研发团队每年都要组织20余次的研课磨课活动，每一节班会课都至少经历了三次打磨，在长期的实践中我们总结出了班会课的操作理论。我们的研究，正是要解决一线教师"无米之炊"的难题，为一线教师对学生进行价值塑造，提供一个完整的课程：一套经过实践检验行之有效的班会课操作理论，再加 36 堂经过反复验证的、体系完整的、价值塑造螺旋式上升的班会课教案。

我们的目的，就是在一线班主任拿到我们的教案以后，哪怕她（他）是一个新手，哪怕她（他）的教育能力不是很强，也能够循序渐进地按照我们提供的方案，将一个班级建设好。

需要本书课件资源包的老师，请加微信 mtbllj。

宁乡市德育名师工作室　刘令军

上 篇

体验式班会课程的构建逻辑

整个课程的建设目标，就是用理想信念、爱国情怀、品德修养、增长知识、奋斗精神、综合素质的德育内容，对学生进行价值塑造输入，学生在形成价值观之后，输出有本领、有担当、有理想的外显行为。

第 1 章
体验式班会课程开发的操作体系

有一线班主任，在"学科教学"的思维定势下，以为班会课就是"传授"知识，于是班会课也按照学科教学的方式来操作，给学生灌输道德知识。其实，学生并不缺乏道德知识，他们缺乏的是道德意识和道德素养。比如，不能乱丢乱扔，这个知识学生都知道，但是他们做不到，他们缺乏的不是知识，而是素养。

学生之所以会有知识无素养，根本的原因是知识还没有被学生内化。如果我们把大脑看成是一个"容器"的话，那些未被内化的知识，只是以一种概念的形式收集在大脑这个"容器"中，并没有融入大脑，成为大脑思维的一部分。只有融入大脑，成为大脑思维一部分的知识，才会成为学生的素养。因此，在德育这个领域内，教师的责任不是灌输知识，而是帮助学生内化知识，并使其转化成学生的素养。

卡尔·罗杰斯指出：我们不能直接教一个人一些东西，我们只可以使他的学习更加便利。他认为，老师的作用，不是教学生知识，而是为学生的学习提供便利，因为学习是学生自己的事情，他们需要自主学习、自我教育。

学校教育的过程，就是一个唤醒和激励的过程，唤醒学生身体内的潜能，激励学生不断完善自己。学生学习的过程，就是一个觉醒和成长的过程，学生通过不断地自我觉醒，实现自身的成长。民主式教育的教育目标核心就是"帮助学生"，围绕学生的内心感受和体验开展教育教学。

因此，要提高班会课的教学效果，班主任就应该认识到，学生不需要说教，不需要灌输，他需要通过各种体验，来实现个人价值观的自我塑造，使其成为他自己。

体验式班会课的设计目的，是使学生有自主学习的能力，并在学习过程中通过理性思考进行价值判断，之后将这种价值判断运用到实际生活中，指导他的行动。

第1节　概念界定

一、班会课

"班会"一词包含了两个含义：第一，它是"班级"的；第二，它是"会议"。班会即在班级召开的会议。班会课则是以班级会议形式组织的课堂。

班会课是学校教育中的一门课程，小学、初中、高中的课程表中，每周有一节课的时间安排。班会课的使命是对学生进行思想品德教育，是班级德育的一个重要抓手，是学校德育整体框架中的一个重要支架。

二、体验式班会课

体验式班会课是指根据学生的年龄特点、班级问题解决的实际需要，通过情境创设、师生对话、具象化等教育教学手段，让学生通过体验，产生情感触动，从而引发思想共鸣，实现对学生进行价值塑造的班会课。

三、课程开发

课程开发的原义，是指课程开发团队通过需求分析，确定课程目标，根据目标遴选教学内容，制定教学流程，并通过多种途径对课程进行评价的整个工作过程。

本书提出的课程开发，是指学校的课程开发团队，针对本校学生的实际情况和学校发展需求，制定课程目标，按照时间顺序对整个初中学段的班会课运用课程思维进行整体设计，通过连续三年的课程实施，实现对学生进行序列化、螺旋式上升的价值塑造，通过课程评价来进行修订的整个工作过程。

第2节　教育主张

任何一个课程的开发，都是基于一定的教育主张，而你有自己的主张，要落到实地，必须通过课程来实现。我们的教育主张是：做体验德育。

一、体验德育是什么

第一个问题，体验是什么？

首先，对于学生来讲，体验是人认识社会的一种方式。这种认识方式，是通过人的视觉、听觉、触觉感官直接获得的。从人的认知规律来讲，容易理解和消化物质化的信息，比如图片、视频、音乐、实践活动，因为这些信息直观、生动、形象。布鲁姆的认知金字塔理论认为：听老师说教，人只能记住 5% 的内容，如果亲身参与实践则可以记住 75% 的内容，如果讲授给别人听则可以记住 90% 的内容。央视著名主持人白岩松说：人类就是一种喜欢通过感性的方式来获取理性的动物。

其次，对于老师来讲，体验是一种教学方式。区别于说教，它遵循的是一种通过让学生去经历真实的情境，让学生产生情感的触动，继而引发思想共鸣的教学思路。泰勒指出："教育是一种改变人的行为方式的过程。这个行为是从广义上说的，既包括外显的行为，也包括思维和情感。"一个人行为的改变，是从思维和情感的改变开始的，因此，情感触动、思想共鸣是行为改变的开始，也是教育改变学生的开始。

班会课程的目的是对学生进行价值塑造，而价值塑造最关键的是思维和情感的改变，而思维和情感的改变，往往缘自某个情境。因此，班会课中的体验，不能狭窄地定义为肢体活动，根据班会课的实际需要，课程研发者将其定义为情境体验。

在具体的课堂教学中，情境体验是一种教学方法。它的操作方法是：教师有目的地创设带有一定情绪色彩、具象化的教育场景，引导学生进行各种感官的情绪体验，从而帮助学生理解教材，并使学生的认知和思维得到发展的教学方法。

基于以上认识，我们对体验这样界定：在班会课堂上，教师创设教育情境，引导学生参与和感受，产生情感触动、引发思想共鸣的教育过程。

第二个问题，体验德育是什么？

对体验德育，我们这样界定：教师将抽象的道德教育内容，通过工具的转换，变成学生可看见、可听见、可触摸、可感受的具象化的道德内容，学生在教师引导下通过亲身参与进行体验和感受，并在此基础上进行理性思考、自省自悟，从而巩固、修正或者改变自己的道德认知的一种德育施教方式。

第三个问题，体验德育要干什么？

抽象的道德概念，是社会伦理和个人道德要求的高度概括，文字精练，言简意赅。青少年学生，社会体验和生活阅历都很少，对高度概括的文字缺少理解能力，无法理解、吸收、消化。要让学生实现体验，就必须通过工具将道德概念内容具象化。

体验德育的目标，就是将抽象化的道德内容，转换成可看见、可听见、可触摸、可感受的具象化的道德内容，简称为"四可目标"。（如下图所示）

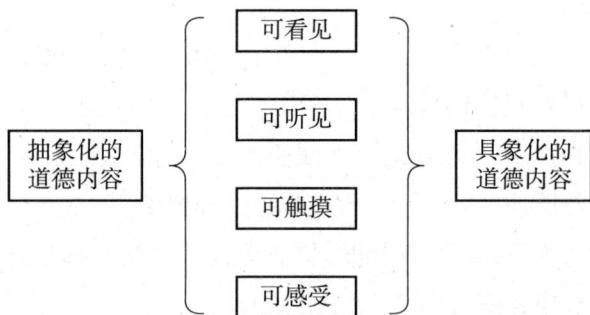

为了清晰研究方向，我们对说教式班会课和体验式班会课进行了比较（如下页表所示）。

比较项目	施教方式	成长动力	本质
说教式班会课	说教，灌输	外驱力	省略过程
体验式班会课	体验，感悟	内驱力	增加过程

上面这个表格，清晰了体验德育的研究方向：

（1）改变施教方式。

在班会课堂上，很多教师习惯了说教，反反复复的都是学生都懂的正确道理。学生厌烦说教，这种消极情绪对教育的损害，就是学生在大脑中关闭了接收通道，表现在外面，就是老师们说的"听不进去"。为什么会听不进去呢？学生其实厌烦的不是德育课程，他们厌烦的是德育课程的教育方式。摒弃传统的说教的教育方式，改用体验的方式来进行道德施教，才能从根本上提高班会课的教育效果。教育方式决定教育效果，要取得最佳的教育效果，就必须采用学生喜欢的教育方式。

（2）唤醒学生道德行为的内驱力。

我们对班会课在德育中的作用定位是：唤醒和激励学生自觉去加强道德修养，而不是灌输道德知识。一个人内省和慎独的力量，来自他的内驱力而不是外驱力。什么是文化？作家梁晓声的概括是：根植于内心的修养，无需提醒的自觉，以约束为前提的自由，为别人着想的善良。老师不要成为学生的监工、领导，而应该成为学生的合作伙伴，努力让学生成为他自己。

（3）过程育人。

德育不是知识传授，德育是心灵浸润的过程，润物无声。我们每一个人，都是在过程中成长起来的，德育要做的就是将过程做足做实，让学生去体验、感悟，然后在过程中慢慢成长。

二、为什么要做体验德育

我们坚持做体验德育，基于三个原理：

（1）思维科学的相似原理。

思维科学的相似原理，是体验式班会课的理论基础。中国著名思维科学专家张光鉴指出：人的大脑，不管是显意识还是潜意识，都是按照相似性进行激活、联系、匹配和重组的，这是大脑信息加工的必然运动形式。在教育教学中，老师要训练学生通过形式相似、结构相似、过程相似、关系相似、功能相似来理解和内化科学知识。

我们工作室的戴姣老师，醉心于班会课研发，班会课赛课获得一等奖，这是理所当然的。后来，她参加语文赛课，也获得一等奖，参加历史赛课，也获得一等奖，这就是教学原理的相似性在起作用，只要是课堂教学，就必然会有形式相似、结构相似、过程相似的地方，所以戴姣老师凭借着班会课的教学经验，在学科教学上也同样绽放精彩。

体验式班会课在课堂上创设情境，目的就是为学生提供与道德内容相似的感知对象，引导学生按照相似性去进行激活、联系、匹配和重组自己的道德认知。

（2）情感和认知活动相互作用原理。

情感和认知活动的相互作用包括两个方面：

第一个方面，加强大脑两半球的协同。脑科学研究表明：人的大脑功能，左右两半球既有分工又有合作，大脑左半球掌管逻辑、理性和分析，包括言语的活动；大脑右半球负责直觉、创造力和想象力，包括情感的活动。而体验式班会课，先让学生感受，触动情感，然后用语言表达，进行理性思考。体验时，掌管形象思维的大脑右半球兴奋；思考时，掌管抽象思维的大脑左半球兴奋。这样，大脑两半球协同工作，挖掘了大脑的潜在能量，可以获得良好的教学效果。

第二个方面，提高大脑认知活动的效能。心理学研究表明：情感对人的认知活动具有"动力功能"，这个"动力功能"可能是"增力"也可能是"阻力"，积极健康的情感对人的认知活动有"增力"作用，而消极不健康的情感对认知活动有"阻力"作用。

（3）认识的直观原理。

捷克教育家夸美纽斯指出：一切知识都是从感官开始的。经过直观而获得的知识是最可靠的，也最易于理解和记忆，教学应当从实际事物的观察开始，在不能进行直接观察的时候，应当使用图片、模型等直观教具。

在具体的教育教学实践中，我们观察到的事实是：那些采用直观教学的老师往往会受到学生的欢迎，学生不仅学习兴趣高，而且学习成绩优异。原因就是直观教学使抽象的知识具体化、形象化，有助于学生感性知识的形成，学生学得轻松，因此也就喜欢学，也学得好。体验式班会课正是基于直观原理的指引，在班会课堂上创设情境，带给学生真实的代入感，使学生如同"身临其境"，激发学生的学习兴趣，引发学生的自我教育。

三、体验德育怎么做

我们所有的班会课开发，都是遵循思维科学的相似原理、情感和认知活动相互作用原理、认识的直观原理来设计的。具体来说，引领学生的体验分成四个阶段来实施：

第一个阶段，亲身经历。

将抽象的道德内容具象化，让学生看见、听见、触摸、感受。这是后面三个阶段出现的关键所在，没有这一个阶段的铺垫和积累，后面的阶段便无从谈起。

第二个阶段，情感触动。

人是感情动物，在经历的过程中，不会波澜不惊，不会无动于衷，一定会产生情感波动，或惊讶、或喜悦、或震撼、或羞惭，这种从内心生发出来的情感，会促使体验者去反思或者整理自己的道德认知。

第三个阶段，价值判断。

在反思和整理自己的道德认知的基础上，进行自我归纳、推理和拓展，新获得的道德认知与之前大脑中形成的一些认知进行印证、组合，提炼总结出自己的个人观点，即价值判断。

第四个阶段，外化于行。

形成自己的观点以后，以后在行动中，就会用这个观点来指导自己的行动。

学生价值观的形成过程如下页图所示。

亲身经历	→	看见、听见、触摸、感受
情感触动	→	惊讶、喜悦、震撼、羞惭
价值判断	→	提炼总结出自己的个人观点
外化于行	→	用观点来指导自己的行动

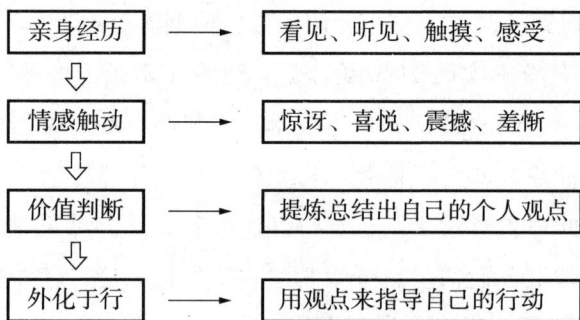

体验式班会课程，它的根本任务就是对学生进行价值塑造。如果没有"经历和感受"的铺垫，没有积极情感的蓄势，老师仅仅通过说教，直接给学生灌输一些观点，是无法达到价值塑造的目的的。

在我们的调研中，学生反映说：特别厌烦喋喋不休说教的老师，特别喜欢不说教的老师。传统的班会课突出教师主导作用，忽视学生主体作用，因而弊病丛生，导致学生对班会课兴味索然，班会课效果低下。[①] 现在的少年儿童，他们人性中的友善从哪里来？他们性格中的顽强、坚毅从哪里来？他们情感中的爱国、孝敬从哪里来？如果没有经历真实的体验，这些道德品质的形成都成了无源之水、无本之木，仅凭说教，哪能培养出这些道德品质来。

第3节 施教原则

体验式班会课的施教原则，可以概括为"三无三有"。

一、三无

（1）无排练。

班会课不能事先进行任何排练。一次研课磨课活动，一位借班上课的老师，

---

① 李招富，刘衍栋. 在体验中成长：体验式德育主题班会课的实践研究 [J]. 中小学德育，2015（12）：58–60.

竟然带了自己班级的三位学生去上公开课。事后问这位老师为什么要这样做，这位老师回答说，害怕借的班级的学生，不能回答她提出的问题，为了保险起见，就将自己班的学生带来了，因为这堂课在自己的班级已经试教过好几遍了，学生都知道要如何回答。这个事例，促成了第一条原则的出台：无排练。

（2）无指定。

还有一个老师上公开课，她不带学生，但是在上课之前，她偷偷把所借班级的几个优秀学生叫到一个僻静处，每人给一张纸条，告诉学生说，待会儿老师上课会提这样几个问题，答案都在纸条上，到时候你们照此回答。这个事例，促成了第二个原则的出台：无指定。授课老师不能为了课堂的教学效果，事先对问题和学生进行指定。

（3）无说教。

有一些老师，上班会课的时候，总是摆脱不了说教的思维定式，一设计班会课教案，就是知识传授、说教和灌输，这促成了第三条原则的出台：无说教。

"三无"是"破"，破除人固有的思维定式。对于成年人来讲，当经验稳定且成为其个人的思维习惯后，经验就变成了一把枷锁，在处理事情时锁定人的思维，形成思维定式，限制人的创造。在这种情况下，经验就会让人形成路径依赖，对学习、创造产生消极影响，限制创新思维的发展。比如一个数学老师写文章，喜欢建模，喜欢分类，喜欢归纳，因为平时都是使用逻辑思维，他的大脑里有逻辑的定式思维，无论遇到什么问题，都会用自己固有的思维模式去进行解决；而一个语文老师在写文章的时候，喜欢抒情，使用很多很多的文学语言，因为平时都是使用形象思维，他的大脑里有形象的定式思维，无论遇到什么问题，都会用形象思维去解决。这是定式思维给人的束缚，如果不打破这种定式思维，就无法进行创新。体验式班会课程开发，属于开创性的工作，如果不用强大的原则来打破课程研发者的思维定式，班会课就会回到原路，不能突破。

二、三有

（1）有载体。

所有的教育内容，都是通过载体的"舟车"作用传达给学生的。班会课放弃了说教，如何将道德教育内容传播出去？这就需要有媒介，有载体。因此，老师在设计教案之前，应该去大量搜集与主题有关的素材，然后根据主题需要对素材进行取舍和加工。

（2）有参与。

班会课是学生的班会课，因此一定要让学生参与进来，没有学生在课堂上的动态生成，班会课就会沦落为老师的自编自演。在上班会课的过程中，有些老师的注意力始终放在自己的"教"上，不断地向学生"输入"，脱离了"班会课"是"班级会议"的本质。这一本质决定了班会课是一种师生间的双向交流，既有老师的"课堂输入"，又有学生的"课堂输出"，老师应该尊重学生的意愿，引领他们进行充分表达，引领他们积极参与课堂生成。因此，德育要有全体学生的参与。

（3）有过程。

德育要有完整的过程，一步一步，循序渐进，学生受到教育，是老师把过程做足做实、水到渠成的结果。一些班主任在上班会课的时候，总想塞进更多内容，其实在网络时代，老师知识的传授是不重要的，重要的是唤醒学生的学习愿望。一个人一旦有了学习的愿望，他自然会去学习，而他要学到知识，会有很多很多的途径。因此，德育要有过程。

"三有"是"立"。"立"是课程研发者思维的确立。先"破"后"立"，"破"的目的是"立"，"破"为"立"腾空间，做准备。开创性的东西，需要有开创性的思维做支撑。老师施教方式的改变，最终的决定因素是老师思维的改变，如果没有思维的改变，一切创新都是空谈。在刚开始的时候，"立"是强制性的，必须这么做，对于要破除的东西，必须坚决放弃，大胆砍掉。很多课程开发者不适应，不知道如何入手，内心充满了彷徨、无助、苦闷，觉得太难了，根本就找不到思路。随着课程研发者坚持做"立"的实践，不松懈，不放弃，终于有所突破，逐步"立"起来新的思维方式。

第4节 操作技术

什么是技术？技术就是工具与相关的行为、思维的有机组合。

由此可见，一个人技术的形成，包含了三个要素：使用的工具，人的行为，人的思维。用专业思维，使用专业工具，产生专业行为，便形成了专业技术。

体验式班会课有三大操作技术：

一、放大对比

放大对比的目的，是形成两极。比如说，高和矮，远和近，喜和悲，都是事物的两极；而高和不高不矮，远和不远不近，喜和不喜不悲，就不是两极。放大的目的，是拉开差距，蓄积能量。就像橡皮筋一样，拉开的差距越大，再一松手，释放的能量越大。班会课中，放大对比的过程，就是蓄积能量的过程，这个过程做得越充足，松手时释放的冲击力就越大，给人留下的印象就越深刻。

在《珍爱生命，安全出行》的班会课中，开发者就采用了放大对比的技术，整堂班会课的载体是一首诗《以倒叙的方式还他一条生命》。

这堂课主要是讲述安全出行。整堂课在时间上被课程设计者划分成了两个半场，上半场 20 分钟，主要营造、铺垫"喜庆"的情感氛围。

老师首先给学生出示了一首诗：

嘴角，一撇微笑，
说道：儿子，我去给你买生日蛋糕。
他站在阳光下，
穿着洁白的短袖。
迎风骑着摩托车，好快，
一路感觉有点冷，但心底暖洋洋……

老师请两位学生展示读，激励点评，营造良好的朗读氛围。老师然后说：这首诗仅六行，但呈现给我们一副美好的画面。请大家谈谈：你看到了怎样的画面？

生：我看到了父亲兴高采烈地去帮孩子买生日蛋糕。

生：我看到了父亲脸上的微笑，看到了儿子期盼的眼神。

生：我看到了风吹起父亲的衣角，似乎在催促父亲快点。

生：我看到儿子高兴得跳了起来，一家人在一起愉快地唱生日快乐歌。

……

老师让学生发挥想象，续写后面的情节。学生续写的都是喜庆的画面，老师请学生就自己续写的情节到讲台上去进行朗读。

这个朗读的过程，实际上就是放大对比，将"喜"放大，拉大"喜"和"悲"之间的差距，蓄积能量，为下半场的转换做好充足的铺垫。

学生的朗读结束了，下半场开始了，老师说：在大家创作的诗歌中，我们真切地感受到了生活的美好，有蜡烛、鲜花、礼物、掌声、祝福和拥抱，还有欢歌和笑语……然而，它的原文却是这样的：

以倒叙的方式还他一条生命

"躺在地上的他已无生命迹象"，

这句话，从紧急赶到的医生嘴里收了回去。

血泊中的他，逐渐有了心跳，

旁边蜂拥而至的人群散开了，

深红色的血液慢慢返回他的脑部，

血肉模糊的轮廓逐渐变得清晰，

破碎的摩托车也恢复了原来的样子。

他又骑上了摩托车，

和拐弯处那辆与他相撞的卡车都开始往后退去。

一路感觉有点冷，但心底暖洋洋，

他迎风骑着摩托车，好快。

他站在阳光下，穿着洁白的短袖，

说道：儿子，我去给你买生日蛋糕。

嘴角，一撇微笑……

学生一下子呆住了，没想到原文竟然是这样的。这一堂课，突然就经历了"大喜"到"大悲"的转换。正是因为上半场的"喜"放得足够大，下半场的"悲"才具有了震撼人心的力量，学生的体验非常深刻。

二、以小见大

本文中的以小见大，是指用小题材来阐述大主题。小题材，可以是日常生活中的一个小行为、一个小细节，可以是整体中的一个小部分，也可以是一个小物件、一张纸、一面墙、一张图片，还可以是一个小人物……大主题，可以是家国情怀，可以是人生哲学，还可以是世界观、价值观、人生观……

这里说的"小"，主要是指切入的角度小、外显的行为小、选取的题材小；这里说的"大"，主要是指主题大，有科学性、哲理性和普遍指导意义。

"以小见大"还有另一个含义，那就是"大处着眼，小处入手"，一个由面到点，由分散到集中，由一般到特殊，由肤浅到深入，这个思维方法实际上就是科学逻辑思维的演绎法，它的思维过程是从一般到特殊、从特殊到个别的思维运动。[①]

德育的内容很宏大，但解读的方式可以很小巧。比如，课题组研发的班会课《聆听国歌的礼仪》，就是从聆听国歌的礼仪入手，得出这堂班会课的主题：心中有敬意，行为有礼仪。一个人如果内心对国歌充满敬意，就会通过他的行为表现出来，自然就会尊重国歌。

一个榆林抗战老兵，在家里看电视，听到电视机里有国歌声音响起，他站起来，行军礼；宁夏一9岁小学生脚骨折，听见国歌响起，立即朝着国歌声音响起的方向行队礼；国歌突然奏起，正在训练的中国女排和观众自发站起行注

---

① 高丽. 以小见大深化主题 [J]. 新闻爱好者，2009（11）：66.

目礼；一群小学生在上学途中，突然听到国歌奏响，原地站立，行队礼。

一个人如果对国歌有敬意，无论他身处何地，无论他在干什么，都会用自己的行为来表达这份敬意。礼仪就是他内心的真实表达，千言万语，都在礼仪中。那些对国歌奏响无动于衷的人，是因为内心对国歌没有敬意。通过聆听国歌的礼仪这个细小的行为，便可阐述爱国这个宏大的主题。

三、创设情境

在刚做班会课程开发的头几年里，我们一直被"体验"两个字的表层意义束缚。什么是体验？那就一定是学生走下座位去参加某个活动，如果坐在座位上不动，怎么能够叫体验呢？所以，刚开始设计的班会课，我们基本上都是以拓展活动为载体。这样的班会课，思维狭窄，载体少，能够开发出来的班会课数量也很少，无法全面覆盖一个学段。

经过三年左右的徘徊，猛然觉醒：体验，除了"身体"直接参与的活动以外，还可以有另外一种方式，那就是情境体验。

人类获得的知识，来源于哪里？来源于人类的实践。先人们基于对自然的观察，不断实践，不断地总结提炼，最后形成文字，变成了今天可以传播、可以学习的知识。

也就是说，知识是从实践活动中得来的，是对自然和社会发展变化规律的反映，本身具有生动的实践内容，而表述它的文字、符号、图表则是抽象和精炼的。学生要把知识学懂，并且进行理解消化，变成自己的认知，变成自己的思想，就要把文字、符号、图表和它们所代表的实际事物关联起来，而且只有抽象与具象之间建立起了对应关系，学习才会真正发生。学生如果只是记住了一大堆干巴巴的文字、符号、图表，并没有理解与之相关联的实际内容，学习就没有真正发生，因为学生并没有学到知识；没有消化，也没有吸收。

创设教学情境，就是把抽象的知识具象化、外显化，让学生可以看见，可以听见，可以感受，可以触摸，使学生通过看见、听见、感受、触摸这些实际事物，来实现人思想的涅变。一个人世界观、价值观、人生观的成型，均来自他的生活阅历，来自他自己的生活体验。家长、老师的说教，以及书本知识的传承，或许对一个人的思想会有一些影响，但这种影响终究都是外在的，不会成为一个人思想的本源，一个人思想的本源只会来自他在生活环境中经历的真实体验。我们常说的醍醐灌顶，常说的顿悟，皆是在一定的行为中促成的，体验式班会课开发提出的"体验"，正是想创造这样的契机，让学生在班会课堂上找到代入感，产生情感触动，引发思想共鸣，产生醍醐灌顶般的认知，塑造自己的价值观。

第 5 节　使用的工具

什么是工具？《现代汉语词典》的解释是：进行生产劳动时所使用的器具，如锯、刨、犁、锄。比喻用以达到目的的事物。

大部分工具都是简单机械。例如一根铁棍可以当作杠杆使用，力点离支点越远，杠杆传递的力就越大。也可以是智能性的。比如高速公路上的"ETC"，代替人工进行记录和收费，加快了高速公路的通行。

工具＋思维＋行为，会形成技术。

简单工具＋简单思维＋简单行为，形成简单技术。

比如，木工使用凿子、锯子等工具，在头脑里进行简单构图以后，制作一条凳子，就是简单技术。

复杂工具＋复杂思维＋复杂行为，形成高端技术。

比如，工程师们使用复杂的工具，通过运算、模拟、实验，生产出动车，就是高端技术。

专业工具＋专业思维＋专业行为，形成专业技术。

比如，我们老师使用电脑、教学软件，制作课件，讲解知识要点，就是专业技术。

工具就是辅助人们完成某些事情的一个中间载体，通过这个载体可以省工省力。

假如木工手中没有凿子、锯子等工具，他还能做凳子吗？假如老师手中没有电脑，没有教学软件，他能制作课件吗？显然都不能。这说明一个问题，即便是一个技术人员，如果手中没有工具，他就不能做技术性的工作。

班会课的设计也是如此，如果我们不使用工具，班会课要让学生体验就没有可能实现。一线教师之所以会将班会课变成知识传授课，变成说教灌输课，一个重要的原因，是班主任没有找到合适的工具，无法使抽象的德育内容具象化，学生不能看见，不能听见，不能触摸，不能感受，因此理解起来就有困难。老师没有解读工具，在班会课堂上，就只能照本宣科，就只能说教灌输。

班会课中的工具，就是使抽象的道德内容实现具体化、实质化、形象化的辅助手段。也就是说，在班会课中使用工具的目的，是提高教师道德教育内容的解读能力，让道德教育内容变得通俗易懂。

教师之所以能够把班会课上成体验式的，而不是说教式的，一个关键因素，就是因为体验式班会课强调使用工具，也就是说，工具在班会课课堂中的出现，导致了班会课的体验成为了一种可能。

体验式班会课中使用的工具有四种：

一、图像类

包括图片和视频。

（1）图片。

图片适合对事件细节的解读。细节真实、刻画入微，才能突出事件主题，丰盈人物形象，加载情感。

比如，《一本中国护照带给我们的安全感》的班会课中，便使用了富有情感冲击力的图片。比如两张对比图片：

叙利亚女孩：眼中充满恐惧，仿佛她面对的是一把枪。然而，在她前面的其实仅仅是一部相机。

中国女孩：也门撤侨时，被海军小姐姐牵着手，迈着轻盈的步伐，踏上了接她回家的中国军舰。

这样的图片，有很强的情感冲击力，胜过千言万语，学生看过之后，内心就会起波澜，就会产生情感触动，也就会有思想的触动，有一本中国护照，有中国国籍，就是最大的安全感的价值观就会悄然形成。

（2）视频。

视频是音乐、图片、故事等因素的集成，适合对大型事件进行全场景、全过程的解读。视频中的背景音乐，还有加载人情感的作用。

还是在《一本中国护照带给我们的安全感》班会课中，使用了央视记录频道一段利比亚撤侨的视频。

2011年2月26日，利比亚与突尼斯交界的拉斯杰迪尔口岸，当中国的军舰开进港口的时候，中国人挥舞着手中的国旗，口中呼喊着"祖国万岁！祖国万岁！"可以说，所有的感谢，都在这一句"祖国万岁"的呼喊里，所有的自豪都在这一句"祖国万岁"的呼喊里，此时此刻，还有什么能比"祖国万岁"这一句呼喊更能代表他们的心声呢？

视频的最后，是一本中国护照和一行文字：

中华人民共和国公民：
当你在海外遭遇危险，
请你不要放弃！
请记住，
在你身后，
有一个强大的祖国！

无需任何说教，这段视频就告诉学生，有一个强大的祖国，是多么幸福的事情，做一个中国人，是多么幸福的事情。

中国护照，也许不能把你带到世界的任何一个角落，但中国护照，可以把你从世界的任何一个角落接回家来。中国护照，就是有这样强悍的力量；中国护照，就是能给你这么坚实的安全感。

二、音频类

音频类工具中，绝大部分都是歌曲。

歌曲适合用于对情感、意境、氛围的解读。情感、意境、氛围本身很难用文字语言来进行描述，只可意会不可言传，只能靠学生自己去感悟。歌曲就是通过旋律进行意境营造，感染学生，引发学生情感的共鸣。

比如，在《爱是责任》的班会课中，使用《窗外》这首歌作为载体，讲述的是残疾歌手李琛的爱情故事。老师介绍这首歌的创作背景后，师生一起听这首歌的音频，感受歌手的情感，然后对歌词进行逐段品析。

品读第一段歌词：

今夜我又来到你的窗外
窗帘上你的影子多么可爱
悄悄地爱过你这么多年
明天我就要离开

这一段提炼的关键词是"可爱"，抓住"青春期的异性之间相互吸引是一件美好的事情"进行解读，以此消除学生对早恋的罪恶感。在未经引导的情况下，一些孩子对早恋可能会有罪恶感：哎，我喜欢那个男孩，是不是我心理不健康？我喜欢那个女孩，是不是我道德败坏？其实都不是，"异性之间相互吸引"，是人类的一种美好情感，老师只有先把这个教育的基调定好，才能为后面的思想植入做好铺垫。

品读第二段歌词：

多少回我来到你的窗外
也曾想敲敲门叫你出来
想一想你的美丽我的平凡
一次次默默走开

这一段提炼的关键词是"走开"。品读这段歌词的本意，就是让学生自己去进行类比：李琛在爱情面前，有清醒的自我认知，那么，我们呢？我们在爱情面前，是不是也应该有清醒的自我认知？当我们想去爱一个人的时候，首先应该认真审视一下自己的情况：年龄，是否合适？能力，是否足够？条件，是否具备？

品读第三段歌词：

再见了心爱的梦中女孩
我将要去远方寻找未来
假如我有一天荣归故里
再到你窗外诉说情怀

这一段提炼的关键词是"寻找"。通过品读这一段歌词，让学生以李琛为榜样，学习他身残志坚、志向远大、自强不息的优秀品质。

品读第四段歌词：

再见了心爱的梦中女孩
对着你的影子说声珍重
假如我永远不再回来
就让月亮守在你窗外

这一段提炼的关键词是"珍重"，抓住"胸怀大度"进行解读，让学生明白爱是一份责任，爱一个人就应该对一个人负责，要做一个胸怀大度的人。

通过欣赏音乐，品读歌词，让学生形成代入感，在品读歌词的过程中对学生进行价值塑造：李琛身患残疾，对自己的能力和条件有清醒的认知，自强不息，胸怀大度，该放手时放手。我们也应该像李琛一样，对自己目前的能力状况有清醒的自我认知，自强不息，为了实现心中的理想，努力奋斗。爱不是占有，爱是一种责任，爱一个人就是要对一个人负责，当我们无法得到对方的时候，应该选择祝福对方。这些年轻的学子，总有一天，爱情会来敲他们的门，在他们爱情观即将塑型的时刻，作为老师，有必要提前给他们打一针预防针，告诉他们，爱是责任，不是占有，得不到的，应该胸怀大度，主动放手，并且祝福对方。整堂课老师没有说过一个"早恋"的词汇，一直在跟学生探讨李琛是一个什么样的人，他具有什么样品格，让学生自己去类比，去迁移，以李琛为镜子，去进行自我观察。

三、文字类

包括叙事性文本和故事。

（1）叙事性文本。

班会课中使用的叙事性文本，主要用于创设情境，让学生去品读和感悟，将一些抽象的概念和道理具象化。

比如，在班会课《我做好一点，班级就更好一点》中，使用了叙事性文本：

第二节课下课后，学生会干部带队到教室检查卫生，发现第二组第二个同学座位旁边的过道有垃圾，学生会干部小王说："你们现在找人打扫，我就不扣分。"班长让第二组第二个同学把垃圾打扫一下，这个同学不愿意，说："不是我扔的，为什么让我打扫？"班长只好让当天打扫卫生的同学再次打扫。他也不愿意："为什么让我干？每天两扫，早自习我就扫干净了，是别人扔的。"班长无奈，因为大家都没看见是谁扔的。一通争吵后，小王等不耐烦，扣了分就走了。

师：你们认为是谁的责任呢？（1）第二组第二个同学；（2）当天负责卫生的同学；（3）班长；（4）劳动委员。

生：当天负责卫生的同学，太没有集体意识了，事情的目的不是搞一两次卫生，而是保持干净不被扣分，所以他在推卸责任。

生：……要怪就怪第二组第二个同学，垃圾就在他身边，只要弯腰就能阻止此次风波，他却这么小气。

生：劳动委员也有责任啊，他管卫生的，全权负责，现在扣了分，我要是老师，也会先问他情况。

生：照你这么说，也要怪班长咯，班长要管班级的方方面面。

经过讨论分析，学生们明白了，这件事情要追究的话，谁都有责任。这里的每一个人，其实都只要在听到学生干部说的话的时候，立马找来扫把，打扫一下就行了，班级就不会扣分了。很简单的事情，何必把责任分得那么清呢？所以说，在一个班级里，只要我做好一点，班级就更好一点。

（2）故事。

故事是用来讲道理的。在班会课中，故事的作用在于：通过故事来阐述引领者的观点。

比如在《我们为什么要努力读书》一课中，讲述了清华大学"馒头神"张立勇学习英语的故事。张立勇，1993 年辍学离家，曾在广东的竹制品厂和玩具厂打工，1996 年进入清华食堂做临时工。都已经在食堂打工了，按照人成长的一般规律，张立勇这辈子可能不会有大的出息了。

张立勇每天五点起床，跑步 30 分钟，背英语 40 分钟，再上班。他硬是从自己睡眠的时间里抠出 70 分钟来学习和锻炼身体。但是他觉得这时间还不够，还要继续"抠"。

食堂规定，厨工吃饭时间 15 分钟。张立勇规定自己必须在 7 分钟内吃完饭，又从吃饭的时间里"抠"出 8 分钟，躲到食堂后面一个放碗柜的地方背英语单词。

1999 年起，张立勇先后通过大学英语四、六级考试，托福成绩 630 分，被清华学生尊称为"馒头神""清华大学英语神厨"。2008 年 10 月，美国著名的"金头脑"英语传播公司在与张立勇多次沟通后，聘任他为中国分公司 CEO。

用这个故事对学生进行价值塑造：要实现人生逆袭，有效的方法就是为自己人生最重要的事情找到时间。

四、活动类

以心理拓展活动为主，以"隐喻"的方式进行说理。

隐喻是用"是"来连接的一种暗喻，它的典型形式是"此"（喻体）即是"彼"（本体），是用类比的方式来讲述道理的方法。因为"彼"讲述的道理太抽象，不容易理解，那就先讲"此"，因为"此"直观、形象，学生容易理解。等到学生理解了"此"，再跟学生讲"彼"的时候，学生一下子就弄明白了，因为"此"即是"彼"。隐喻适合对复杂道理、原理的解读。大道至简，当我们在头脑中把两种不同事物加以等同，并使一者的某种属性通过另一者具体地呈现出来时，就产生了一个隐喻。

在班会课中，隐喻是一种直觉式的意象思维活动。它的作用在于：把两种教学内容加以等同，并使一者的某种属性通过另一者具体地呈现出来。

有一个游戏的名字叫竞争与合作，游戏的规则是：

游戏两人一组，面对面在相距1米的两条平行线外站定，双方用力拖拽，在20秒钟的时间内将对手拉过来三次算获胜。

刚开始游戏的时候，学生都是拼命拽自己的对手，双方都不甘示弱。这是竞争的方法，双方是你输我赢的关系。

做过几次以后，老师告诉学生，其实这个游戏还有另一种玩法，按照规则，可以实现双赢，也就是先让自己的对手赢三次，然后对方会反过来让自己赢三次。要实现双赢，其中一方要有这样的意识：我可以先让对方赢三次。老师用这个活动得出的结论对学生进行价值塑造：成就别人就是成就自己，助人就是助己。

在这个世界上，有一些人用零和博弈思维打压自己的对手，为了自己的私利，不惜损害别人的利益。这样的人，当有一天他抬眼看世界的时候，会发现满世界都是敌人。

这个游戏的隐喻意义就是：在人际交往中，我们不一定非得与对手拼一个你死我活，还有一条更好的途径，就是与对手合作，实现双赢。然后进行迁移，学习如此，生活也是如此，个体是如此，国家也是如此。要有竞争，但更要有合作，不要四处找对手，而要四处结交朋友。

第6节　体验式班会课程开发的逻辑结构

体验式班会课开发的操作理论，是用中国哲学智慧的"道、法、术、器"构建一个问题解决模型（如下表所示）。

逻辑结构	层次	具体说明
目标定位与价值引领	道	体验德育

逻辑结构	层次	具体说明
实现目标的规章制度	法	无排练、无指定、无说教 有载体、有参与、有过程
战术、技术的具体化手段、途径	术	放大对比、以小见大、创设情境
提高效率、解决问题的具体方法与工具	器	图像类、音频类、文字类、活动类

道：一种定位、一种使命、一种长期坚持的核心价值观，是做一切事情的指导思想或要遵循的纲领。教育主张是课程开发的"道"，它决定着课程开发朝哪个方向施力和发展。这么多年来，我们的课程研发团队，高举起体验德育的旗帜，言行一致，心口合一，影响和改变了很多基层学校老师的班会课授课方式。

法：让道落地的规章制度。我们之所以提出"三无三有"的课程开发原则，就是因为在刚开始做的时候，发现很多课程研发者在实践中总是走样，背离了体验德育的主张，不自觉地走到说教德育的路上去了，后来使用"三无三有"的施教原则，要求老师们改变思维，体验德育的特点才慢慢凸显，并逐渐被固化。

术：执行层面的操作方法。体验式班会课程开发，刚开始是一个想法，最后把这个想法变成了一个可操作、可实施的课程，就是因为使用了具体的方法。

器：有形的物质或工具。工具的作用是提高效率，把复杂问题简单化。使用图像类、音频类、文字类、活动类四种工具，班会课就能把抽象的概念，解读得生动形象，通俗易懂。

这个逻辑结构，可以用下页图表示。

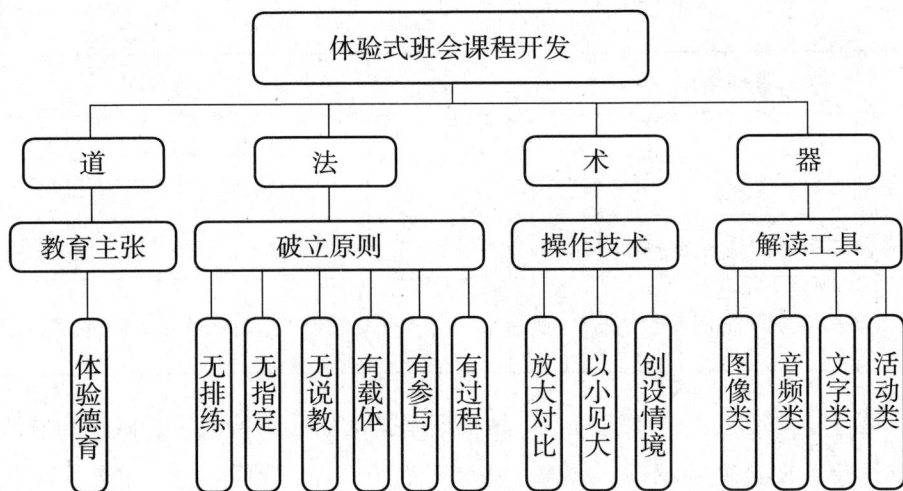

第 2 章

体验式班会课程的操作方法

本书呈现的班会课，是经课程研发团队反复研课磨课、研讨论证开发出来的逻辑严谨的体验式班会课程体系。

第1节　班会课的课堂结构模型

我们开发的班会课，不是素材的堆砌，而是逻辑严谨的课程。在研发过程中，我们强调的是：每一堂班会课，都要当成论文来设计，有论点、论据、论证等要素。这些要素在班会课中，构成"课题—观点—流程—解决方案"的课堂模型。

一、课题

课题的表述，要清晰具体，能够一目了然看清楚班会课要解决的是什么问题，有建设性，尽量不带文学性和演讲性。

长沙市芙蓉区马坡岭小学郑佳平老师设计的指导同学之间人际交往的班会课课题是"他人物品不乱拿"；

北京垂杨柳小学郑丹娜老师入学第一课的课题是"我是小学生啦"；

无锡堰桥中学喻雪梅老师励志教育的课题是"别说不可能"；

陕西师范大学附属中学杨兵老师理想教育的课题是"不要平庸地生活"。

这些课题都非常清晰，一看就知道是针对什么问题，也不带文学性和演讲性。

以"国旗"为主题，组织班会课，已经拟定了四个课题，您会选哪一个呢？

（1）国旗飘扬在我心中；

（2）我向国旗敬个礼；

（3）今天，我们都是护旗手；

（4）我们都是五星红旗的护旗手。

这四个课题中，第四个比较符合要求。这个课题界定的行为对象很清晰，就是五星红旗，不是其他旗帜，行为的内容也很具体，就是做护旗手。而第一个和第二个行为内容比较模糊，带有文学性和演讲性，第三个则没有清晰地界定行为对象是五星红旗。

班会课的课题就是班会需要解决的中心问题，班会课课题的选定，既要依据学校的中心工作，又要服从于班级的共同努力目标与现状，避免课题的随意性和盲目性。班会课课题一定要结合学生实际，具有针对性。我们要善于观察，了解学生的思想和行为动态，针对班集体的现状来设计，特别是及时准确地抓住集体中产生的带有普遍性的问题和可能侵蚀班集体健康的偶发事件，以此为契机，召开相应的主题班会。

二、观点

在一堂班会课中，观点有两种，第一种是核心观点，第二种是环节观点。核心观点是一堂课的灵魂，它对整个课堂具有统领作用，一堂班会课必须有自己的核心观点，才能保证老师在施教的过程中，不偏离主题，不信马由缰，不堆砌素材。核心观点之下，课堂每一个步骤可能还会有一个环节观点，各环节观点之间有逻辑关联，它们组合起来，才能完整地论证核心观点。

比如，班会课《中国字，中国人》，核心观点是：写工整方正中国字，做文明有礼中国人。

环节观点有四个：

（1）中国字是中国人的骄傲；

（2）中国字使中国人心相连；

（3）中国人让中国字走向世界；

（4）中国字中蕴含着做人的哲学和智慧。

当然，也不是每一堂班会课都有这样完整的结构，有些班会课可能就没有环节观点，所有步骤起到的作用就是为核心观点的形成做铺垫。

核心观点在教育中的作用，主要体现在两个方面：第一是对学生进行价值塑造，第二是引导行为的改变。学生行为的改变，都是在认知改变的基础上的，只有当学生认知改变，思想观点改变的时候，他才会外化于行，引起行为的改变。

比如防"校园踩踏"教育班会课《遵守秩序》，核心观点是：最快的到达方式，就是人人遵守秩序；最慢的到达方式，就是人人抢行。

如果学生领悟了这个核心观点，就会在生活中自觉遵守秩序，在各种需要排队的场景中做到不插队，不抢行。

三、流程

整堂课有清晰可见的流程步骤，每个步骤都有特定的目标任务，各个步骤之间有逻辑上的关联性。体验式班会课堂有四种逻辑思路：并列式、递进式、总分式、分总式。

并列式：各环节观点之间的关系是并列的，课堂各环节之间的内容没有主次轻重之分。

递进式：各环节观点之间的关系是递进的，一层一层深入，使核心观点得到深刻的阐发。

总分式：先提出班会课的核心观点，然后分几个环节进行论述。

分总式：先一层一层论述，每一层都得到一个环节观点，最后得到结论，形成核心观点。

课堂各步骤都是整体的一部分，缺少了哪一步都不完整。比如，《中国力量——"两弹一星"精神》这堂班会课，设计者是这样写这篇"论文"的：

（1）毛主席的力量。

在上世纪五六十年代，中国研制"两弹一星"，缺人才，缺技术，缺钱，但是中国人居然研制成功了。师生一起品读毛主席会见芬兰第一任大使时说的话："美国的那点原子弹消灭不了中国，即使美国原子弹威力再大，投到中国来了，把地球打穿了，炸毁了，对太阳系说来，还算一件大事情，但对整个宇宙来说，也算不了什么。"面对强大的对手，毛主席谈笑风生，从不畏惧。如果毛主席的内心，有一丝丝胆怯，有一点点畏惧，"两弹一星"都不会研制成功。这说明，一个人的力量来自哪里？来自他的内心强大的意志。

（2）钱学森的力量。

现在，我们坐飞机到美国，大概需要15个小时，但是当年钱学森回国，用了5年时间，其间还被关押过，软禁过。这么多的阻拦，这么多的困难，这么长的时间，钱学森居然回来了。他是一个有力量的人，他的力量来自他的爱国之情、报国之志，来自他内心的意志。

（3）郭永怀的力量。

1968年12月5日，郭永怀从青海试验基地赴北京汇报，因飞机失事不幸遇难，时年59岁。当人们从机身残骸中寻找到郭永怀时，吃惊地发现他的遗体同警卫员紧紧抱在一起。烧焦的两具遗体被吃力地分开后，中间掉出一个装着绝密文件的公文包，竟完好无损。郭永怀的身体都烧焦了，他不疼吗？肯定很疼。他为什么没有放手？因为他保护的东西比生命更重要。他的力量，来自内心必胜的信念。

（4）邓稼先的力量。

中国研制原子弹正值三年困难时期，尖端领域的科研人员虽有较高的粮食定量，却因缺乏油水，经常饥肠辘辘。邓稼先从岳父那里得到一点粮票的支援，却都用来买饼干之类，在工作紧张时与同事们分享。连饭都吃不饱，但他们的精神力量很强大。这些中国人，他们的力量汇聚起来，就成了中国力量。

最后水到渠成形成核心观点：精神就是力量。今天的中国之所以有力量，是因为我们有"两弹一星"精神。这种精神不应该只是老一辈的精神，这种精神需要传承，一代一代向下传递，我们中国才会越来越有力量。

显然，这堂课采用的就是"并列式"的逻辑思路。

四、解决方案

班会课是用来解决问题的，因此要对存在的问题提出建设性的解决方案，不能就事论事，泛泛而谈一些表面现象，不触及问题解决。

比如，班会课《聆听国歌的礼仪》，最后总结的"聆听国歌的礼仪"是：

我们中国人，

在任何场合，

只要听到国歌响起，

就必须立即停止手头的工作，

原地站立，

身体挺直，

表情专注，

直到国歌播放结束，

才可以继续行走或者工作。

班会课《学会管理好我们的课余时间》提出的解决方案就是：

（1）十字时间管理法，对工作的重要性进行排序，重要的事情优先做；

（2）二八法则，在自己精力最好的时段做最重要的事，在精力差的时段做不重要的事；

（3）番茄工作法，以 25 分钟为番茄钟，把学习时间划分成多个番茄钟。

体验式班会课的课堂结构模型，如下图所示：

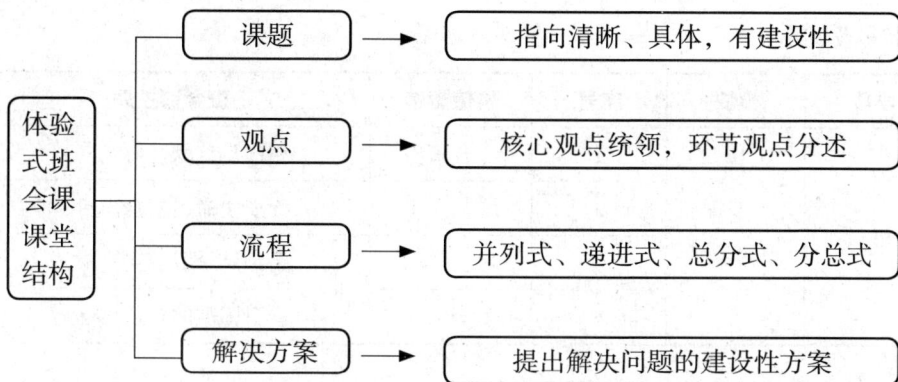

体验式班会课课堂结构

- 课题 → 指向清晰、具体，有建设性
- 观点 → 核心观点统领，环节观点分述
- 流程 → 并列式、递进式、总分式、分总式
- 解决方案 → 提出解决问题的建设性方案

当然，要注意的是：不是每一堂班会课都需要有解决方案，一些以体验为

主的班会课，它可能就没有解决方案，只有一个核心观点。有些班会课的解决方案，与教学流程是一致的，还有一些班会课的解决方案，只在班会课的某一个流程步骤之中。

第2节　初中体验式班会课程的逻辑结构

梁启超在他的《少年中国说》中写道："少年智则国智，少年富则国富，少年强则国强，少年独立则国独立，少年自由则国自由……"青少年的教育，事关国家的未来。

习近平总书记在2018年9月召开的全国教育大会上强调，"要在坚定理想信念上下功夫""要在厚植爱国主义情怀上下功夫""要在加强品德修养上下功夫""要在增长知识见识上下功夫""要在培养奋斗精神上下功夫""要在增强综合素质上下功夫"。这"六个下功夫"，为做好新时代青年人才的培养工作指明了方向。

体验式班会课程，将"六个下功夫"作为施力点，去对学生进行价值塑造。

2020年3月15日，习近平总书记在给北京大学援鄂医疗队全体"90后"党员的回信中指出："青年一代有理想、有本领、有担当，国家就有前途，民族就有希望。"

体验式班会课程，将"有理想、有本领、有担当"作为育人目标，具体内容如下表所示：

学段	模块	序号	价值塑造	班会课主题
初一	有本领：培养习惯	1	综合素质	相逢是首歌
		2	增长知识	珍爱生命，安全出行
		3	增长知识	错题是学习的宝贵财富
		4	爱国情怀	聆听国歌的礼仪

学段	模块	序号	价值塑造	班会课主题
初一	有担当：学会反思	5	品德修养	遵守秩序
		6	品德修养	寻找文明使者
		7	综合素质	做一个有担当的男孩
		8	综合素质	做一个优雅女孩
	有理想：自我完善	9	综合素质	我们应该创造什么样的课桌文化
		10	奋斗精神	微习惯，塑造你的个人优势
		11	奋斗精神	做事情要有精益求精的精神
		12	品德修养	有感谢，要学会表达
初二	有本领：主动进取	13	奋斗精神	请学会主动出击
		14	综合素质	依据身份塑造你的外在形象
		15	综合素质	学会处理好与任课老师的关系
		16	增长知识	学会与人沟通
	有担当：自我教育	17	品德修养	成就别人就是成就自己
		18	品德修养	我做好一点，班级就更好一点
		19	品德修养	为他人着想的善良
		20	品德修养	我的忍耐有底线
	有理想：汲取力量	21	奋斗精神	"班级系列人物传"
		22	品德修养	我的偶像
		23	理想信念	中国力量——长征精神
		24	爱国情怀	中国力量——"两弹一星"精神

学段	模块	序号	价值塑造	班会课主题
初三	有本领：理性成长	25	增长知识	成功一定有方法
		26	增长知识	学会管理好我们的课余时间
		27	品德修养	嘘，请保持安静
		28	奋斗精神	用好手机这个工具
	有担当：家国情怀	29	品德修养	爱是责任
		30	爱国情怀	中国字，中国人
		31	爱国情怀	我们都是五星红旗的护旗手
		32	爱国情怀	一本中国护照带给我们的安全感
初三	有理想：拼尽全力	33	奋斗精神	我们为什么要努力读书
		34	理想信念	给自己积极的心理暗示
		35	奋斗精神	努力到竭尽全力，拼搏到感动自己
		36	奋斗精神	挫折是一块磨刀石

在整个初中学段，班会课程设计遵循的是序列化、螺旋式上升的原理，整个课程体系结构如下图所示：

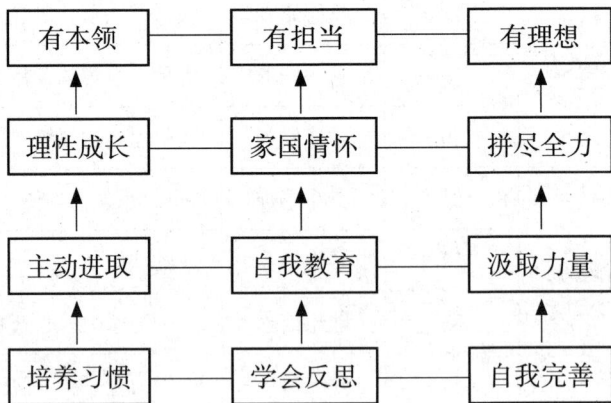

```
┌──────────┐    ┌──────────┐    ┌──────────┐
│  有本领   │────│  有担当   │────│  有理想   │
└──────────┘    └──────────┘    └──────────┘
     ↑               ↑               ↑
┌──────────┐    ┌──────────┐    ┌──────────┐
│ 理性成长  │────│ 家国情怀  │────│ 拼尽全力  │
└──────────┘    └──────────┘    └──────────┘
     ↑               ↑               ↑
┌──────────┐    ┌──────────┐    ┌──────────┐
│ 主动进取  │────│ 自我教育  │────│ 汲取力量  │
└──────────┘    └──────────┘    └──────────┘
     ↑               ↑               ↑
┌──────────┐    ┌──────────┐    ┌──────────┐
│ 培养习惯  │────│ 学会反思  │────│ 自我完善  │
└──────────┘    └──────────┘    └──────────┘
```

这个课程体系，横向看是一个学年的课程内容，纵向看是一个模块的递进式上升的课程内容。

课程体系如此构建的目的，是从教育的本源出发，把一个没有多少人生经历的儿童，经过体验式班会课价值塑造，培养成为有本领、有担当、有理想的社会公民。整个课程的建设目标，就是用理想信念、爱国情怀、品德修养、增长知识、奋斗精神、综合素质的德育内容，对学生进行价值塑造（输入），学生在形成价值观之后，输出有本领、有担当、有理想的外显行为（如下图所示）。

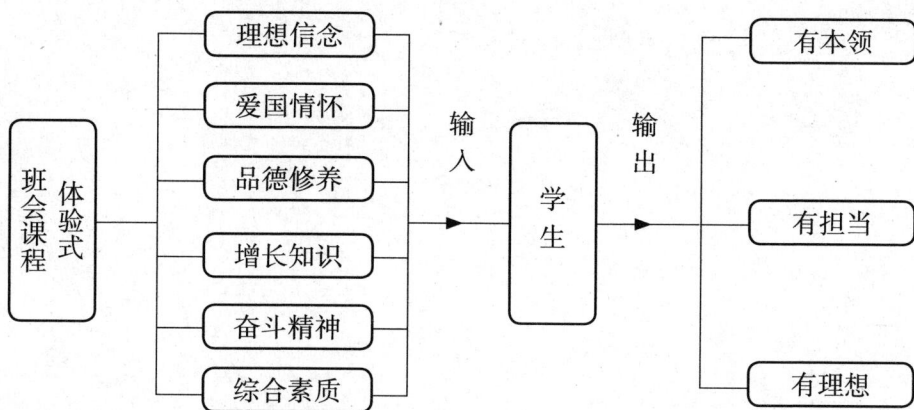

之所以进行这样的设计，是因为我们相信：一个有理想的人，必定是一个百折不挠的人，有开阔视野的人；一个有本领的人，必定是一个自信的人，有素养的人；一个有担当的人，必定是一个心怀宽广的人，有团队意识的人。有理想、有本领、有担当的人，都是健康的人，积极进取的人，不会出现抑郁、自卑、极端、颓废、狭隘等心理障碍。而这也体现了我们坚持的理念：要用"建设"的方法来解决班级发展中存在的问题，只要把班级建设好了，一些发展中的问题就不再是问题了。

下 篇

体验式班会课程的实战案例

　　我们的目的，就是在一线班主任拿到我们的教案以后，哪怕她（他）是一个新手，哪怕她（他）的教育能力不是很强，也能够循序渐进地按照我们提供的方案，将一个班级建设好。

第1章

培养习惯·学会反思·自我完善

第1节　相逢是首歌

宁乡市德育名师工作室　刘令军

【班会背景】

班集体刚刚组建，同学之间还不熟悉，为了提高班级凝聚力，让同学们更好地相互认识，进一步增进同学们之间的交流和感情，特设计本节班会课。

适用年级：七年级上学期。

【班会目标】

（1）认知提升：同班同学是我们这一生最宝贵的财富，相逢是一种难得的缘分，我们应该珍惜这种缘分，感谢相遇。

（2）价值塑造：同学是用来相互成全的，让你的同班同学因为你的存在而感受到美好，感受到快乐。同样，你也会从你的同学那里收获到美好。

（3）外化于行：通过各种途径，去认识新同学，并在现实生活中乐意为同班同学提供各种帮助和支持。

【班会准备】

（1）资源：杭天琪《永远是朋友》演唱视频，音频《找朋友》《相逢是首歌》，小礼品若干个（小零食之类的），气球若干个，秒表4块，橘子4个，水彩笔4盒，大彩纸若干张。

（2）思路：通过游戏同心圆，四个方向的小组组建，游戏双人背夹气球，传递橘子，设计小组组名、口号等活动，促进同学之间相互了解，尽快融入团队。

一、相逢是一种缘分

（PPT 展示：热烈欢迎新同学。播放杭天琪演唱的《永远是朋友》，营造一种亲和、温暖的氛围，让学生放松下来。）

师：欢迎大家带着理想和希望来到我们学校，成为我们班的一分子。我是你们的班主任兼数学老师，非常高兴在接下来的三年时间里，能陪伴着大家学习，看到大家的成长。先进行自我介绍，我的名字叫刘令军，以后大家有什么事情，都可以找我交流。老师给自己定的工作目标是"培养能创造自己作品的人"。我们每个人，最快乐的事情就是不断创造自己的作品，老师也一直在不停地创造自己的作品。我会把大家都培养成能创造作品的人。在我们相处的这三年时光，我希望你们是快乐的，脸上每天都是充满笑容的，当然，也希望大家是积极上进的，有梦想的……

同班同学，是我们这一生宝贵的财富，其重要性仅次于我们的亲人。无论何时何地，你都有可能获得来自同学的友情、帮助与安慰。相逢是一种难得的缘分，我们应该珍惜这种缘分，感谢相遇。

【设计意图】营造一个亲和、温暖的环境，消除学生的紧张感、陌生感。

二、破冰暖身

活动名称：同心圆。

活动规则：

（1）站成两个同心圆（尽量人数相同），小圆在内，大圆在外，两个圆的学生面对面站立。

（2）播放音乐时，小圆顺时针转动，大圆逆时针转动。

（3）音乐暂停时全体停止转动，完成任务。

［在不搬动课桌的情况下，学生可站成两个长方形的圈（尽量人数相同），里外两圈之间相隔一张课桌，面对面可以握到同学的手。］

播放音乐《找朋友》，音乐停时，与对面同学握手，相互告知对方姓名加爱好。一共进行五轮。

营造轻松愉悦的气氛，并通过这个游戏认识同学。

五轮游戏结束之后，进行抽查：你记住了几个同学的名字和爱好？

学生当场汇报。游戏有奖励和惩罚。学生记住了五个同学的姓名和爱好的，当场奖励一个小礼品。记住的同学少于三个的，要接受惩罚（二选一）：

（1）当场唱一首歌；

（2）做一个俯卧撑。

【设计意图】通过一个明显带着幼儿园风格的游戏，让学生放下戒备，认识新同学。

三、小组组建

接下来，我们班同学将分成四个小组，代表四个方向：

（1）体育爱好者。凡是爱好体育的，比如喜欢打球的，喜欢跑步的，喜欢游泳的，都加入这个小组。

（2）阅读爱好者。凡是喜欢阅读课外书籍的，都加入这个小组。

（3）文艺爱好者。凡是喜欢跳舞的，画画的，唱歌，玩乐器的，都加入这个小组。

（4）生活爱好者。如果上面的爱好都没有，凡是喜欢美食的，喜欢逛街的，喜欢看电视的，都可以加入这个小组。

要求是每个小组的人数要基本均衡。老师在活动过程中可以根据大家的情况进行适当调整。

1. 组长竞聘

师：（动员学生毛遂自荐）愿意当组长的请举手，举手的请向前一步。各位，想不想当组长？想还是不想？很想当？后面的人想不想？是想还是一定要呢？各位，成功靠的是主动加行动，你今天一个小小的主动，说不定就是你走向成功的一个转折点。如果真的想当组长，你的主动很重要。主动就是我要当组长，我一定要当好这个组长。（逐个采访向前一步的学生）

师：你为什么想当组长？

生：我想锻炼一下自己的能力。

师：你为什么想当组长？

生：我想结识更多的朋友。

师：很好，我告诉大家，现在所有站在前面的人，都具备了组长的第一个素质，那就是有勇气，敢做。你向前跨一步，举手，这都需要勇气。

（继续有人站出来。）

师：你为什么想当组长？

生：我想挑战一下自己。

师：你为什么想当组长？

生：我觉得机会难得。

师：你为什么想当组长？

生：我以前做事都很不主动，今天开始，我希望自己变得主动一点。

师：很好，恭喜站出来的各位同学，你们已具备了组长的基本素质：

第一，我们有足够的勇气；

第二，我们有足够的信心；

第三，我们有起码的主动。

一个组长，其实就是一个团队的领导者，这个领导者必须具备的素质是：勇气、自信、主动。作为一个团队的领导者，我们要敢于跨越心中的障碍，否则你就带不好这个团队。

师：谁来当体育爱好者这个方向的组长？

生：我来当。

师：谁来当阅读爱好者这个方向的组长？

生：我来当。

师：谁来当文艺爱好者这个方向的组长？

生：我来当。

师：谁来当生活爱好者这个方向的组长？

生：我来当。

师：好的，组长已经全部就位。

2. 组员招募

师：组长要带领团队往前走。现在我们每个组长有 30 秒钟的时间进行就职演说，让同学们在选择的过程中，投你的票。这 30 秒钟可以决定别人选择你还是不选择你，我们看看同学们会选择什么样的人，会把自己托付给什么样的组长。

……

师：好，刚才各个组长已经把自己的想法讲了，下面进行选择。我说一、二、三，你就站在你选择的人的身后。前面的人不要往后看，因为往后看，你可能会发现后面一个人也没有！

师：好，各位，现在请准备，一、二、三，开始。

（组长站到讲台下方，看黑板，背对学生。老师要根据学生站队的情况进行调剂，确保每一个小组的人数基本平衡。）

3. 小组活动：滚雪球

师：小组长已经就位，接下来的时间，是团队内部交往和相互熟悉的时间，我们来做一个游戏，游戏的名称叫滚雪球。

游戏规则：

（1）每个小组围着一张桌子站立。

（2）第一个人自我介绍姓名、爱好；第二个人先介绍第一个人的姓名、爱好，再介绍自己的；第三个人先介绍前面两个人的名字、爱好，再介绍自己的。以此类推，最后一个人要先介绍前面所有人的名字、爱好，再介绍自己的。

（3）最后一个人完成后，全组设计个性化动作造型。

4. 小组展示

展示规则：

（1）共同依次说出每个人的姓名、爱好。

（2）介绍完毕后，全组摆出个性化动作造型。

【设计意图】通过小组组建，让学生找到团队，找到归宿感。

四、团队合作

师：各个小组，通过滚雪球游戏，已经相互比较熟悉，接下来，我们将以小组的形式出击，创造属于各组的荣誉与光荣。

1. 双人背夹气球

游戏规则：

（1）两人一组，自由组合，背对背夹球，将 10 个球从讲台运送到对面，小组目标是不超过 100 秒；

（2）运球期间，球不能落地、爆炸，否则从头开始；

（3）在背对背夹球期间，如果手碰到气球，原地停留 2 秒才能继续前行。

（4）每组派出一名队员，作为活动裁判。

师：请组长组织好各自的小组。裁判就位，预备，开始。

（各裁判汇报记分。）

师：你们俩的气球为什么会掉落？

生：主要是担心球会被挤爆。

师：你们为什么没有达成目标？

生：主要是出现了失误。

师：如何避免失误？

生：团队之间要紧密合作，多加强练习。

2. 传递橘子

活动规则：

（1）每组分配一个橘子；

（2）游戏时橘子要从发起者的手里发出，最后按顺序回到发起者的手里，在传递过程中每个人都必须接触橘子，橘子掉在地上则从头开始。

（3）初始的目标是人均 1 秒，12 个人，也就是 12 秒内传递完毕。

师：请组长组织好各自的小组。裁判就位，预备，开始。

（裁判汇报各组成绩。）

师：没有达成目标的小组，请组长出来承担责任，做俯卧撑 5 个。

师：有没有更好的办法让时间变得更短些？

生：我们有。

师：看到别的组比你们快，你们心里服气吗？

生：不服气。

师：还能不能更快？

生：能。

师：你们还能不能再快一些？

生：当然可以。

师：第二次传递的目标是人均 0.8 秒，12 个人，也就是 9.6 秒内传递完毕。给组长 3 分钟的时间，训练好自己的组员，改进传递方法。

师：时间到，请裁判就位，预备，开始。

（裁判汇报各组成绩。）

师：没有达成目标的小组，请组长出来承担责任，做俯卧撑 10 个，组员可以陪做。

师：有没有更好的办法让时间变得更短些？

生：我们有。

师：将时间缩短到人均 0.5 秒，有没有可能？

生：有。

师：好！第三次传递的目标是人均 0.5 秒，12 个人，也就是 6 秒内传递完毕。给组长 3 分钟的时间，训练好自己的组员，改进传递方法。

师：时间到，请裁判就位，预备，开始。

（裁判汇报各组成绩。）

师：没有达成目标的小组，做俯卧撑 20 个。

（各个小组想办法使时间缩短，最终找出几种快速传递方式。比如：小组成员围成一圈，每人伸出一只手也围成一个圈，小组长使橘子在组员手掌上滚一圈，2 秒就能完成游戏。又如，组员将手叠成一条斜线，组长滚落橘子经过每个人的手，最后一位同学接住橘子并传递给组长。）

师：看看开始时的 12 秒，再看看现在的 2 秒，请问，你有什么感受？

生：简直是不可以思议。发挥团队智慧，集合团队的创意，一件不可能完成的事情奇迹般地成功了，这就是团队的力量！

师：为什么能实现这种巨大的突破？

生：关键在于人的思维的突破。

3. 形象展示

（1）每个小组设计组名、口号。

（2）小组集体亮相，创意展示。

师：（总结）同学是用来相互成全的，让你的同班同学因为你的存在而感受到美好，感受到快乐，感受到安全。同样，你也会从你的同学那里收获到美好，收获到快乐，收获到安全。

【设计意图】通过两个游戏活动，给小组提出目标，并且不断刷新目标，让学生通过努力不断超越自己。

第2节　珍爱生命，安全出行

湖宁乡市德育名师工作室　戴姣

【班会背景】

20 世纪以来，因交通事故死亡的人数超过两千万。我国的交通事故死亡人数居世界首位，平均每天有 280 多人死于车祸，其中中小学生占总人数的 8% 左右。在农村，由于缺少交通部门的监管，学生上下学途中交通安全意识淡薄，甚至未成年人骑上摩托车肆意横行，带来了许多不可挽回的伤害和痛苦。

要提高学生的交通安全意识，就要加深学生对于交通事故的体验，从而认识到安全出行的重要性，继而将文明出行落实到行动中。

适用年级：七年级上学期。

【班会目标】

（1）认知提升：要做到安全出行，首先要提高自己的安全意识。

（2）价值塑造：有生命，才能享受美好。

（3）外化于行：做安全出行的宣传者。

【班会准备】

（1）资源：PPT、诗歌《用倒叙的方式还他一条生命》、交通安全事故视频、小组记录卡。

组次	朗读者	作者

（2）思路：组织学生细细品读一首诗歌，然后组织学生续写诗歌、朗读展示，营造"大喜"的氛围，后半场则出示原文，情境逆转为"大悲"，通过"大喜"到"大悲"的情感对比，对学生情感进行强烈的冲击，从而唤醒学生的安全意识。

一、节目导入

师：中央电视台有一套特别火的节目，它的主持人兼制作人是董卿。节目刚播出，许多网友便称赞"这才是央视打开的正确方式"。这档节目就是《朗读者》。看过的同学请举手。没看过也没关系。这节课我们班上也要举办一场《朗读者》。要办好《朗读者》其实并不难，重要的有两点：一是用心去感悟，二是用情来朗读。《朗读者》遇见了大家会怎样呢？

【设计意图】通过大家熟悉的电视节目，吸引学生的注意力，引导学生用心感悟，用情朗读。

二、欣赏诗歌

师：老师这里有一首很美的诗歌（PPT 出示），谁能给大家读一读？

嘴角，一撇微笑，

说道：儿子，我去给你买生日蛋糕。

他站在阳光下，

穿着洁白的短袖。

迎风骑着摩托车，好快，

一路感觉有点冷，但心底暖洋洋……

（两位学生展示读，老师激励点评。）

师：这首诗仅六行，但呈现给我们一副美好的画面。请大家谈谈：你看到了怎样的画面？

生：我看到了父亲兴高采烈地去帮孩子买生日蛋糕。

生：我看到了父亲脸上的微笑，看到了儿子期盼的眼神。

生：我看到了风吹起父亲的衣角，似乎在催促父亲快点。

生：我看到儿子高兴得跳了起来，一家人在一起愉快地唱生日快乐歌。

……

师：这首诗没有写完，大家猜猜看，后续会发生什么事情？我们能不能发挥各自的想象，来续写这首诗歌？

【设计意图】通过学生展示读，老师激励点评，营造喜悦的朗读氛围。

三、续写诗歌

师：现在，请大家拿起手中的笔，充分发挥自己的想象，续写这首小诗。

【设计意图】学生在轻缓的音乐声中开始写作，为后面营造欢乐的气氛奠基。

四、朗读诗歌

师：现在请小组内进行交流，选出最优秀的作品，把作者的名字写下来。然后组内推选一位朗读水平高的同学，把他的名字写在朗读者一栏，准备进行朗读。（学生推选优秀作品和朗读者，并填写记录卡，最后统一交给老师。）

师：行有道，达天下，欢迎来到由南轩中学举办的《朗读者》。首先，让我们以热烈的掌声欢迎张思帆为我们朗读她自己的作品。

生：风拂乱了他的发／沙迷住了他的眼／他甩甩头／仍然向前飞驰着／他只想快点，再快点／他可爱的儿子／已不再是记忆中的模样／长大了，又长大了／他想给儿子最好的／哪怕是一个小小的蛋糕／他想给儿子最好的／哪怕是天上耀眼的太阳／冷风中／他好像看到了儿子纯真的笑脸／像极了他小时候……

师：诗意的画面，浓浓的父子情，感谢你精彩的朗读。接下来有请欧阳佳为我们朗诵王瑾的作品。

生：看到琳琅满目的蛋糕／儿子挽着父亲／爸爸／您不必特意为我选蛋糕／只要是您买的我都喜欢／等我长大了／我也要给您买大大的蛋糕／给您过生日。

师：小时候，爸爸为儿子过生日；长大后，儿子为父亲过生日。父慈子孝。接下来有请付琳为我们朗诵隆尚愉的作品。

生：父亲常年在外地打工／陪伴儿子的时间并不多／父亲与儿子虽相隔千里／但每晚八点都会守候在电视旁／看相同的动画片／每次见面他们总有聊不完的话题／想到这／父亲笑了／老板／我要这个"大头儿子小头爸爸"的蛋糕。

师：千里父子情，有心酸，更有深情。接下来有请彭刚为我们朗诵他自己的作品。

生：父亲带着蛋糕回来了／家里也早已布置妥当／爷爷奶奶早已备下可口的饭菜／挺着大肚子的母亲脸上藏不住喜悦／儿子蹦着，跳着／他觉得自己是这个世界上最幸福的人。

师：真是一个完美的家庭。接下来有请彭丽文为我们朗诵李博遥的作品。

生：这是儿子十岁的生日／他请来了许多同学和朋友／他要让大家见证他们的成长／这不仅是他一个人的生日／他要让所有同学一起过生日／父亲不仅是他一个人的亲人／他要让所有同学在这里感到家的温馨／作为班长／他觉得他有这份责任。

师：真是一个有爱心、有责任感的孩子。最后有请彭丽萍为我们朗诵彭金枝的作品。

生：提着"熊出没"的蛋糕／儿子坐在后面／他明明看到了父亲头上的一根白发／在阳光的照耀下却又找不见／儿子搂住父亲的腰／风依然嗖嗖地刮过／但父子的心里只觉得暖洋洋……

师：太棒了！让我们再次以掌声感谢这些优秀的作者和朗读者。

【设计意图】让学生放飞想象，体会美好的生活场景，掀起欢乐的高潮，与后面的悲惨遭遇形成对比。

五、对比原诗谈感受

师：在大家创作的诗歌中，我们真切地感受到了生活的美好，有蜡烛、鲜花、礼物、掌声、祝福和拥抱，还有欢歌和笑语。特别是这位父亲，父母健在，妻儿陪伴，该是多么幸福。然而，它的原文却是这样的（PPT 出示）：

以倒叙的方式还他一条生命

"躺在地上的他已无生命迹象"，
这句话，从紧急赶到的医生嘴里收了回去。
血泊中的他，逐渐有了心跳，
旁边蜂拥而至的人群散开了，
深红色的血液慢慢返回他的脑部，
血肉模糊的轮廓逐渐变得清晰，
破碎的摩托车也恢复了原来的样子。
他又骑上了摩托车，
和拐弯处那辆与他相撞的卡车都开始往后退去。
一路感觉有点冷，但心底暖洋洋，
他迎风骑着摩托车，好快。
他站在阳光下，穿着洁白的短袖，
说道：儿子，我去给你买生日蛋糕。
嘴角，一撇微笑……

（老师配乐朗读。）

师：此刻，请你告诉我，怎么了？

生：发生了车祸。

师：对，发生了交通事故。

师：刚才这个年轻力壮的父亲的嘴角还——一撇微笑；

刚才父亲还兴奋地说——儿子，我去给你买生日蛋糕；

刚才父亲还觉得——心底暖洋洋。

可是，转眼间，父亲已经倒在了——血泊中；

转眼间，父亲的轮廓已经——血肉模糊；

转眼间，父亲已无——生命迹象。

从此，儿子没有了疼爱他的父亲，父母没有了孝顺的儿子，妻子没有了遮风挡雨的臂膀，这个家没有了——顶梁柱。

真希望这个悲剧永远不要发生。要是父亲没有去买蛋糕就好了。

生：要是父亲的摩托车慢一点开就好了。

生：要是父亲戴上了头盔就好了。

生：要是拐弯处父亲能够减速就好了。

师：如果这个男孩预感到父亲可能会出交通事故，他会对父亲说什么，从而避免这起车祸呢？

生：爸爸，慢一点开车。

生：爸爸，戴上头盔吧！

生：爸爸，拐弯时记得鸣喇叭。

师：是啊！让我们把这句话告诉这位父亲，也告诉身边的每一个人：珍爱生命，安全出行。在我们的身边，是否有违反安全规定的事情发生？

生：上一次，我们外出参观，大巴车来了，还没有停稳，有些同学为了抢一个好座位，追着大巴车跑。

师：太不注意安全了，多危险呀。

生：我有一个表弟，才十岁，就骑着自行车上路了。

师：中国法律规定学生必须年满 12 周岁才能骑自行车上路。

生：有一次过马路，我看到快要变绿灯了，就想快点过去，刚一抬脚，一辆汽车就"嗖"地过来了，他就想趁着黄灯赶紧过去。幸好，我只是打了个趔趄，不然就惨了。

师：幸好没事啊！

【设计意图】通过阅读原诗、交流生活经验，认识到安全出行的重要性。

六、课堂探究与延伸

师：作为一名中学生，我们该如何提高自己的安全意识，遵守交通规则，避免交通事故的发生呢？请小组内就以下内容展开讨论交流。

（1）作为文明的步行者，我们该怎么做？

（2）当我们骑自行车上下学时，应注意哪些？

（3）在乘车出行时，我们应注意哪些？

（4）对于初中生骑摩托车，你怎么看？

生：作为步行者，我们要遵守交通规则，不在马路上追赶打闹或者玩手机。

生：骑自行车要不飙车，不超车，不随意横穿马路。变道时要特别注意后方来车。另外，也不能并排骑行，边骑车边聊天。

生：乘车的时候，要注意不乘坐三无车辆，等车挺稳，上车不拥挤，下车不着急。

生：初中生不能骑摩托车。第一，初中生没有驾驶证，法律上不允许青少年骑摩托车；第二，青少年应对突发事情的能力还十分有限，万一发生状况不会及时进行有效处理。

师：（总结）同学们都说得非常好。今天，我们感受到了生命的美好，也认识了生命的脆弱；我们目击了悲惨的车祸，也懂得了交通安全的重要。让我们告诫自己，也告诉身边的亲人、朋友：珍爱生命，安全出行。最后，借用《朗读者》中的一句开幕词祝福大家——行有道，达天下。只要我们的行为有规范，遵守交通规则，我们就可以通达天下。

【设计意图】联系生活实际问题，让学生自由地讨论和汇报，达成"文明出行"的共识。

第3节　错题是学习的宝贵财富

宁乡市德育名师工作室　刘令军

【班会背景】

学习就两步：第一步，找到不会的；第二步，把不会的变成会的。对于学生来说，最好的题目不是名师出的题目，而是自己的错题。本节课的目的，就是帮助学生找到错题集的真正价值和意义，从初一开始就养成收集错题的习惯。

适用年级：七年级上学期。

【班会目标】

（1）认知提升：知晓什么是成长型思维、什么是固定型思维，知晓成长型思维的训练方法。

（2）价值塑造：不要害怕失败，成功是成长，失败也是成长。每一道错题都会让我变得更聪明，错题是学习的宝贵财富。

（3）外化于行：积极主动整理好错题集，养成收集错题的习惯。

【班会准备】

（1）资源：学生每人准备一个新本子。

（2）思路：从错题开始导入，解读纠正错题为什么会让人变得更聪明——因为我们每个人的天赋不是固定的，而是成长的，我们经历的任何一个过程都会促进大脑的成长。

一、错题会带给我们什么

师：请大家根据老师的要求做。找到一张以前做过的试卷，无论什么学科的都可以。

找一找，你错了几道题？将其中的一道题抄写到一个本子上，然后重新解题。分析一下：之前你为什么做错了？要做对这道题，关键在哪里？错题集的概念解读：将考试中做错的题，收集到一个专门的本子里，称之为错题集。

师：这个过程容易吗？

生：容易呀。

生：只做一道题，很容易。

师：知道在这个过程中你发生了什么变化吗？

生：我学会了做一道题。

师：这个肯定有，但不止如此，更重要的是，你比之前更聪明了。

生：老师，是真的吗？你不会骗我们吧？只是做一道错题，我就变得更聪明了？

师：是真的，老师在这个问题上绝对不会信口开河。

生：为什么做一道错题就变得聪明了呢？

【设计意图】从做错题开始，引出做错题可以让人变得更聪明的悬念。

二、成长型思维和固定型思维概念解读

师：做错题能让人变得聪明。为了证明这个结论，我们先弄清楚一个问题：一个人的天赋是固定的，还是成长的？

生：老师，天赋是固定的，还是成长的，什么意思？我不懂。

师：天赋是固定的，就是人的天赋一生下来就决定了。比如：我们班某某同学会写字，是因为他一生下来就有写字的天赋；某某同学会下围棋，是因为他一生下来就有下围棋的天赋。天赋是成长的，就是人的天赋不是一生下来就决定了，而是后来慢慢成长。比如，某某同学会写文章，是因为她一直在坚持写作，慢慢成长起来的，她六年级时的写作天赋比五年级时强，初一时的写作天赋又比六年级时强。

生：我认为，天赋是固定的。

生：我认为，天赋是成长的。

师：现在存在两种意见，很好。老师先不给结论。想请大家分享和交流两个问题：（1）你目前在学习上的优势学科是什么？（2）是什么时候开始变成你的优势学科的？

生：我在读小学四年级的时候，数学成绩好，语文成绩差一点。后来，语文成绩慢慢超越了数学成绩，语文变成了我的优势学科。

师：也就是说，语文是在小学四年级以后才变成你优势学科的。那么，你认为，你的语文天赋是固定的还是成长的？

生：当然是成长的。

师：很好。咱们班哪位同学英语天赋最好？

生：小墨。

师：小墨同学，英语是什么时候开始变成你的优势学科的？

生：是在小学六年级的时候，英语老师在课堂上表扬我发音正确，从此我就喜欢上了英语。

师：也就是说，英语是在小学六年级时才变成你优势学科的。那么，你认为，你的英语天赋是固定的还是成长的？

生：毫无疑问，是成长的。

（PPT 出示材料。）

美国著名的心理学教授卡罗尔·德韦克博士研究发现，影响成功的关键因素不是天赋、智商和能力，而是思维模式。

她在《终身成长》这本书中，介绍了两种思维模式，一种是固定型思维，另一种是成长型思维。

固定型思维：认为自己的能力是固定不变的。拥有这种思维的人会急于证明自己有能力。一旦失败，就会认为自己是一个没有能力的人，从而放弃努力。

成长型思维：认为自己的能力是可以通过努力来培养的。拥有这种思维的人遇到挑战以后，就会以学习的心态去面对，即便是遇到了挫折，也不会放弃，而是不断地学习，发展能力。

师：一个人的天赋是成长的，不是固定的，你的天赋会随着你的经历不断成长。请大家注意：你的天赋会随着你的经历不断成长。

生：什么样的经历就会促进天赋的成长呢？

师：要回答你这个问题，我们要了解一下脑科学知识（PPT 出示）。

一个人在出生之前，脑中的1000亿个神经元几乎已经全部准备好，而神经元之间的连接网络则是十分稀疏的。因此婴儿不能进行思考，刚开始的时候，只会有一些本能反应，比如饿了的时候、不舒服的时候哭。但后来在外界的刺激下，神经元慢慢形成一个一个学习小团队，人就开始有了思维意识。

任何声音、景物、身体活动，只要是新的（第一次），都会使得大脑里某些神经元的树突和轴突生长，与其他神经元连接，构成新的网络。这些神经元小伙伴手拉手，组成了一个学习小团队。学习小团队形成，就意味着人有了思维。

同样的刺激第二次出现时，会使第一次建立的网络再次活跃。如果下一次有新刺激，另一些神经元小伙伴又会手拉手，组成另一个学习小团队。

师：这几段话告诉我们：新刺激，能让神经元形成学习小团队，让人变得更聪明。同样的刺激，会让神经元网络变得活跃，人的思维变得更敏捷。

师：判断下列行为是新的刺激，还是同样的刺激。把英语单词抄写10遍。

生：同样的刺激。

师：数学题的仿式练习。

生：同样的刺激。

师：写一篇作文。

生：新刺激。

师：创作一幅画。

生：新刺激。

师：攻克一道难题。

生：新刺激。

师：改正一道错题。

生：新刺激。

师：请大家注意，改正错题是新刺激，在新刺激下，神经元小伙伴们会手拉手，形成学习小团队，产生新的思维，也就是说，改正错题会让人变得更聪明。在学习上，是新刺激重要，还是同样的刺激重要？

生：我认为新刺激重要些。

生：同样的刺激也重要呀。

师：两种刺激都重要，因为它们对大脑的作用不同。两种刺激都不能偏废，如果你忽视了新的刺激，你就忽视了让自己不断变得聪明；如果你忽视了同样的刺激，你就忽视了让自己的思维变得更敏捷。

【设计意图】用脑科学的相关知识来解读成长型思维和固定型思维，让学生知晓人的大脑是成长型的，而不是固定型的。

三、成长型思维的训练方法

师：我们已经知道了什么是新刺激，什么是同样的刺激，接下来，我们再来做一下交流：你目前在学习上的劣势学科是什么？如何将劣势学科变成优势学科？

生：我的劣势学科是数学，我需要给它新刺激。

师：你准备给它什么样的新刺激？

生：做错题，建立错题集。

生：我的劣势学科是语文，我需要给它新刺激。

师：你准备给它什么样的新刺激？

生：写文章。

师：新刺激有很多，老师觉得非常实用、简单易行的一种新刺激就是建立错题集。这一节课，我们就花一点时间找找这个新刺激。这是老师提供给大家的错题卡模板。

错题：	错解：
正解：	我的收获： 1.运用到的知识点： 2.错误的原因： 3.感悟：
仿式练习：	变式练习：

这个模板，同学们如果觉得有困难，可以只做前面两行，如果想挑战一下自己，可以全部做完。

（学生运用：以一道错题为例，用错题卡模板对其进行剖析。）

师：恭喜大家，在新的刺激下，大家的大脑获得了成长，变得更聪明了。在这里，老师要提醒大家，要让神经元形成更多的团队，要注意三点：

（1）神经元需要休息，保持旺盛的精力；

（2）神经元需要能量（补充营养）；

（3）我们的任何活动都能帮助它们构建团队，我们成功或失败，都是它们最好的构建团队的时刻。

师：昨天我数学考试不及格，是令人沮丧的事情吗？

生：数学考试不及格，肯定是令人沮丧的事情呀。

师：对于神经元来说，却是好事。今天我重做那些错题，发现原来还有这些问题没有弄懂，或者发现之前一些想法是错误的，我今天弄懂了这些问题，纠正了这些错误，神经元们就会特别开心，它们在欢呼：哦哦哦，我们又形成一个新的团队了！

【设计意图】通过讲解和师生对话，让学生知晓成长型思维的训练方法。

四、让我们的思维不断成长

师：（总结）不要害怕失败，成功是财富，失败也是财富，成功是成长，失败也是成长。

请在错题集上写下这句话：

每一道错题都会让我变得更聪明，错题是学习的宝贵财富！

【设计意图】通过一个有仪式感的活动，在错题集上书写激励性的话语，对学生进行价值塑造：错题是学习的宝贵财富。

第4节　聆听国歌的礼仪

宁乡市德育名师工作室　刘令军

【班会背景】

很多人都知道在某一个特定的场合奏响国歌，现场人员都需要肃立，军人和少先队员还需要敬礼，这是一个仪式程序。但是很多人又认为，只有在仪式中才有这样的程序，如果没有这样的仪式，自然也就不存在这样的程序。在现实生活中，我们经常会遇到在某一个时刻突然耳边响起国歌的情况，很多人（包括成人和学生）遇到这种情况误认为与己无关，因此行为上就会无动于衷，继续做自己的事情。这种无动于衷的行为是错误的，对国歌的尊重，不仅体现在仪式程序中，还应该深深植根在我们每个中国人的心中，并反映在日常生活的具体行为里。心中有敬意，行为有礼仪。我们中国人，无论在什么时间什么场合听到国歌响起，都应该肃然起敬。

适用年级：七年级上学期。

【班会目标】

（1）认知提升：知晓国歌的诞生历程，明确国歌对于中国人的意义——它是唤醒和团结全体中国人的战斗号角，是国家的象征。

（2）价值塑造：心中有敬意，行为有礼仪。

（3）外化于行：无论身处何地，无论在做什么事情，只要听到国歌奏响，都能自觉遵守聆听国歌的礼仪。

【班会准备】

（1）资源：视频《要以革命的激情去创作音乐》《〈义勇军进行曲〉的创作过程》《香港特别行政区举行升国旗仪式》，音频《中华人民共和国国歌》。

（2）思路：跟学生解读国歌的诞生历程，以及田汉创作《义勇军进行曲》的灵感来源，唤醒学生的爱国意识，并将这种意识转变成聆听国歌的礼仪，在心中扎根。

一、活动导入：上课前一分钟点击播放国歌

师：同学们，刚才你们听到了什么音乐？

生：国歌。

师：老师想问一问，听到国歌响起以后，你在干什么？

生：（有点不好意思）我在跟同桌讲话交流。

师：你觉得这样合适吗？

生：不合适吧，我以为你在试课件点错了，因为当时还没有正式上课。

师：（很严肃）同学们，老师可以郑重地告诉大家，刚才不是点错了，是有意为之，目的是想检验一下大家听到国歌响起以后的反应。

师：（继续访谈）同学，你刚才听到国歌响起时在做什么？

生：我坐在座位上。

师：有没有想过要站起来？

生：没有想过。

师：现在想想，刚才你的行为合适吗？

生：可能不合适吧，我到现在都不敢确定怎么做才是合适的。

师：你认识比较模糊，待会儿老师会告诉你怎么做才是合适的。

师：（继续访谈）同学，你刚才听到国歌响起时在做什么？

生：我在做作业。

师：有没有想过要停下来？

生：没有想过，因为当时时间比较紧张，我必须尽快写完。

师：这种情况我们确实会经常遇到，但是什么事情都有主次之分，老师今天这堂课就能帮助你分清楚生活中的主次。

【设计意图】通过一个让学生判断为"误播"的环节，检验学生的实时反应，通过对反应行为的回顾，制造一个悬念，引起学生的反思：我的反应行为是否合适？怎样的行为才是合适的？

二、解读：国歌的诞生

师：大家知道，国歌的原名叫什么吗？来自哪里？

生：原名叫《义勇军进行曲》。

生：来自一部电影的主题曲，不记得叫什么名字了。

生：《风云儿女》的主题曲。

师：非常好，大家记得很清楚，国歌原名叫《义勇军进行曲》，那么，大家知道义勇军是一支什么样的军队吗？

生：（纷纷摇头）不知道。

师：（配合 PPT 讲解）"九·一八"事变以后，日本帝国主义侵占东三省，东北各阶层群众和东北军、警察部队的部分官兵纷纷组成义勇军、救国军、自卫军、大刀会、红枪会等抗日武装，统称为东北抗日义勇军。

师：从义勇军的组成人员情况来看，这是一支正规军，还是杂牌军？

生：这是一支杂牌军。

师：对，这就是一支杂牌军。大家再思考一个问题，杂牌军的战斗力强不强？

生：不强，武器装备缺乏固定的供应渠道。

师：对。义勇军虽然武器装备不行，但是他们还是高举"誓死抗日救国""还我河山"的旗帜，同日本侵略军展开了英勇的斗争。田汉走进这支部队的时候，有一个"意象"给了他强烈的震撼，让他有了创作的灵感，大家知道是一个什么"意象"吗？

生：（纷纷摇头）不知道。

师：不知道没关系，老师来告诉你们。我们都会唱国歌，哪位同学能现场唱几句吗？

生：老师，我来唱。起来！不愿做奴隶的人们！把我们的血肉，筑成我们新的长城！……

师：词作者的灵感就是"血肉长城"这个意象。大家知道长城是什么筑成的吗？

生：很大很大的石砖。

师：对。那么，当初筑长城的时候，是用它来干什么的呢？

生：抵御外族侵略的。

师：对，长城是用来保家卫国的，因此它修筑得非常坚固。但是，在国歌里，为什么词作者写成了"血肉长城"呢？"血肉"能筑成长城吗？"血肉长城"啥意思呢？

（学生纷纷各抒己见。）

生：血肉是不能筑成长城的。

生：这是一种比喻的手法，虽然战士们武器装备都很落后，但他们有顽强的意志和决心，用自己的血肉之躯来修筑一道坚不可破的屏障，抵御外族侵略，誓死保卫国家。

生：血肉长城，实际上就是人体长城，是中国人抵御侵略者的长城。

生：（很动情）同学们都说得很对，血肉是不能筑长城的，但在面对外族侵略时，中华儿女中涌现了无数的仁人志士，前赴后继，用自己的血肉之躯，保卫了祖国。在这些仁人志士中，有两个文化人——田汉和聂耳，他们用另一种更有力的武器——音乐，唤醒了无数的中国人去战斗。

[播放视频《要以革命的激情去创作音乐》《〈义勇军进行曲〉的创作过程》，介绍《义勇军进行曲》的曲作者和词作者：聂耳（1912—1935），原名聂守信，云南玉溪人，中国音乐家，代表作有《卖报歌》《大路歌》《梅娘曲》《铁蹄下的歌女》《金蛇狂舞》《义勇军进行曲》等；田汉（1898—1968），原名田寿昌，湖南省长沙县人，话剧作家，戏曲作家，代表作包括话剧《关汉卿》《文成公主》，歌曲《义勇军进行曲》等。]

师：在视频中，郭沫若在悼念聂耳的时候，题了什么词？

生：聂耳同志，中国革命之号角。

师：号角是用来干什么的？

生：号角是用来集结队伍，准备出征的。

师：对于一个战士来讲，他要去战斗，必须有武器。大家说，对于聂耳和田汉这两个战士来讲，他们手中的武器是什么？

生：他们的武器就是音乐。

师：对！大家说，聂耳和田汉的武器厉害吗？

生：非常厉害，比任何的枪炮都厉害百倍、千倍。

师：为什么这么厉害？

生：因为它唤醒了千千万万的中国人，拿起武器，奔赴战场。

师：对！（唱）起来！不愿做奴隶的人们！《义勇军进行曲》在当时那个年代，有着极大的号召作用，这首伟大的、不朽的音乐作品，在中华民族存亡的危急关头给了所有中国人信心，激发了民族的斗志。正是这个原因，在1949年，新中国成立的时候，在中国人民第一次政治协商会议上，就一致同意将《义勇军进行曲》作为代国歌。1978年3月5日，第五届全国人民代表大会第一次会议，决定《义勇军进行曲》为正式国歌。

大家看（PPT出示国歌歌词以及曲谱），这就是我们国家权威发布的中华人民共和国国歌歌词和曲谱的标准版本。

【设计意图】通过讲解国歌的诞生过程，以及在中华民族抵抗外族侵略中所起到的作用，让学生知晓国歌中"血肉长城"这一关键"意象"的来源，激发学生的爱国热情。

三、国歌重点句子学唱

师：《义勇军进行曲》是一首极富创造性的歌曲，在战争年代曾激励着亿万中华儿女为争取自由解放去战斗。作曲家聂耳以巨大的激情投入此歌的创作，成功地把这首散文诗般的歌词，按照音乐的规律，处理得异常生动、有力和口语化。在旋律的创作上，聂耳吸收了国际上革命歌曲的优秀成果以及西欧进行曲的风格特点，同时又融入浓郁的民族特色，从而使此歌能为广大群众所掌握，发挥其战斗作用。下面，请同学们跟老师一起，对国歌中的一些重点句子进行练习，把创作者的那种感情找出来。

师：（唱）起来！不愿意做奴隶的人们！

（学生跟唱。）

师：歌词第一、二句都是带有号召性的，作曲家把这两句旋律按"5—1—3—5"的上行趋势来处理，特别是节奏的安排，采用了后半拍起句，更能给人以紧迫感。歌曲由第二拍弱起，并作四度上行跳进，显得庄严雄伟而又富有推动力。

师：（唱）中华民族到了最危险的时候——

（学生跟唱。）

师：这一句是全部歌词中最重要的警句。聂耳在这里不仅运用了全曲中的最高、最强音，而且创造性地在"中华民族到了"之后，突然休止半拍，从而使"最危险的时候"得到突出与强调。似乎听到曲作者在奋力呐喊、疾呼，这一字一音都包含着号召人民奋起挽救祖国危亡的情感和力量。

师：（唱）冒着敌人的炮火前进！前进！前进！进！

（学生跟唱。）

师：国歌的结尾，气势磅礴。田汉原作中的两个"前进"，聂耳认为还不足以表达中华儿女誓死保卫国家的勇气和激情，在创作的时候，他情不可遏，在后面加了三个字："前进！进！"最后一个"进"字，像是结束在一片战鼓和号角中！我们仿佛看到，英勇顽强的中华儿女们，前赴后继，排山倒海，像森林，像潮水，奔赴战场。

【设计意图】通过学唱重点句子，让学生体验和理解国歌中蕴藏的感情。情最能动人，没有情感上的强烈共鸣，就没有对人的唤醒。

四、聆听国歌礼仪

师：当你的耳边国歌奏响时，你的心情怎么样？

生：自豪！

生：激动！

师：同学们，你们知道在哪些场合可以奏唱国歌吗？

生：升国旗的仪式。

生：奥运会的颁奖仪式。

……

师：同学们都说得很对，在我们国家，凡是重要庆典、政治性公众集会、外交场合、国际性集会、维护国家尊严的斗争场合，都会奏响国歌。

下面我们来看一看在香港举行的一场重要庆典。（播放视频《香港特别行政区举行升国旗仪式》）

师：在这个庆典活动中，当国歌奏响的时候，军人是怎么做的？

生：行军礼。

师：如果是少先队员听到国歌响起应该怎么做？

生：行队礼。

师：如果既不是军人，又不是少先队员，应该怎么做？

生：肃立！还可以唱国歌。

师：同学们，你们都说得很对。国歌是我们国家的象征，爱国不是抽象的，它会很具体地反映在我们的一言一行里。当你的内心有强烈的爱国情怀，在生活中遇到耳边有国歌响起的时候，你就会在内心升腾起一种豪迈，并会自觉用最标准的礼仪来聆听国歌（PPT 出示）。

我们中国人，

在任何场合，

只要听到国歌响起，

就必须立即停止手头的工作，

原地站立，

身体挺直，

表情专注，

直到国歌播放结束，

才可以继续行走或者工作。

师：（动情讲解）老师搜集了一些新闻报道里的照片，大家看看，这些普通中国人的爱国情感，是真实的，也是感人的。

（PPT 出示五个不同的人聆听国歌的图片：正在打扫教室卫生的小学生，正在上学途中的小学生，观看阅兵仪式的抗战老兵，骨折的小学生，正在参加比赛的女排队员。）

师：（声音洪亮）请全体起立，让我们中国人用最标准的礼仪，来聆听国歌的奏响。

（点击播放国歌。）

师：心中有敬意，举止有礼仪。同学们，本堂课到此结束，希望各位在今后的工作和生活中，不要随便播放国歌，如果耳边突然听到国歌的声音，请按刚才我们学习的礼仪标准执行。下课！

【设计意图】通过一场极具仪式感的体验活动来震撼学生的心灵，将爱国的种子播种在学生的心田。

第5节　遵守秩序

宁乡市德育名师工作室　汤娴英

【班会背景】

"拦地铁"事件、"拦高铁"事件、踩踏事件、公交车坠河事件……这些事件都有共同的特点：（1）本是可以避免的；（2）因为人们的不遵守秩序导致了事件的发生。如果没有亲身体会，没有老师的适时引导，同学们大多只把它们当作茶余饭后的谈资。在写着"上下楼梯靠右慢行"的地方，仍然有同学靠左飞奔；在中餐铃响起的时候仍然有同学向教室门口冲锋；甚至紧急疏散演练的时候也有个别同学不守规矩。这堂班会课，意在引导同学们做讲秩序的人。

适用年级：七年级上学期。

【班会目标】

（1）认知提升：知晓秩序的概念，生活中常见的是先来后到、上下楼梯靠右行、谁近谁先行这三种基本秩序。

（2）价值塑造：最快的通行方式就是遵守秩序，最慢的通行方式就是人人抢行。遵守秩序，既是保护别人，也是保护自己。

（3）外化于行：在生活中，能遵守先来后到、上下楼梯靠右行、谁近谁先行的基本秩序。

【班会准备】

（1）资源：央视视频《安全不容"踩踏"》，道具逃生门，一个窄口瓶子，三个系着绳子的小铅锤，秒表，背景音乐。

（2）思路：通过逃生游戏、观看校园踩踏事故视频片段、逃生演练等活动，解读最快的通行方式就是遵守秩序，最慢的通行方式就是人人抢行，我们在日常生活中要遵守秩序。

一、游戏导入

师：同学们，我们来做一个有趣的游戏，游戏的名字叫井底逃生。这里有一个瓶子，三个小铅锤。瓶子代表的是一口井，三个小铅锤就代表三个人，井口很窄，一次只能上来一个人，你们拿着的铅锤就代表你们自己。老师喊快上来，三秒内三个都上来了，即实验成功。

（三名同学上台做实验。允许学生商量一分钟。）

师：准备好了吗？

生：准备好了。

师：开始。

（学生快速将小铅锤提了出来。）

师：（采访）刚才在开始游戏之前，我看到你对其他两个队友说了一些话，你对他们说了什么？

生：我说，某某第一个出来，某某第二个出来，我最后一个出来。

师：你为什么要做这样一个安排？

生：因为瓶口比较小，一次只能出来一个人，如果不指定一个顺序，大家争先恐后的话，游戏就会失败，三个人都会"牺牲"。

师：你为什么会遵守这个秩序？

生：不遵守秩序，就不可能逃生成功。

师：（面向全体学生）他们三人为什么能快速脱险？

生：最快的脱险方式，就是快速确定秩序，然后三人都遵守秩序。

师：有时候一些危险本来是可以避免的，可是因为人人抢行、不讲秩序，导致了事件的发生。今天老师就想和大家一起来探讨一下"秩序"这个话题。什么是秩序？秩序就是有条理，不混乱，符合社会规范化状态。

【设计意图】通过做游戏激发学生的兴趣，提升学生认知：最快的脱险方式，就是快速确定秩序，然后人人都遵守秩序。

二、不遵守秩序带来的危害

师：我们一起来观看一段校园踩踏事故的视频。

（播放央视视频《安全不容"踩踏"》：2009 年 12 月 7 日晚 9 时许，湘乡市某中学发生一起伤亡惨重的校园踩踏事件，造成 8 名学生遇难，26 人受伤。这一惨剧发生在晚自习下课之际，当时下大雨，学生们想快速回到寝室，大部分学生涌向靠近宿舍楼的一号楼梯，造成人流量增加，在下楼梯的过程中，一学生跌倒，引发踩踏事故。）

师：看了这段视频你的心情怎样？有什么想说的吗？

生：看了这段视频，心情沉重、难受，8 名学生遇难，26 人受伤。

生：下楼梯的过程中，争先恐后，都想抢行，结果导致了悲剧的发生。

师：看到自己的同龄人遇难了，非常的痛心，心情久久不能平静。为什么会发生这样的事件？

（学生相互交流讨论。）

生：学生不讲秩序。

生：都只顾着自己，不管他人。

师：如果你当时正在现场，你会怎么做呢？

生：我会立即站定，用身体抵挡身后人流的拥挤。

师：如果你在现场，看到有人摔倒了，你会怎么办？

生：我会马上停下脚步，同时大声呼救，告诉后面的人不要向前走。

师：这样的校园踩踏事故不是一起，两起，三起，而是有很多起。

2010 年 11 月 29 日 11 点 50 分，新疆维吾尔自治区阿克苏市某小学课间操期间学生下楼时，由于前面一名学生摔倒，造成踩踏事故，致使 41 名学生受伤，其中重伤 7 人，轻伤 34 人。

2013 年 2 月 27 日清晨 6 点，襄阳老河口市某小学，因值班老师未能按时打开学生宿舍楼铁栅门，导致大量学生拥挤踩踏，4 名学生死亡，7 名学生受伤。

师：是什么原因引发的踩踏事故？

生：拥挤，有人想争先。

师：这样的悲剧可以避免吗？

生：只要人人都遵守秩序，就可以避免。

师：所以，遵守秩序，既是保护别人，也是保护自己。秩序是我们个人素质的体现，在你的身边有哪些不遵守秩序的行为？

生：打饭时有些同学插队。

生：坐校车有人插队。

生：下课间操时有的同学挤。

生：放学排队时有的同学挤。

……

师：这样的行为有什么危害？

生：会导致拥挤，踩踏事故发生。

生：人人抢行，会导致堵塞的发生。

生：不遵守秩序，插队、抢行，最终会导致整个事情都陷入停滞，既耽误了自己的时间，也耽误了别人的时间。如果发生踩踏事故，不但会伤害别人，也可能伤害自己。

【设计意图】通过校园踩踏事故，提升学生认知：不遵守秩序，既耽误了自己的时间，也耽误了别人的时间。

三、生活中的秩序

师：大家知道，我们生活中有哪些秩序吗？

生：先来后到。

生：自觉排队。

师：你们都说得很好。在我们的生活中，有三种常见的秩序：（1）先来后到；（2）上下楼梯靠右行；（3）谁近谁先行。

师：先来后到，就是按照来到的先后而确定次序。大家看，认识这个人是谁吗？（出示图片）

生：任正非。

师：他在干嘛？

生：他在排队。

师：对，我们都知道，任正非是华为的总裁，吃饭的时间到了，他站在队伍中间，按先来后到的顺序排队。作为总裁，他可以不用排队，直接打饭。

师：他为什么要排队呢？

生：他想遵守秩序。

师：我们在哪些地方要遵守这个秩序？

生：排队打饭、上公交车。

生：排队买票。

生：排队打水。

……

师：第二种常见秩序是上下楼梯靠右行，就是上下楼梯的时候，都靠右行走，不擅自变更行走路线，让通行更加顺畅，同时也避免人流乱挤，酿成安全事故。

师：平时你是怎么做的？

生：平时我做得不好，经常走左边。

生：人多的时候，插队，拥挤。

师：你认为，这样做好不好呢？

生：不好，容易发生踩踏事故，既伤害别人，也伤害自己。

师：如果要既保护别人，也保护自己，应该怎么做？

生：遵守秩序，上下楼梯靠右行。

师：第三种常见秩序是谁近谁先行，就是谁离得目标最近，谁先行。比如，我们这个教室，如果遇到紧急情况，秩序就是第一组的同学先行，其他组的同学依次后行。而第一组中，第一个同学先行，后面的同学则依次后行。

【设计意图】通过介绍生活中的三种常见秩序，让学生知晓在具体的情境中，该怎样去遵守秩序。

四、实践如何遵守秩序

师：大家还记得 2008 年的汶川地震吗？我们来做一次演练，要发生地震了，在人均 0.5 秒的时间内，全班同学通过逃生门跑到安全区（白线围成的方框）即逃生成功。若有成员没有逃出逃生门，则视为活动失败。

（全体学生参加逃生演练，同学们都很迅速，可是还有三位同学没有逃出。）

师：（采访未逃生成功的学生）现在你的心情怎样？

生：糟糕透顶了。

生：很伤心。

生：很难受。看到他们逃生了，我很羡慕。

师：（采访逃生成功的同学）你顺利地逃出了地震现场，现在你的心情怎样？

生：很开心，我逃过一劫。

生：我很伤心，我的一些同学没有逃过地震，我们应该可以全部逃生的。

师：为什么有人过不了门？

生：我们的动作还是有些慢，有些同学有些慌乱。

师：能不能再快一点？

生：（齐声回答）能。

师：好，老师再给大家一次机会，这一次的规则是在人均 0.4 秒内逃生成功，比上一次的时间要人均减少 0.1 秒。

（小组交流讨论再次逃生的方案。）

生：开始之前我们要迅速排好队，不许插队。

生：已经逃生出来的同学要迅速腾出空地，让后面的同学有地方落脚。

生：我和班长扶住逃生门，让它固定下来，不然老是摇晃。

（再次体验逃生，逃生成功。）

师：祝贺大家，取得成功。对比两轮逃生的结果，你发现了什么？

生：所有人都遵守秩序，就能够快速逃生。

师：（采访班长）班长，你为什么最后一个逃出去？

班长：我让他们先逃出去，我才放心。

（全体同学不由自主为班长的行为鼓掌。）

师：秩序就是生命。我们不仅要为自己考虑，也要为别人着想。班长，你是大家的楷模。

师：能不能再快一点？

生：我们可以再试一试。

师：老师再给大家一次演练机会，这一次的规则是在人均 0.3 秒的时间内逃生成功，看我们能不能创造奇迹。

（第三次演练，逃生成功。）

师：（总结）我们创造了奇迹，在人均 0.3 秒的时间内所有人都逃生成功，祝贺大家。这一次体验活动告诉我们，最快的通行方式就是遵守秩序，最慢的通行方式就是人人抢行！遵守秩序，带给我们的好处是：

（1）可以最快地到达目的地；

（2）可以避免踩踏事故，保护别人，也是保护自己。

（3）可以提升个人文明素养，进而提升整个社会的文明程度。

同学们，作为文明校园的一员，让我们从今天起，时时处处遵守学校秩序、社会秩序，做一个讲秩序的学生。

【设计意图】通过逃生活动的体验，让学生在活动中感悟讲秩序的重要性，并在各种生活场景中遵守秩序，提升文明素养。

第 6 节　寻找文明使者

宁乡市德育名师工作室　戴姣

【班会背景】

进入初中阶段的学生，都知道怎样的行为是文明的，怎样的行为是不文明的。然而现实生活中却往往忽略了这一点，譬如在图书室读完书不会将座位还原，不会使用文明用语，在别人需要帮助时袖手旁观，等等。为了帮助学生认识到文明之人是内心蕴藏着美好的人，他能在生活中传递美好，别人因他的存在而感觉到生活的美好，特设计本节班会课。

适用年级：七年级上学期。

【班会目标】

（1）认知提升：知晓文明是一个人的素养，反映在具体的一言一行当中，文明虽然可以伪装一时，但不能长期伪装。

（2）价值塑造：文明之人是内心蕴藏着美好的人，他能在生活中传递美好，别人因他的存在而感觉到生活的美好。

（3）外化于行：不断修炼和提升自己，做一个文明人。

【班会准备】

（1）资源：视频《什么是文明》，打印好的试卷若干份，网络定制文明使者徽章50个。

（2）思路：选出两位辅助老师教学的学生（推选的文明使者）后，其余人平均分成四批。教室留12套桌椅放正中间，其余课桌搬出教室放在走廊上，学生座椅沿教室内墙环圈摆放，上课之后学生环坐整个教室。通过连续四次的寻找文明使者活动，让学生以身边同学的行为为镜子，观照自己，修正自己的行为。

一、课题解读：什么是文明

师：这一节课我们来聊一聊文明的话题。大家认为，什么是文明？

生：文明就是特别有素养。

生：文明就是有礼貌。

生：文明就是不伤害别人。

师：说得很好。文明，说起来好像很抽象，其实它是很具体的。我们来看一个视频。（播放视频《什么是文明》）

师：幼儿园的老师说，文明是什么？

生：文明是捡起纸屑丢进垃圾桶。

师：小学老师说，文明是什么？

生：文明就是在路上，见到叔叔阿姨，主动问好；文明就是在公共汽车上，见到老人没有座位，主动给他们让座；文明是别人需要帮助的时候，就立刻去帮助他。

师：到了高中以后，视频中的女孩认识到文明是什么？

生：文明就是力所能及地助人为乐。

师：文明的人会留给你什么感觉？

生：非常舒服的感觉。

师：文明的人为什么会留给你这样的感觉？

生：因为文明的人，内心藏着美好。

师：文明的人为什么能传递这样的感觉？

生：因为文明的人，一直在传递着美好。

师：文明之人，是内心蕴藏着美好的人，他能在生活中传递美好，别人因他的存在而感觉到生活的美好。文明是具体的，反映在我们细小的一言一行里。在我们的身边就有很多的文明使者。这节课我们要进行寻找文明使者的活动。谁先给大家说说，作为一名文明守纪的学生，上课该怎样做？

生：上课认真听课、勤于思考。

生：上课要积极举手发言。

生：上课要坐姿端正。

师：同学们说得很好，这三点是课堂要求，你们都做到了吗？

（学生审视自己的行为，及时调整。）

【设计意图】让学生知晓什么是文明，文明不是抽象的概念，而是具体的行为，它就存在于我们的一言一行之中。

二、推荐文明使者

师：接下来的活动，老师需要两名文明使者来辅助老师工作。根据同学们平时的表现，你最想推选谁做文明使者？

生：我推荐班长，她说话总是轻声细语，也能在别人需要帮助时伸出援助之手。

生：我推荐李彤，每次寝室里打扫卫生，她总是最后一个离开，默默地把别人没做好的事情做好，也从不埋怨别人。

师：群众的眼睛是雪亮的，你们是当之无愧的文明使者。这节课上，老师

请你们协助工作，行吗？（两位同学愉快地答应）

师：我们班50名同学，除了上面的2名同学，其余48位同学已分成四批次，每人都有一次机会，我们会根据大家的表现评出文明使者。

【设计意图】一开始的文明使者，采用推荐的方式诞生，主要是为老师下面的活动选拔工作人员。

三、寻找文明使者

1. 第一轮

（教室中央整齐地摆放12张桌子，椅子均放置在桌子下面，桌上摆放着一支黑笔、一份试卷。）

师：有请第一批同学上台。请在两分钟内完成桌上的试卷。

（学生开始认真答题。）

师：（两分钟后）请第一批考生回到座位上，请协助人员收取试卷。

师：你认为自己评上文明使者了吗？

生：（点头）因为我觉得自己表现还不错，题目也挺容易的。

师：你认为自己评上文明使者了吗？

生：（摇头）没有。因为我做完试卷就走了，没有把凳子放回原处，我觉得自己做得不够好。

师：平时在图书室读完书或者在机房上完课，你有把凳子放回原处的习惯吗？

生：没有。

师：那以后呢？

生：以后肯定放回去。

师：你是一个会反省的同学，相信你能不断修正自己的行为，变得更加优秀。

师：我们一起来做一做这套试题（PPT出示试题内容）。下列行为，如果你认为正确，就做一个OK的手势；如果不正确，请在胸前比画一个大大的叉。

同时，请两位协助人员对试卷进行计分。（做试题主要是为了等待协助人员的阅卷分数）

姓名_____班级_____计分_____
判断。下列行为对的打"√"，错的打"×"。（每道题 20 分，总分 100 分）
1. 在校园里见到老师要打招呼，见到陌生人就不打招呼。　　（　　）
2. 开完会不用捡起地上的垃圾，反正要打扫的。　　　　　　（　　）
3. 作为初中生要注意仪表，不要染发、烫发。　　　　　　　（　　）
4. 上课歪坐着不要紧，舒服就行。　　　　　　　　　　　　（　　）
5. 洗澡、理发是自己的事情，想做就做，不想做可以不做。　（　　）

（协助人员公布第一批文明使者。结合试卷评分和座位是否放回原处这两项，评出第一批文明使者 2 ～ 3 名。）

师：老师为你们的文明行为点赞。

2. 第二轮

（协助人员将试卷发放在课桌上。）

师：有请第二批同学上台，请在两分钟内完成试卷。

（学生开始认真答题。）

师：（两分钟后）请第二批考生将试卷交到协助人员手中，回到座位上。

师：你认为自己能评上文明使者吗？

生：不知道。

师：（追问）那么你认为自己刚才哪些地方做得好？

生：我把凳子放回了原处，还把笔盖盖好了。

师：不错，为你点赞！

师：你觉得自己是文明使者吗？

生：我做得不好，我把试卷往文明使者手上一塞就走了，我应该双手递过去。

师：你是个会反思的人，相信你又向文明迈进了一大步。

师：我们一起来做一做这套试题（PPT 出示试题内容）。请两位协助人员计分。

姓名_____班级_____计分_____

判断。下列行为对的打"√"，错的打"×"。（每道题20分，总分100分）

1. 只有陌生人面前才要讲文明，朋友之间不用讲文明。 （　　）
2. 别人说话的时候要认真倾听，不要东张西望。 （　　）
3. 晚上睡不着，可以叫室友起来聊聊天，散散步。 （　　）
4. 我们要尊重他人的隐私，不能随便翻看他人的日记。 （　　）
5. 同学之间可以随便取绰号。 （　　）

（协助人员公布第二批测试者分数。结合试卷评分和座位是否放回原处、是否双手递交试卷这三项评出第二批文明使者 2 ～ 3 名。）

3. 第三轮

（协助人员将第三批试卷发放到桌上。试卷上只有一个用线条画的爱心图案，无色。）

师：说起来容易，做起来也不难。接下来请第三批同学上台。请将手上的心形图案剪下来，或者涂成红色。如果没有工具可以向同学借。完成后请交到两位协助人员手中。请注意，这里的要求是"或者"，什么意思？

生：就是二选一的意思。

（考生开始向同学借红笔或剪刀。小云借的是红色水性笔，涂的速度较慢。她才涂了一小部分，别的同学交卷了。佳佳主动递过去自己的红色彩笔。小云迅速涂完，交卷。）

师：现在谁愿意谈谈自己的感受？

生：作为一个旁观者，我看到他们表现得都很好，他们在借笔的过程中能使用文明用语"请""谢谢"等，特别是佳佳，看到小云遇到了困难，就主动将红笔递给她。

师：感谢你精彩的点评。我也为佳佳点赞。（同学们不由自主地鼓起了掌）

（结合学生是否使用文明用语、是否将座位摆放整齐、是否双手递东西这三项评出第三批文明使者 2 ～ 3 名。）

4. 第四轮

师：有请第四批同学上台。

（第四批同学上台坐好。学生傻眼、摸头，因为课桌上没有试卷。）

师：哦，对了，这一轮不需要桌子。请你们俩（指向两名协助人员）将课桌搬到这边来，摆放整齐。

（几位同学忙帮搬桌子，很快搬完，第四批同学落座。教师立即宣布第四批评选结束。）

师：你们知道评选标准了吗？

生：看我们是否会帮助同学。

师：那你帮助同学了吗？

生：帮了。

师：你平时也会帮助同学吗？

生：有时会帮，有时候不会帮。

师：那以后呢？

生：我会尽量多帮助他人。

师：我相信你。

（主动帮助他人的同学被评为文明使者。）

（四轮评选结束，有请所有文明使者上台接受徽章。）

【设计意图】通过四轮的文明使者评选，让学生以同班同学为镜子，关照自己的行为，进行自我反思。

四、文明实践活动

师：寻找文明使者活动暂时告一段落，今后，我们还要继续寻找，因为我们身边的文明使者绝对不止这些，还会不断涌现。接下来我们需要把所有的课桌搬回教室。在搬座位前，我想先问问同学们，以前搬座位会出现哪些问题？我们有没有办法避免这样的问题出现？

生：大家都扯着嗓子大喊，叫别人让一让。我们如果相互谦让的话，就不会那么吵闹了。

生：总是没有秩序。一大堆人搬着座位到门口就堵住了。如果能一次只进一个人，有秩序地走，就不会"堵车"，这样也可以避免意外擦伤等事故的发生。

生：最常见的问题就是大家都摆好了座位，可能还有一位同学没进去，于是大家又要挪动。

师：这位同学提的问题很具体，也很常见。我们有什么办法解决吗？

生：我觉得应该坐在里面的先搬，坐外面的后搬。

师：好。我明白了。谁来总结一下这三条温馨提示？

生：（1）请大家在搬座位的过程中不大喊大叫；（2）请有秩序地搬座位，一次只进一个人；（3）请靠里面的先搬，靠外面的后搬。

（学生开始行动，搬座位进教室。）

师：刚才搬座位的时候遵守了三条温馨提示的请举手。

（同学们齐刷刷举起手来。）

师：刚才主动帮助了身边的同学的，请举手。

（同学们再次举起手来。）

师：（总结）同学们，文明不是口号，文明是做完实验将座椅放回原处，文明是双手递手上的东西，文明是一句"对不起""谢谢"，文明是别人需要帮助时伸出援助之手。让我们从今天起，争做文明使者！

【设计意图】号召学生争当文明使者，文明不是口号，文明是具体的行为。

第7节　做一个有担当的男孩

宁乡市德育名师工作室　刘令军

【班会背景】

有一段时间，我发现班上一些男同学仗着自己身体强壮欺负女生，而班级卫生打扫的时候却游手好闲，拈轻怕重，当纨绔子弟，不但不主动承担重活脏活，反而要女生"救济"，让女生帮着完成任务，并以此为荣，看到女生有困难却漠然视之，不愿意施以援手；一些男孩，作业交迟了，埋怨组长没有及时收集，书本忘带了，埋怨妈妈没有帮他整理好书包，篮球比赛打输了，埋怨队员没有尽力，考试考砸了，埋怨老师出题太难了，用各种理由和借口来搪塞自己的过失；一些男孩，在班级违纪了，用各种谎言来遮掩自己的过错，不敢承担责任。为了培育男生的担当精神，特设计本节班会课。

适用年级：七年级下学期。

【班会目标】

（1）认知提升：引导学生认识什么是有担当，知晓怎样成为一名有担当的男孩。

（2）价值塑造：有担当精神的男性值得信赖，堪当大任。

（3）外化于行：在学习和生活中有担当精神，主动出击，主动承担责任，在班级内部有保护弱者的意识，学会呵护女生。

【班会准备】

（1）资源：视频《航天英雄杨利伟》《人民英模钟南山》，课件。

（2）思路：以周恩来、杨利伟和钟南山三位杰出男性的事例为切入口，引导学生梳理他们身上的特质，引出担当的概念，与学生一起探讨如何成为有担当的男孩，对学生进行价值塑造——有担当精神的男性值得信赖，堪当大任。

一、引入话题：介绍三位杰出男性

师：一起来认识几位杰出男性。第一位，周恩来，中华人民共和国成立后，任政府总理，由于他一贯勤奋工作，严于律己，关心群众，被称为"人民的好总理"。

1911 年的一天，沈阳东关模范小学，正在上课的魏校长问同学们："你们为什么要读书？"同学们纷纷回答：为做大学问家，为知书明礼，为让妈妈妹妹过上好日子，为光宗耀祖，为挣钱发财……等到周恩来发言时，他说："为中华之崛起而读书！"

1911 年的中国，晚清政府摇摇欲坠，军阀混战，中国大地风雨飘摇，山河破碎，民不聊生，中国人民陷入水深火热之中，看不到前途，看不到希望。面对支离破碎的国家，人心涣散的民族，周恩来有没有逃避、退缩？

生：没有，他选择了为中华之崛起而读书！

师：第二位是杨利伟，中国飞天第一人，2003 年 10 月 15 日 9 时，杨利伟乘坐长征 2F 火箭运载的神舟五号飞船首次进入太空，标志着中国航天事业向前迈进了一大步，具有里程碑式的意义。（播放视频《航天英雄杨利伟》）

师：太空探索，是一项特别危险的任务。在杨利伟之前，已有 22 位航天员为太空事业献出了生命。其中有 16 名美国人，5 名俄罗斯（苏联）人，1 名以色列人。其中比较严重的是 1986 年 1 月 28 日和 2003 年 2 月 1 日美国"挑战者"号与"哥伦比亚"号航天飞机发生爆炸，共有 14 名航天员在事故中遇难。面对生命危险，杨利伟有没有退缩、逃避？

生：没有，而是挺身而出，勇于承担责任。

师：第三位是钟南山，中国工程院院士、著名呼吸病学学家。2003 年，"非典"爆发，传播速度快，致死率高，钟南山说："把最重的病人都送到我这来。"17 年后，新冠病毒爆发，已是 84 岁高龄的钟南山，再一次披挂上阵，义无反顾地赶往疫情最前线。（播放视频《人民英模钟南山》）

师：每个人都珍惜自己的生命，面对生命危险，钟南山是怎么做的？

生：逆向而行，冲在最前线。

师：请从下面挑出三个最符合上面三位杰出男性特质的词语：热爱运动、朝气蓬勃、有理想、坚韧不拔、自信坚强、有本领、自强不息、责任心强、学识丰富、有信念、有担当、胸怀天下。

生：坚韧不拔。

生：有担当。

生：胸怀天下。

师：这三位杰出男性，都有一个共同特点，那就是都愿意承担重任，并且在承担重任的过程中不负所托。大家说说看，他们承担了什么样的责任？履职如何？

生：周总理肩负着振兴中华的重任，并且圆满完成了自己承担的任务。

生：杨利伟承担着探索太空的重任。

生：钟南山肩负着抗击疫情的重任。

师：有担当精神的人值得信赖，堪当大任。一个男性能不能得到他人的信赖，能不能担当大任，精神是一方面，风度是一方面，能力是一方面，素养是一方面。从这四个方面，可以看出一个人的精气神。能够将精神、风度、能力、素养四种要素叠加在一起的男性，值得信任，可堪当大任。

【设计意图】以介绍三位杰出男性为切入口，梳理整理出他们身上的一些特质，提出有担当的抽象概念。

二、辨析概念：什么样的男孩才能称为有担当男孩

（分成男生组和女生组，左边的女生和右边的男生都不离开座位，左边的男生和右边的女生到对面，男生女生都分成四个小组，组成新团队。）

师：分小组讨论五分钟：在你们男生女生的心目中，什么样的初中生男孩能称为有担当男孩，或者说男孩具备哪些品质就可以称为有担当男孩？每一小组总结出你们认为最重要的三点。

师：下面先请女生组来展示你们的讨论结果。

生：我们认为男孩应该敢作敢当，敢于主动承担责任，遇事犹豫不决，面对困难挑战就逃避、退缩的男孩不是有担当男孩。（师板书：敢作敢当）

生：我们认为男孩应该诚实守信，一诺千金，经常撒谎的男孩不是有担当男孩。（师板书：诚实守信）

生：我们认为男孩应该有绅士风度，照顾女生，欺负女生的男孩不是有担当男孩。（师板书：照顾女生）

生：我们认为男孩应该有胸怀宽广，不斤斤计较，不自私自利，不学无术、拈轻怕重的男孩不是有担当男孩。（师板书：胸怀宽广）

师：我发现女生们注重的是男孩的精神品质。那么在男生心目中，你们又认为什么样的男孩可以称为有担当男孩呢？下面请男生组来展示你们的讨论结果。

生：我们组认为，男孩应该确立自己的理想目标，并为之不懈努力。（师板书：理想目标）

生：我们组觉得，男孩一定要敢于承担责任，做错了事情，不要给自己找理由。（师板书：承担责任）

生：我们组认为，男孩一定要学会自己解决问题，不要过分依赖老师和家

长。（师板书：自己解决问题）

生：我们组认为，男孩一定要学会自己做决策，不要老是问别人怎么办。（师板书：自主决策）

师：看来在男生和女生心目中，有担当孩的标准既有相同的地方，也有不同的地方。那么在老师心目中，什么样的男孩才能称为有担当男孩呢？

有担当：面对社会的需要或者他人的需求，毫不犹豫，挺身而出，倾尽全力承担起应该担负的责任，并在承担责任的过程中激发出自己的全部能量。

老师认为，有担当男孩应该具备这样一些特质：

有担当的人遇事不推诿。遇到事情考虑的不是如何解决，而是将问题推到对方身上，不是有担当的表现。

有担当的人不抱怨。怨天怨地怨旁人，只要在工作或者生活上受挫折，就责备旁人，不是有担当的表现。

有担当的人不会给失败找理由。对自己的过失总是找各种理由或者借口进行搪塞，不是有担当的表现。

有担当的人不会不思进取。在学习和生活中没有进取之心，没有足够的能力，不是有担当的表现。

【设计意图】通过学生的表述和老师对核心词汇的板书，梳理出有担当男孩的一些核心要素，将有担当的抽象概念化为具体行为。

三、寻找榜样：我们班谁是有担当男孩

我们班谁是你心目中的有担当男孩？你最欣赏他身上的什么特质？这样的特质是怎么表现出来的？请填写下面的表格：

寻找班级有担当男孩	
有担当男孩	
特质	
体现	

生：我认为小陆是有担当男孩，他作为我们班的班长，什么事情都身先士卒，为了班级的发展，贡献了很多。

生：我认为小苗是我们班的有担当男孩，今年的校运会，他承担了我们班的出场排练任务，他每天网上找资料，放学以后组织大家排练，尽心尽责。

生：我认为小蛟是我们班的有担当男孩，上次我们班卫生大扫除，要清理地沟，很多女孩子都怕弄脏衣服，只有小蛟站出来说，女孩子都站远点，这种脏活我来做。

【设计意图】从身边寻找有担当男孩的样本，将有担当男孩的概念具体到人。

四、塑造有担当男孩：找到修炼的途径

师：你觉得你自己可以称为有担当男孩吗？如果不能，那还欠缺什么？需要在哪些方面努力呢？说出你认为行之有效的具体措施。

生：我认为我不能称为有担当男孩，因为我遇事不决，就连今天要不要去办公室请教老师，都会犹豫很久。

生：我也觉得我不能称为有担当男孩，因为我不敢主动承担责任，遇到困难就打退堂鼓。

生：我觉得我可以称为有担当男孩，因为我担任班级宣传委员，经常承担班级出黑板报的任务。上次学校安排我们班更新学校的一个宣传栏，我主动承担这项工作，到处找资料，组织部分同学进行商讨，设计出初稿，请教美术老师，修改提升设计稿，后来这个宣传栏得到了学校德育处的表扬。

师：同学们如果要将自己塑造成有担当男孩，建议从这五条途径入手：

（1）独立自主解决自己的事情。

有自己的判断力，能够在生活中自己的事情自己做，不依赖于别人，自己独立自主解决自己的事情。这是修炼我们的精神。

（2）保护弱者，呵护女生。

在尊重的前提下，呵护好你身边的女孩。不管那个女孩多么独立，多么优秀，来自身边男孩的保护，都会让她有安全感。这是修炼我们的风度。

班级卫生打扫，如果有重体力活，男生应该主动对女生说：这件事情交给我好了。

在校园里遇到女生提着重物在前行，或者在其他地方遇到熟识的提着重物的女性，应该立即跑过去，问她需不需要你的帮助。

递给女生饮料，应帮助女生打开瓶盖。

（3）学会做家务。

要有生存能力，有一天你离开了父母的庇护，还可以生存下去。这是一项最基本的能力，我们必须从小就学好。

（4）主动出击，行动力强。

不把时间浪费在犹豫上，认准了目标就往前冲，不犹豫，不徘徊，敢想敢做，行动力强。这是人在事业上取得成功的一项关键能力。

（5）对自己的过失负责。

人的一生，难免会有一些过失，出现了过失不要推卸责任，没什么大不了的，承担责任就行。这是修炼我们的素养。

上课铃响了，学生小敏背着书包走进教室。李老师正在检查作业，问小敏："你的语文作业，还有语文课本，怎么又忘带了？"小敏回答："都怪我妈妈，昨天写完作业以后，忘了给我装进书包。"你认为小敏同学做得对吗？

生：不对，他这是推卸责任。

师：事情虽然小，但是可以看出一个人的素养。有担当精神的人才值得信赖，才堪当大任。生活中很多事情，都需要男孩有担当精神，比如完成学业、完成工作、孝顺父母等。如果男孩子不具备这些品质，那在今后的学习和生活、人际交往中，就会变成"甩锅侠""啃老族"。

也许我们还不够完美，但只要我们一直努力，发现自己的不足，不断去修正和提升自己，就会成为一个有担当男孩。

【设计意图】为学生找到问题的解决方案，从五个方面去进行自我修炼，塑造有担当男孩。

第8节 做一个优雅女孩

宁乡市德育名师工作室 银亮

【班会背景】

班里有女生经常上课照镜子、玩头发，喜欢穿奇装异服，跟她们交谈的时候，时不时地冒出几句口头禅式的脏话，她们不但没有觉得不妥，反而觉得很时尚，有个性。女生们有自己喜欢和欣赏的女明星，当我问为什么喜欢她们时，又说不出个所以然来，只知道她们很漂亮、穿衣服很好看。一个初中女生，应该怎样成为一个让人赏心悦目的人？为了跟学生们一起探讨这个问题，特设计本节班会课。

适用年级：七年级下学期。

【班会目标】

（1）认知提升：引导学生认识什么样的女孩才是优雅女孩，知晓怎么成为优雅女孩。

（2）价值塑造：将精神、气质、学识、素养四种要素叠加在一起的女性，就已经不单单是漂亮，而是优雅了。

（3）外化于行：发现自己的长处和不足，从精神、气质、学识、素养四个方面修炼自己。

【班会准备】

（1）资源：视频《彭丽媛在纪念北京世界妇女大会25周年暨全球妇女峰会5周年座谈会上致辞》《北京冬奥申委成员杨澜陈述》《董卿主持〈朗读者〉节目》《最美领诵女孩冯琳》。

（2）思路：以彭丽媛、杨澜和董卿三位当代杰出女性的影像为切入口，引导学生梳理她们身上的特质，引出优雅女孩的概念，与学生一起探讨如何塑造优雅女孩，对学生进行价值塑造：将精神、气质、学识、素养四种要素叠加在一起的女性，就已经不单单是漂亮，而是优雅了。

一、引入话题：介绍当代三位杰出女性

师：一起来认识几位中国当代杰出女性。第一位是彭丽媛，中国著名女高音歌唱家，中国第一位民族声乐硕士。2020年9月16日，21世纪人类消除贫困事业与妇女的作用——纪念北京世界妇女大会25周年暨全球妇女峰会5周年座谈会在北京举行，彭丽媛女士应邀致辞。（播放视频《彭丽媛在纪念北京世界妇女大会25周年暨全球妇女峰会5周年座谈会上致辞》）

第二位是杨澜，中国电视节目主持人、媒体人、传媒企业家、慈善家，2022年北京冬季奥运会申委会成员。（播放视频《北京冬奥申委成员杨澜陈述》）

第三位是董卿，主持人、制片人，2016年主持中央电视台科教频道原创文化益智节目《中国诗词大会》，2017年主持中央电视台文化类节目《朗读者》。（播放视频《董卿主持〈朗读者〉节目》）

师：这些女性，你们认识吗？

生：（齐答）认识。

师：刚才我们一起看了她们的影像视频，请从下面挑出三个最符合上面三位杰出女性特质的词语：

才华出众、打扮时尚、美丽优雅、热情开朗、乐观自信、知性大方、积极上进、长相漂亮、温柔似水、安静淡雅、气质高雅、学识丰富。

生：知性大方。

生：美丽优雅。

生：学识丰富。

师：我看到你们都没有把长相漂亮放进去，说明外表漂亮不是成为杰出女性的必要条件。你们喜欢她们吗？为什么？

生：我最喜欢彭妈妈，她和蔼可亲，平易近人。

生：我也喜欢彭妈妈，她着装得体，沉稳大气。

生：我也喜欢彭妈妈，她举止优雅大方，身上散发着无穷的魅力，是我们学习的榜样。

生：我喜欢董卿，她的声音很好听，主持功底很强，给人知性大方的形象。

生：我喜欢杨澜，因为她为北京申奥成功及 2020 年冬季奥运会主办权的获得做出了重要贡献，她的演说惊艳了世界，是我心目中的女神。

生：这三位女性我都很喜欢，她们美丽大方，举止优雅，为中国的和平和发展做出巨大的贡献，是我心中的偶像。

师：这三位杰出女性的共同特质：优雅大方。老师也很喜欢她们，她们知性美丽，举止优雅，是当今时代国人心目中优雅女性的典型代表，老师也希望通过不断学习和努力，成为像她们一样的优雅女性。

一个女性的漂亮，不单单是指外表，精神是漂亮的一部分，气质是漂亮的一部分，学识是漂亮的一部分，素养是漂亮的一部分。能够将精神、气质、学识、素养四种要素叠加在一起的女性，就已经不单单是漂亮，而是优雅了。老师也希望我们班的女孩们都成为人见人爱的优雅女孩。

【设计意图】以介绍三位当代杰出女性为切入口，梳理整理出她们身上的一些特质，提出优雅的抽象概念。

二、辨析概念：什么样的女孩才能称为优雅女孩

（分成男生组和女生组，左边的女生和右边的男生不离开座位，左边的男生和右边的女生到对面，男生女生都分成三个小组，组成新团队。）

师：分组讨论五分钟，在你们男生女生的心目中，什么样的初中生女孩能称为优雅女孩，或者说女孩具备哪些品质就可以称为优雅女孩？每一小组总结出你们认为最重要的三点。

师：下面先请男生组来展示你们的讨论结果。

生：我们认为首先要有干净、利落、得体的打扮，我们不喜欢穿奇装异服的女孩子，也不喜欢涂脂抹粉、穿着打扮不符合中学生身份的女孩子。我们还觉得优雅的女孩言谈举止要落落大方，性格要温柔，大大咧咧、暴躁的女孩不能称为优雅女孩。

师：直率的男孩，喜欢你们的坦诚。（板书：打扮得体）

生：我们觉得除此之外，还要美丽大方。哈腰、耸肩、不注意自己形象的女孩不能称为优雅女孩。

师：老师也觉得优雅女孩一定要有挺拔端庄的仪态。（板书：身姿挺拔）

生：我们觉得还要温柔贤惠，脾气暴躁、自以为是的女孩，我们不喜欢。

师：温柔贤惠的女孩受人欢迎。（板书：温柔贤惠）

师：我发现男生们更注重的是女孩的外表形象及性格特点。那么在女生心目中，你们又认为什么样的女孩可以称为优雅女孩呢？下面请女生组来展示你们的讨论结果。

生：我们认为男生们说的都很重要，我们补充的是，要心地善良，不攀比，不妒忌，不自私自利，不斤斤计较。

师：这一点老师觉得尤为重要，老师把它归纳一下，要心地善良，要有高尚的人格。（板书：心地善良）

生：我们组还觉得，优雅女孩一定要有丰富的学识，徒有好看的外表，没有内涵的女孩是花瓶。

师：这个确实很重要，我们要不断地学习，不断提高自己的学识水平。（板书：丰富学识）

师：看来在男生和女生心目中，优雅女孩的标准既有相同的地方，也有不同的地方。那么在老师心目中，什么样的女孩才能称为优雅女孩呢？

优雅，汉语的解释是：行为举止优美，自然且高雅。

老师认为，优雅女孩应该具备这样一些特质：

要有干净、利落、得体的打扮。初中生染头发、涂指甲油、穿奇装异服，不优雅。

要有挺拔端庄的仪态。缩脖、耸肩、哈腰、上课趴桌、懒散靠墙，不优雅。

要有得体言谈举止。公共场合大喊大叫、随地吐痰、勾肩搭背、脏话连篇、没礼貌，不优雅。

要有高尚的人格。攀比、妒忌、不辨是非、偷东摸西，不优雅。

要有学识修养。没文化、没内涵、没修养，不优雅。

【设计意图】通过学生的表述和老师在黑板上板书核心词汇，梳理出优雅女孩的一些核心要素，将优雅的抽象概念具体到行为。

三、寻找榜样：我们班谁是优雅女孩

我们班谁是你心目中的优雅女孩？你最欣赏她身上的什么特质？这样的特质是怎么表现出来的？请填写下面的表格：

寻找班级优雅女孩	
优雅女孩	
特质	
体现	

生：我认为小越是优雅女孩，她高挑美丽，知性大方，学习成绩也很好，最重要的她为人正直善良。

生：我认为小宇是我们班的优雅女孩，她温柔贤惠，沉稳大气，努力学习，是我们学习的榜样。

生：小苗是优雅女孩，因为她活泼开朗，落落大方，班级管理工作做得很到位，为我们班做出了很大的贡献。

【设计意图】从身边寻找优雅女孩的样本，将优雅女孩的概念具体到人。

四、塑造优雅：找到修炼的途径

师：你觉得你自己可以称为优雅女孩吗？如果不能，那还欠缺什么，需要在哪些方面努力呢？（说出你认为行之有效的具体措施）请同学们认真思考后再回答。

生：我认为我不能称为优雅女孩，因为我有点驼背，仪态不端庄。我觉得我可以穿穿背背佳，每天靠墙站十分钟，或者去学学舞蹈，训练一下仪态。

生：我也觉得我不够优雅，因为我学习成绩不够好，没有丰富的学识和深厚的内涵。我觉得我可以多阅读多积累，提升个人修养。

生：我也觉得我还有很大的需要提升的空间，我不够自信，以后我会丰富自己的兴趣爱好，多参加各种学校或者班级组织的活动，提升自己各个方面的能力。

生：我觉得我基本符合要求，但是也有需要改进的地方，比如我比较容易满足，遇到困难可能有点缩手缩脚。以后我会更加坚定自己的目标和信念，迎难而上，不会做的题多问同学和老师，生活中遇到困难，先自己想办法，实在不行，再寻求帮助。

师：如果要将自己塑造成优雅女孩，建议大家从四条途径入手：

（1）积极上进。有理想目标，坚持不懈，面对困难不退缩。这是修炼我们的精神。青岛女孩王亚平，7岁时妈妈因病去世，爸爸疾病缠身无法劳动，靠低保维持生活，她从小由姥姥姥爷抚养长大……2022年高考王亚平以631分考上南开大学，经媒体报道后，各种爱心资助纷至沓来，王亚平却一一婉拒，她说："我已筹到1.9万元的学费和生活费，今年的各种开销已足够，请将爱心留给更需要的人。"

（2）自信大方。走路抬头挺胸，有健康爱好，待人接物落落大方。这是修炼我们的气质。2021年7月1日，庆祝中国共产党成立100周年大会在北京天安门广场隆重举行，在青少年献词节目中，中国传媒大学播音与主持专业大三学生冯琳是四个领诵人之一。（播放视频《最美领诵女孩冯琳》）

（3）丰富学识。学习上专心致志，心无旁骛，勤于思考，坚持不懈，阅读广泛，思维严谨。这是修炼我们的学识。

（4）文明素养。对人彬彬有礼，不讲粗鄙话，不损人利己，与人为善，笑容温暖，不斤斤计较。这是修炼我们的素养。

师：（价值塑造）一个女性的漂亮，不单单是指外表，精神是漂亮的一部分，气质是漂亮的一部分，学识是漂亮的一部分，素养是漂亮的一部分。能够将精神、气质、学识、素养四种要素叠加在一起的女性，就已经不单单是漂亮，而是优雅了。

也许我们还不够完美，但只要我们一直努力，取长补短，一定会成为自己心目中及别人眼中的优雅女孩。

【设计意图】为学生找到问题的解决方案，从精神、气质、性格、素养四个方面去进行自我修炼，塑造优雅女孩。

第9节 我们应该创造什么样的课桌文化

宁乡市德育名师工作室 刘令军

【班会背景】

有一天，有个女孩子跑到办公室跟我说要换桌子，我以为是要换个位置，于是上课的时候就给她调整了位置，结果下课后她又来了，说：老师，我要换桌子，不是换位置。原来她的桌子上不知被谁写了一些不堪入目的语句，她坚决不要那张桌子了。这件事情引发了我的反思：现在我们教室里的课桌上确实有太多的不文明现象，是该想办法解决一下这个问题了。

适用年级：七年级下学期。

【班会目标】

（1）认知提升：知晓什么是课桌文化，以及课桌文化的作用。

（2）价值塑造：文化能给我们力量。

（3）外化于行：建设"积极、上进、高雅"的课桌文化。

【班会准备】

（1）资源：短视频《课桌文化的由来》，背景音乐，卡片盒，小卡片。

（2）思路：以鲁迅在课桌上刻画"早"字的故事开始，讲述课桌文化的由来，展示当前各种各样的课桌文化，说明不良课桌文化正腐蚀年轻学子的精神斗志，倡导建设"积极、上进、高雅"的课桌文化，通过文化的力量来激励学生前进。

一、课桌文化的由来

师：同学们，老师想请大家相互看一看课桌桌面上有没有被涂画上一些文字或者图画？

（学生相互查看，并作汇报。）

师：老师在这里做一个小调查，你最喜欢谁课桌上的文字或者图画，为什么？

生：我喜欢××同学课桌上的……因为……

……

师：这些文字或者图画，或者宣泄了我们学习过程中的某种情感，或者记录着我们学习过程中的某种思想、某种行为，我们觉得有趣、很重要，于是就记录了下来，形成了一种文化。因为它们是写或者刻在课桌上的，因此叫作课桌文化。我们给课桌文化下一个定义，就是学生通过在课桌上涂写一些内容的方式，达到宣泄情感、表达思想、确立行动、自我励志的目标的一种文化现象。从这个定义看，课桌文化的主要作用是什么？

生：宣泄情感、表达思想、确立行动、自我励志。

师：大家知道课桌文化创始人是谁吗？

生：（摇头）不知道。

师：是鲁迅。来，我们看一个视频，看他为什么要开创课桌文化。（播放视频《课桌文化的由来》）

师：鲁迅为什么要在课桌上刻一个"早"字？

生：因为他上学迟到了，受到了老师的批评，想提醒自己，不能再迟到。

师："早"字对鲁迅的学习起到了什么作用？

生：起到了激励和提醒的作用。

师：这个"早"字给了鲁迅什么样的力量？

生：给了他早起到校的力量。

师：对，文化能给我们力量。如果是积极的文化，就会给我们上进的力量；如果是消极的甚至是腐朽的文化，就会给我们颓废的力量。

【设计意图】让学生了解课桌文化的来源，并知晓"早"字对鲁迅学习的积极意义，给课桌文化定位：激励学习。

二、消极的课桌文化带给我们的影响

师：老师这些天，在各个教室里转悠，拍到了一些照片，大家一起来看看，

有什么感受？（出示第一组照片）

师：你看到了什么？

生：我看到一张平整的课桌，被刻上了一支手枪。

生：我看到一张平整的课桌，被刻上了一幅地图。

师：你看到这组图片，有什么感受？

生：一张好好的课桌，毁了。

生：心疼这张课桌。

师：我们来分析一下，这两个学生是基于什么原因损毁自己的课桌的？

生：第一个学生可能是一个手枪爱好者，或者是枪战片看多了。

生：第二个学生，可能是喜欢画地图，也可能是当时正在上地理课。

师：他们当时都是在认真学习的状态吗？

生：可以肯定的是，他们当时都处在无聊的状态，无所事事，因此就在课桌上刻画了。

师：他们有没有想到由此造成的后果？

生：肯定没有想过后果。

师：如果班级将这样的课桌分配给你，你会乐意吗？

生：肯定不乐意。

师：为什么呢？

生：因为这样的课桌会影响我的书写。

师：再猜想一下，如果所有学生都排斥这样的课桌，那么这样的课桌的命运将会是怎样的呢？

生：那就只能报损了。

师：一张桌子的造价是几百元，就因为学生一时的情绪宣泄，就报损了，实在是太可惜了。由此说明，我们做事情，不能无所顾忌，一定要仔细想想这样做，会不会给他人、给集体带来损害。我们再来看下一组图片，你们看到了什么？

生：第一张是画得乱七八糟的课桌，第二张则是画着灰太狼和喜羊羊的课桌。

师：如果班级分配给你一张这样的课桌，你会乐意吗？

生：不乐意。

师：为什么不乐意？

生：因为太凌乱的课桌，会干扰我的注意力，让我学习不能集中心思。

师：再来看下一组图片，你看到了什么？

生：写着低级庸俗话语的课桌。

师：如果班级分配给你一张这样的课桌，你会乐意吗？

生：那肯定不乐意啦。

师：为什么？

生：因为这样的课桌会腐蚀我的精神，让我变得精神萎靡，因此我应该自觉避免接触这样的信息。

师：孔子在他的著作《论语》中说："己所不欲，勿施于人。"知道是什么意思吗？

生：就是自己不喜欢的，也不要强加给对方。

师：你说得很对。这样的课桌既然你不乐意接受，那么，我们自己，就应该自觉在学习中做到不制造这样的课桌。

生：但是别人已经制造了。

师：别人一定要乱写乱画，我们不一定能管好，但一定要管好自己，你一定不会去做，能做到吗？

生：能做到。

师：现在我们来总结一下：消极课桌文化会带给我们什么？

生：让人思想消极颓废。

生：影响班级的整体形象。

生：损坏班级的公共财物。

生：给我们的书写带来不便。

……

【设计意图】让学生知晓消极的课桌文化，会腐蚀我们的精神，让我们意志消沉、浑浑噩噩。

三、建设积极的课桌文化

师：下面这段话，老师想请大家大声读一遍。（生读）

文化给予人们精神力量，虽是一种看不见的力量，但却犹如一只巨手在推动你前进。积极的文化，给予你的精神力量是积极进取，让你意志顽强，勇往直前。消极的文化，给予你的精神力量是消极颓废，让你意志消沉，畏缩不前。

师：从这一段话里，你读到了什么？

生：文化会给予我们精神力量，但是这种力量有积极的，也有消极的。

师：这节课我们聊的是课桌文化建设的话题，那么，我们应该建设什么样的课桌文化呢？

生：当然是积极的课桌文化。

师：那么，你们认为，积极的课桌文化应该给我们什么样的精神力量呢？

生：积极上进的力量。

生：坚持到底的力量。

生：自我改变的力量。

师：大家说得很好。在这里，老师想跟大家表明对课桌文化的态度：课桌是可以有文化的，但我们班建设的是积极的课桌文化，而不是消极的课桌文化。在这里，老师想跟大家商定三个话题。第一个话题是：课桌文化的内容。也就是说，在我们班，什么样的内容可以放到课桌上去？

生：励志的名言警句。

生：自己的奋斗目标之类的。

……

师：说得很好。综合大家的意见，老师总结了一下，可以放三类内容。第一类，提醒自己行为改进的。比如说这张课桌，这个学生写的是："你要变得特别优秀，改变自己这副狼狈模样。没有自制力的人，不足以谈人生。"

大家想想看，这个学生，会变得怎么样？

生：他会变得很自制。

师：第二类，明确自己的奋斗目标的。比如说这张课桌，这个学生写的是："我的目标，西安外国语大学。我的敌人是：（1）做作业不专注，拖拉；（2）草稿纸使用太随意；（3）从不做课堂小结；（4）听讲不够专注；（5）不主动问老师题。"

大家想想看，这个学生，会变得怎么样？

生：他会变得专注、规范、爱总结、注意听讲、不懂就问。

师：第三类，备忘学科知识要点的。比如说这张课桌，他备忘了很多数学公式，都是经常要用的。大家说，这样做有什么好处？

生：第一个好处是可以随时利用碎片的时间进行记忆，比如，下课的时候瞄一眼；第二个好处是如果忘记了某个知识点，可以很方便地找到。

师：老师认为，我们班的课桌文化，就只准放这三个方面的内容。怎么样？有意见的充分发表，待会儿我们举手表决通过以后，就坚决执行。……好！大家都没有意见了，下面进行举手表决。嗯，全票通过。谢谢大家的支持和配合。

师：确定了课桌文化的内容之后，接下来，老师还要跟大家商定第二个话题，那就是课桌文化的原则。我们不能因为前面已经商定好内容，就可以在课桌上乱写乱画，还应该有相应的原则，来规范我们的行为。大家觉得应该有一些什么样的原则？

生：不能损坏课桌桌面。

生：不能消极庸俗。

生：不能够太多。

……

师：大家总结得很好。综合大家的意见，我们可以整理为三个原则：（1）爱护课桌；（2）传播正能量；（3）精炼精简。对这三个原则，大家充分表达意见，待会儿我们再进行举手表决，通过以后就会成为我班级共同的原则，大家要共同遵守。……好，大家都没有意见了，举手表决。通过！

【设计意图】通过师生对话，跟学生商定课桌文化的内容与原则，充分讨论之后举手表决通过，成为全班的规则。

四、动手设计课桌文化

师：接下来，老师给大家六分钟的时间，动手设计我们的课桌文化。

（教师展示两个学生的课桌文化，并进行点评。）

师：文化给我们上进的力量！有同学问，老师，不能在课桌上涂鸦了，那以后我们有想法、有情绪怎么表达？老师想说，青春印记可以上墙，也可以存放在你的日记本里。以后，老师会在教室的后面墙上，设计一个心愿墙，同学们的想法和情绪，可以写在纸上，贴在那里。这样一来，既可以让大家都看见，又不会污染我们的课桌桌面。

接下来，老师还要跟大家商定第三个话题，那就是课桌文化建设的目标。大家可以用一个关键词来描述课桌文化建设的理想境界是怎样的。

生：积极。

生：上进。

生：励志。

……

师：老师认为，我们还是采用举手表决的方式，选出三个词就可以了，大家同意吗？

生：同意。

师：现在我宣布，我们班课桌文化建设的目标是：积极，上进，高雅。来，我们一起人声读出来。

生：（齐读）我们班课桌文化建设的目标是：积极，上进，高雅。

师：（总结）文化给我们上进的力量！积极的课桌文化，能让我们：行为更积极，学习更高效，目标更明确，意志更坚定。愿我们每个人都能从自己的课桌文化中汲取力量，做一个积极的人，一个上进的人，一个高雅的人。

【设计意图】通过亲自动手设计自己的课桌文化，最后总结提炼：从自己建设的课桌文化中汲取前进的力量。

第 10 节　微习惯，塑造你的个人优势

宁乡市德育名师工作室　戴姣

【班会背景】

进入初一以后，我发现班上有一些学生有明显的薄弱学科，这些薄弱学科极大地影响了他们整体成绩。为了提高自己的薄弱学科，有学生也尝试过各种方法，但大多数都是半途而废，坚持一段时间就放弃了。"不能坚持下去"已经成为学生提升薄弱学科的最大阻碍。为了帮助这部分学生找到"坚持下去"的有效方法，特组织本节班会课。

适用年级：七年级下学期。

【班会目标】

（1）认知提升：知晓微习惯的概念，即坚持每天做微不足道的积极行为。

（2）价值塑造：每天一个微小行为，会生成巨大的力量，足以让你把自己的人生弱势转换成人生优势。

（3）外化于行：确定好自己的微习惯，并坚持做好追踪记录，通过签订契约相互监督。

【班会准备】

（1）资源：书籍《微习惯》，微习惯的相关知识，微习惯修炼模板，微习惯追踪记录卡，背景音频《运动员进行曲》。

（2）思路：本节课旨在找到学生的弱势，并将其转化成优势。采用"是什么""为什么""怎么做"的逻辑思路，为学生培养微习惯找到信心，找到切实可行路径和方法。

一、什么是微习惯

师：同学们，来，我们一起做一个小任务（任选其一）：

（1）一个俯卧撑；

（2）一个蹲起；

（3）一次无绳跳绳。

（播放《运动员进行曲》。老师亲自做其中一个。学生纷纷行动，选定其中的一个小任务去做。）

师：这个任务容易完成吗？

生：太容易完成了。

生：俯卧撑我一次可以做十个。

师：不用做这么多，做一个就算完成任务。

生：这三个任务我都可以完成。

师：这样的小任务如果每天都完成一个你能做到吗？

生：可以呀。

生：绝对没问题。

师：估计你能坚持做多久？

生：一年两年都没有问题。

生：只要还能够自由行动，应该都没有问题。

师：这样的小任务确实很容易完成，哪怕一个大懒虫都可以做好。美国小伙斯蒂芬·盖斯，是个天生的懒虫。他身体瘦弱，一直想通过锻炼来改善自己的体质。为了改变，他从高中起研究各种习惯养成策略，一开始他定的计划是每天跑步一小时。大家认为他能坚持下去吗？

生：如果他没有顽强的毅力，估计坚持不下去，每天跑步一小时，目标定得太高了。

师：你猜得很对。偶尔，盖斯也会意志爆发，但是坚持了不到两周，便因为各种各样的原因，坚持不下去了。十年过去了，他的身体素质依然没有提升。

老师想调查一下，在学习和生活中，你有没有遇到过这种情况——明知道这样做对自己有极大的好处，但就是坚持不下去？

生：有，上次我给自己定了个习惯，每天跑1000米，结果只坚持了三天，就放弃了。

生：上次我给自己规定，每天要练钢笔字30分钟，结果只坚持了一周，就停止了。

师：这些情况说明，培养习惯的最大障碍是什么？

生：习惯培养的最大障碍就是坚持不下去。

师：大家认为是不是这样？

生：（齐声回答）是的。

师：2012年的某一天，盖斯心想，管它呢，每天随便做一个俯卧撑也好啊，于是，就将自己每天的锻炼目标修改为只做一个俯卧撑。

2013年一整年，他的目标都是每天做一个俯卧撑。结果，他居然坚持下来了，有时候白天没做，晚上临睡前，想到自己还没有完成任务，于是爬起来到地板上做一个俯卧撑。

做完一个俯卧撑以后，发现自己还有余力，心里想，既然已经开始了，那就再做几个吧，于是就多做了几个。有时候觉得累，便只做一个，毫无压力。

你们猜想一下，盖斯的身体锻炼得怎么样呢？

生：每天做一个俯卧撑，盖斯难道就把身体给锻炼好了？

师：你不用怀疑，到了2014年，经过两年的坚持，盖斯已经拥有了理想的体型。

后来，盖斯如法炮制，在阅读和写作领域，也同样使用这个方法。盖斯在每天写50个字的小目标推动下，居然写出了畅销书《微习惯》。

生：每天写50个字，居然写成了一本书？

师：是的。老师手里拿的这本书就是盖斯这个小懒虫写的。

什么是微习惯？就是坚持每天做微不足道的积极行为。微习惯的特点有三个：

（1）目标很小，小到几乎可以忽略不计，不会给你带来任何压力；

（2）一直在坚持，哪怕是一点点努力，也比毫不作为强；

（3）在有余力的情况下，你会超额完成任务。

【设计意图】通过做一个小任务的情境导入，为学生解读什么是微习惯，以及微习惯的特点。

二、为什么要培养微习惯

师：盖斯原本身体瘦弱，两年以后，他变得体格健壮；他原本不想写作，但他居然写出了畅销书《微习惯》。是什么原因促成他将人生弱势转变成了人生优势？

生：微习惯，每天做一个俯卧撑，每天写 50 个字。

师：目前你在哪些方面比较弱势？

生：我字写得不好，在作文的卷面上经常丢分。

生：语文的记叙文阅读做得不好，每次考试都在 4 分左右。

生：我的数学成绩不好。

生：我是英语"学困生"。

……

师：大家想不想，将自己的这个弱势转换成自己的优势？

生：当然想呀！

师：你们之前想过要改变自己的弱势吗？都做过哪些方面的努力？

生：我之前也去练过字，但练了一两周就放弃了，坚持不下来。

生：我之前也去刷阅读题，太枯燥了，也没有坚持下来。

生：我之前也去做过很多数学题，也没有坚持下来。

师：从大家的经历来看，习惯培养的最大障碍是"坚持不下去"，而微习惯则能完美解决这个问题，能够让你毫无压力地去坚持，最后让微习惯变成你的好习惯，把你的个人弱势转变成你的个人优势。

师：某学习小组，每天做一道数学题，15 天的学习效果：

姓名	兰	婧	波	英	欣	浪	雯	河
一模	51	40	27	66	35	42	36	18
二模	62	52	50	72	40	52	44	20

师：看得出变化吗？

生：有一些进步。

师：某体育小组，每天练习垫排球十分钟，十天下来，一次垫球的最高次数是：

姓名	12 日	13 日	14 日	15 日	16 日	17 日	18 日	19 日	20 日	21 日
星宇	6	8	12	15	22	21	20	25	27	30
罗婧	15	20	18	25	36	32	34	35	40	48
王欣	25	30	30	39	40	43	45	48	51	54
吴蝶	23	35	38	42	43	55	52	50	50	75
李霓	25	31	31	37	33	42	40	42	45	40
文婷	8	11	10	11	17	13	15	20	26	32
宁惠	9	9	10	11	13	13	20	20	20	37

师：看得出变化吗？

生：能，进步很大。

师：每天一个微小行为，会生成巨大的力量，足以让你把自己的人生弱势转换成人生优势。

【设计意图】同学们在交流讨论中发现，我们的薄弱科目成绩不理想，都是平时细小的事情没有坚持去做导致的，从而对寻找新的方法和路径产生兴趣，并充满信心。

三、怎样培养微习惯

师：首先，请你闭上眼睛想一想，以你现在的水平，想要突破的科目应该提升到什么水平？对你有什么好处？

（生闭目一分钟，思考后汇报。）

生：我的数学想达到及格水平，这样我就每科都及格了，有希望考入高中了。

生：我的英语想达到优秀水平，这样我的主科都拿到了优秀。

生：我的排球要拿满分，这样体育就不会拖班上的后腿了。

生：我的语文书写好看一些，卷面分应该可以提高 5 ～ 10 分，语文就能及格了。

师：现在，请和你的同伴一起确定 1～3 个微习惯。注意：微习惯，一定要"行为微小"，不需要强烈的意志力去支撑。只要你把它放在心上，就一定可以完成。如：每天抄写一首诗，每天做一道数学题，每天默写五个单词，每天向他人请教一道题……

请用老师提供的模板确定自己要修炼的微习惯：

我的微习惯

我在_____上比较薄弱，为了将我的弱势转变成我的优势，修炼下面几个微习惯：

1.

2.

3.

制定人：×××

×× 年 × 月 × 日

（师随机抽取几位同学的给予指导，不能让微习惯成为"大"习惯。）

师：第二步，追踪记录。对每天完成任务的情况进行追踪，并记录在一张纸上，记录的纸要张贴在醒目的地方。记录的内容包括具体的日期、实际完成多少，直到你已经形成习惯，不再需要记录为止。

盖斯说：无论你如何确认自己微习惯的完成情况，我建议你至少要亲自把习惯写在一个你能看到的地方。

老师给大家设计了一个追踪记录的模板，大家可以直接填写：

我的微习惯			
日期	完成情况	日期	完成情况

师：第三步，签订契约。我们来想想办法，如何相互督促，让每位同学都能完成任务？

生：我们互相提醒，每天晚自习前检查任务完成情况。

生：刚开始可能会有点不太习惯，我们每个月给两次补做的机会。

生：如果一人没有完成任务，要替其他几位同伴洗袜子。

师：同学们的办法真多，请你们把这些契约写下来，以后就可以依章办事了。

师：第四步，超额完成。这是微习惯的精华所在。今天状态一般，我们可以只完成最初的目标，这个目标很小，我们当然还是能完成的；今天状态好点，时间充足一点，我们可以超额完成，并且把它记录下来。

盖斯说：开始任何一个微习惯时，我几乎总是超额完成。"几乎总是"指的是超过 90% 的情况，"超额"是指超出很多。大家看，这是小马同学做的追踪记录，每天一道数学题，结果他最多的那天做了多少道题？

生：做了 12 道题。

师：最少的那天呢？

生：也做了一道。

师：第五步，自我奖励。我们可以进行一月一总结，同学们可以和班主任老师申请奖励学分，可以提前和家长约好奖惩措施，也可以几位同学商定用合理的方式放松自己，以此犒劳一个月坚持不懈、不断超越的自己。

【设计理念】一步步引导学生制定好自己的微习惯，并增强微习惯打卡的可操作性，让微习惯打卡真正帮助同学们突破自己。

四、微习惯第一天打卡

师：同学们，课堂的最后几分钟就交给你们了，大家试试完成今天的微习惯打卡吧！

（学生完成自己的微习惯打卡任务。）

师：（总结）同学们，这样的任务完成并不难，有所行动，必定有所收获。

如果今天你还有精力，可以多做一点，超额完成哦。成功，就是这样一点一点积累达成的。期待你们在小小的习惯中收获大大的喜悦。

再简单的事情，如果不去做，结果等于零；再远的目标，每天哪怕只做一点点，也会向你的目标靠近。让我们先从一个微小的习惯开始，微中见大，微中成长，一个个"微目标"的达成，将会累积成成长的大目标。

【设计理念】感受微习惯的可操作性，在实践中坚定自己微习惯培养的信心和决心。

第11节　做事情要有精益求精的精神

宁乡市德育名师工作室　刘令军

【班会背景】

同样是做事，有些人做得精致，有些人做得马虎，做得精致的就是比做得马虎的更容易成功。同样是考试答题，有些学生做得精致，有些学生做得马虎，做得精致的就比做得马虎的要多得分。接手这个班以后，我发现很多学生学习习惯很不好，主要反映在作业书写上：小吴数学作业本上到处是"黑坨"；小陈字写得"东倒西歪"；小平则马马虎虎，潦草应付，解题过程过于简单；小涛为了偷懒，经常不抄题目，完全不按解题格式解题，文字述说存在很大缺陷。其实这些学生都是班上的优生，天资聪颖，思维敏捷，但是每次考试都拿不了高分。针对这些问题，我在班上召开了这次班会。

适用年级：七年级下学期。

【班会目标】

（1）认知提升：知晓精益求精的概念，即追求多重好的叠加，使所做的事情接近完美。

（2）价值塑造：做事情要有精益求精的精神。

（3）外化于行：在学习和生活中已有"好"的基础上，增加一"好"，实现"好"的叠加。

【班会准备】

（1）资源：一篇六年级的优秀作文"马虎"和"工整"两种书写版本的照片，每个学生便利贴空白纸 5 张，课件。

（2）思路：本节课旨在发现学生的优势，并将其做到精通。本课的受众是学生，从学生的角度出发，将"精益求精"解读为"好"上加"好"、多重"好"的叠加，这样解读通俗易懂，学生容易理解，而且具有操作性。

一、什么是精益求精

师：同学们，前几天老师看到了一张小学六年级的考试试卷，其中作文题是这样布置的：

生活中并不缺少美，缺少的是发现美的眼睛，你都发现了生活中哪些美丽的场景？请以"最美丽的_____"为题，写一篇文章，补充题目时，可参考诸如"心灵""语言""瞬间""画面""风景"等，不少于 500 字。

有一个学生，他根据试题的要求，写了下面这篇文章，我们一起来认真读一读。

最美的风景

夕阳热得天空一片红，又泛着黄。远处，几棵梧桐树从上至下都围绕着一圈淡黄的色彩，树叶金黄金黄的与天空相映成趣，连行人也映黄了。

那天我在回家路上等红灯时，回首，便看到了这美景。

多美啊！我痴痴地看着那几棵梧桐树，夕阳、枯叶、云霞、街道、建筑、行人……都在金光笼罩下相映成趣，像一幅唯美的画作。

这么充满诗情画意的美景，我大概只在书中读到过，在画中看到过，在歌曲中领悟过。

于是，我全神贯注地观察着眼前的景色，云彩一大片一大片的，一层一层的，夕阳在云彩之中，将天空映得金黄。金光透过云层，洒向大地，周围的县政府、商场、学校、银行、餐馆，悉数泛了黄，像有一层金色的光晕环绕着它们，使它们似乎也放着金光。金光洒向梧桐树，黄色的树叶亮得放光，树干周围也环绕着一群金色的光晕……

"滴滴！"这时汽车鸣笛声响过，我才从沉醉中回到了现实，背好书包，回家了。

没想到，城市街道中的一个路口都能看到如此美景，我之前可很少见到这么美的景色。真是处处留心皆美景啊！

（学生阅读五分钟以后，老师组织交流。）

师：读了这篇文章，你觉得有什么优点？

生：作者的基本功很好，语句都很通顺，没有错别字。

生：作者的构思能力很强，整篇文章的画面感很强。

生：作者有一些用词生动，比如，"连行人也映黄了""悉数泛了黄"，非常真实，也非常形象。

生：作者最后提炼，处处留心皆美景，水到渠成，将主题进行了升华。

师：综合大家的意见，这篇文章突出的优点有两个——语句通顺，用词生动。大家同不同意？

生：同意。

师：如果你是评卷者，你会打多少分？

生：至少 90 分。

生：我给他打 95 分。

师：这个学生在试卷上写成了这个样子。（PPT 出示学生潦草的书写）

师：由于有一些字要阅卷老师费力去辨认，阅卷老师给他打了 24 分。这道作文题总分是 30 分，折合成 100 分制就是 80 分。看到阅卷老师的这个打分，你有何感想？

生：这个学生书写太马虎了。

生：只能说，他的书写给他的作文减分了。

师：后来，老师找一个六年级学生把这篇作文重新誊写了一遍，写成这样，

送给一个六年级语文老师打分。大家猜，打了多少分？（PPT 出示学生书写工整的作文）

生：95 分。（老师摇头）

生：难道是 100 分？（老师摇头）

生：难道是 96 分？

师：稍微有点误差，语文老师给了 98 分。

生：啊，这么多呀。不过，估计我也会打这么多分。

师：为什么作者的原试卷只打了 80 分，让人重新抄一遍就能打 98 分？原因就在于作者试卷上的书写太马虎了，他原本的两个优点——语句通顺和用词生动，被马虎这个缺点给掩盖了，这篇作文就成了一篇普通的作文。后来，老师找人再重新抄写了一遍，书写工整，他原本的两个优点被工整这个优点给放大了，成就了一篇优秀的作文。

师：说明什么问题？

生：马虎能掩盖优点，而工整能放大优点。

生：这个学生本来是一个非常优秀的学生，但因为马虎，他变成了一个普通学生，说明马虎能掩盖一个人的聪明才智。

师：你们都总结得很好。这篇作文给我个人的启示就是，我们要将自己的聪明才智充分展现出来，做事就必须精益求精。什么是精益求精？为了方便大家理解，老师将这个概念解读为：已经很好了，还要求更好。追求多重好的叠加，使所做的事情接近完美。

【设计意图】通过一篇考试作文导入，让学生理解马虎会掩盖原本已有的优点，而工整能放大原本已有的优点，从而引出精益求精的概念。

二、为什么要精益求精

师：现在工人师傅手边有一些材料：

（1）鞋面材料：纺织品、网眼布、皮革、人造革、合成材料、超细纤维、天然皮等。

（2）大底材料：橡胶、各种热塑性弹性体、高分子复合材料、功能材料等。

（3）辅料：金属部件、塑料部件等。

有一家公司，用这些材料做了一双运动鞋出来。这双鞋的显著优点，是能遮风挡雨，下雨天，穿着这双鞋子出去，不会弄脏脚，也不会打湿脚，很暖和。

但是，某运动品牌生产的运动鞋，除了要求有遮风挡雨这一个优点以外，还要求技术工人增加四个优点：第二个优点，鞋子轻，跑起来轻松；第三个优点，透气性强，不臭脚；第四个优点，鞋底耐磨，不易烂；第五个优点，穿着舒服，不磨脚。

师：增加这些优点以后，大家说，这双鞋子的价格会不会增长？

生：肯定增长。

师：大家猜猜看，会增加多少？

生：增长一倍？（老师摇头）

生：增长两倍？（老师摇头）

师：老师在淘宝上搜了一下，第一双鞋子，它在淘宝网上的价格是49元，而第二双鞋子，在淘宝网上的价格是598元，价格增加了11倍多。

师：第二双运动鞋为什么能卖那么贵？

生：因为它是"好"上加"好"。

师：你说得很对，第二双运动鞋，具有遮风挡雨＋鞋子轻＋透气性强＋鞋底耐磨＋穿着舒服等诸多的"好"，所以它值钱了。

大家看，这是一个初三学生的中考答卷（PPT 出示），书写特别工整，这道题获得了满分。

这是宁乡市巷子口镇的郭姣老师的书法作品（PPT 出示），她的书写在工整的基础上，又增加了一个优点——棱角分明。大家看她写的字，横、竖、点、捺、撇，都是有棱有角，所以她成了他们学校的书法老师。

再看，这是中国书法家协会沧州市分会孔德文先生的楷书作品（PPT 出示），他的书写在工整、棱角分明的基础上，又增加了一个优点——气势磅礴。因此，孔德文先生成了书法家。

师：这些事例给了我们什么启示？

生："好"上加"好"，才能让做的事情产生更大的价值。

生：叠加的"好"越多，价值越大。

师：你们总结得很到位，所以做事情要有精益求精的精神。

【设计意图】通过运动鞋和书写的案例，总结出价值塑造点：做事情要有精益求精的精神。

三、怎样实现精益求精

1. 找到自己的一个"好"

师：首先，请你闭上眼睛想一想，你现在在哪些事情上做得比较好，好到什么程度了？仿照老师的格式，写在便利贴纸上。

给自己找"好"

我在_____方面比较好，能做到_____的程度。

（老师抽学生朗读给自己找的"好"。）

生：我在数学计算方面比较好，能做到快速计算的程度。

生：我在英语单词识记方面比较好，能做到快速识记单词的程度。

生：我在卫生打扫方面比较好，能做到干净整洁的程度。

师：接下来，我们来给自己的同伴找"好"。仿照老师的格式，写在便利贴纸上。

给同伴找"好"

我的同伴_____在_____方面比较好，能做到_____的程度。

（老师抽学生朗读给自己同伴找的"好"，并当场送给自己的同伴。）

生：我的同伴小文在打篮球方面比较好，能做到在球场上运球自如的程度。

生：我的同伴小丽在演讲方面比较好，能做到发音标准的程度。

2. 给"好"增加一个"好"

师：请大家想一下，既然你已经有了一个"好"了，能不能再增加一个

"好"，让它"好"上加"好"？仿照老师的格式，写在便利贴纸上。

给"好"增加一个"好"

我在_____方面比较好，能做到_____的程度，我必须给它增加一个"好"——_____，使"好"上加"好"。

（老师抽学生朗读给自己增加的"好"。）

生：我在数学计算方面比较好，能做到快速计算的程度，我必须给它增加一个"好"——计算准确，使"好"上加"好"。

生：我在英语单词识记方面比较好，能做到快速识记单词的程度，我必须给它增加一个"好"——快速朗读英语课文，使"好"上加"好"。

生：我在卫生打扫方面比较好，能做到干净整洁的程度，我必须给它增加一个"好"——条理清晰，使"好"上加"好"。

师：接下来，我们来给自己的同伴加"好"。请仿照老师的格式，写在便利贴纸上。

给同伴加"好"

我的同伴_____在_____方面比较好，能做到_____的程度。如果再加一个"好"——_____，那就精益求精了。

（老师抽学生朗读给自己同伴找的"好"，并当场送给自己的同伴。）

生：我的同伴小文在打篮球方面比较好，能做到在球场上运球自如的程度，如果再加一个"好"——投篮命中率高，那就精益求精了。

生：我的同伴小丽在演讲方面比较好，能做到发音标准的程度，如果再加一个"好"——富有感情，那就精益求精了。

3. 共签契约实现"好"

师：为了让每个人都变得更好，老师建议大家同伴之间订一个契约，相互监督，相互提醒。请仿照老师的格式，写在便利贴纸上。

共签契约实现"好"

做事情要有精益求精的精神，我想在＿＿＿＿＿＿上实现＿＿＿＿＿＿＋＿＿＿＿，我将努力做到：

1.

2.

请×××同学、×××同学、×××同学监督我，如果我没有做到，我愿意承担＿＿＿＿＿＿的任务。

约定人：×××

××年×月×日

（老师抽学生朗读订的共同契约。）

做事情要有精益求精的精神，我想在数学计算方面实现快速计算＋计算准确，我将努力做到：

1. 坚持长期练习；

2. 在练习的过程中保持全神贯注，不分心。

请小马同学、小李同学、小文同学监督我，如果我没有做到，我愿意承担替小文值日的任务。

师：（总结）老师希望，大家从现在开始就养成做事认真的习惯，尽量把一切事都做得尽善尽美。做数学作业、写作文、打扫卫生、跳舞、唱歌等，都要有精益求精的精神。

【设计意图】一步步引导学生确定好自己的精益求精计划，给自己原本的"好"再加一个"好"。

第12节　有感谢，要学会表达

宁乡市德育名师工作室　刘令军

【班会背景】

马丁·塞利格曼——全世界公认的"积极心理学之父"，一针见血地指出，心理学不应该只研究人类的弱点和问题，而应该同时关注人类的美德和优势。积极心理学提倡用积极的信念、开放性的视角解读人的心理现象和社会问题，引导个体更满意地对待过去、幸福地感受现在和乐观地面对未来，使个体和社会走向和谐共荣。班上有一些学生在人际交往中，不知道如何表达感谢，或者表达感谢的方式就是简单地说一声"谢谢"，对方感受不到足够的温暖和幸福。根据积极心理学的理念，为了让学生通过积极情绪体验，把生命中的美好放大，增加生活的幸福感，帮助学生蓄积智力、生理、社会、心理等方面的学习能量，特设计本节班会课。

适用年级：七年级下学期。

【班会目标】

（1）认知提升：知晓表达感谢是人际交往的一项重要能力，知晓表达感谢的方法。

（2）价值塑造：有感谢，要学会表达。

（3）外化于行：对帮助过自己的人，适时表达自己的感谢。

【班会准备】

（1）资源：歌曲《向你敬个礼》MV，视频《向生命的敬礼》，背景音乐，课件。

（2）思路：开头提出问题"你是怎么向帮助你的人表达感谢的"，学生分享做法，然后解读表达感谢的五种方法——用礼仪、用歌曲、用语言、用卡片、用行动，最后回到开头的问题，设计向帮助过自己的人表达感谢，首尾呼应，运用所学知识解决问题。

一、用礼仪、歌曲来表达感谢

师：同学们，在日常生活中，我们有没有得到过别人的帮助？你是怎么向帮助你的人表达感谢的？

生：就是说一声"谢谢"。

生：会送一点礼物给对方。

师：（板书课题：有感谢，要学会表达）对于帮助过我们的人，说一声"谢谢"，或者送礼物，都是表达感谢的方法。但是，有一群小学生，他们表达感谢的方式跟我们的有一些不同，来，我们看一张照片（PPT 出示），你们看到了什么？

生：在一条公路上，有几个解放军叔叔在拉练，路边有四个学生，站立并向他们敬礼。

师：纠正一下，不是解放军，是武警部队。2019 年 3 月 18 日早上，武警湖南总队湘北片区特战队员，在益阳进行高强度体能训练，途经一个村庄时，遇到了暖心一幕：几个孩子向奔跑着的特战队员敬礼。

这一幕正好被随队拍摄的战士展灿记录了下来。路过的特战队员都深受感动，"感觉所有的辛苦都是值得的"。

再给大家介绍一个人，他的名字叫范阳，武警湖南总队新闻文化工作站干事，军旅作词人。这次小学生的一次敬礼，让兵哥哥和全社会都感到暖心，范阳以此为灵感创作了一首歌曲——《向你敬个礼》，我们一起来听一听这首歌。（播放歌曲《向你敬个礼》MV。）

师：用一个关键词表达你听了这首歌以后的感受。

生：敬重。

生：感恩。

生：温暖。

师：参与训练的特战队员事后说道，当时正在训练途中，不知道那几个小朋友是谁，非常遗憾没有向小朋友们及时还礼，视频中只能看到孩子们的背影。

敬礼小朋友到底是谁呢？经反复确认：他们是赫山区曙光小学的学生。

为了弥补没有及时给小朋友还礼的遗憾，2019 年 4 月 10 日上午，益阳支队的三名武警官兵，身着迷彩服来到赫山区曙光小学，给当时敬礼的几位小学生回礼。

三位武警官兵跟小朋友们进行了互动，让小朋友们对军人有了更多的了解，小朋友们对武警官兵说："叔叔，你们辛苦了！感谢你们一直守护着我们。"

师：我们可曾对守护我们安全的这些人说过一声谢谢，或者敬过一个礼？

生：没有。

师：这些小学生当时敬礼，是想表达一种什么样的感情？

生：崇敬。

生：感谢。

师：你怎么看出来是感谢？

生：任何感谢的言语都不足以表达这些学生内心的感情，敬礼这个动作，胜过千言万语，比任何感谢的话语都有力量，也比任何感谢的话语更能表达感谢之情。

作家纪伟娜，网名苏心，在她的文章《哪有什么岁月静好，不过是有人替你负重前行》中，写了这么一段话：

众生皆苦，没有人会被命运额外眷顾。如果你活得格外轻松顺遂，一定是有人替你承担了你该承担的重量。

师：来，我们一起齐读这一段话。（学生齐读）

师：有感谢，要学会表达。感谢，可以用礼仪来表达，也可以用歌曲来表达。（板书：可以用礼仪、歌曲表达感谢）

【设计意图】开头提出问题，为结尾解决问题埋下伏笔。通过介绍歌曲《向你敬个礼》的创作背景，总结出感谢可以用礼仪来表达，也可以用歌曲来表达。

二、用礼仪、语言来表达感谢

师：我们再来认识一个人。郎铮，四川绵阳北川羌族自治县人，妈妈是一位普通职工，爸爸是人民警察。

2008 年 5 月 12 日，汶川大地震，郎铮被埋在废墟中，5 月 13 日，他被解放军解救出来。解放军战士找来一块门板，固定好郎铮，抬着他往下走的时候，郎铮的右臂缓缓举起，向在场所有人敬了一个礼。

在场的人们无不被郎铮的行为感动，他们知道，郎铮这是在向他们表示感谢。

《绵阳晚报》摄影记者杨卫华在现场抓拍到了这张照片，后来，这张照片被网友命名为《生命的敬礼》。

再后来，这张照片被定格为一座雕塑，雕塑的名字就叫《生命的敬礼》。

思考：郎铮敬礼的照片为什么会被定格为一座雕塑？

生：这是对军人的敬礼。

生：这个雕塑作品表达的是灾区人民对解放军的感谢和崇敬。

师：这是生命向生命的敬礼。我们一起来看看 13 年以后郎铮怎么说。（播放视频《向生命的敬礼》）

5 月 12 日，是我们每一个北川人刻骨铭心的日子，13 年前的那场地震，将我们的家乡夷为平地，而那时的我只有 3 岁。很多人也是通过那次地震认识了我，也给我取了一个名字，叫敬礼男孩。13 年来，感恩，是我们学到的最重要的两个字。如果没有当时将我从废墟里救出来的解放军叔叔，就没有今天站在大家面前的我，是他们让我重获新生。我也很感谢拍下这张照片的杨卫华伯伯，是他用镜头记录了我人生中这么重要的时刻，也让更多人知道来自灾区人民的感恩。还要感谢那些默默关心我、关心我家乡的人们，正是你们的爱心，在废墟上浇灌出了希望的花朵，在你们的无私帮助下，我们的家乡才能涅槃重生。如今，我的家乡北川，已由震后的重灾区，成为了一座美丽而富有诗意的小城。幸福已经成为了我们生活的代名词。

师：郎铮，这个 16 岁的男孩说："13 年来，感恩，是我们学到的最重要的两个字。"13 年以后，他再一次用敬礼的方式来表达内心的感谢。同学们，我们从郎铮的身上能学到什么东西？

生：感恩社会，感恩所有为我们负重前行的人。

师：有感谢，要学会表达。表达感谢的方式，可以是礼仪，也可以是语言。（板书：可以用语言）

【设计意图】通过郎铮的故事，总结出感谢可以用礼仪来表达，也可以用语言来表达。

三、用卡片、行动来表达感谢

师：李家尧，2022年下学期，从县城某中学转学到巷子口镇中学。虽然各科成绩都靠后，但班主任戴老师接收了他。在课余时间，戴老师经常询问他的学习情况，与他一起商讨学习方法，鼓励他积极进取。李家尧积极参加班级活动，与老师同学都相处非常融洽，还代表学校参加了县级篮球赛。在班主任戴老师的鼓励下，他的成绩进步很快。国庆节到了，他想向戴老师表达感谢。他会怎么表达自己的感谢？

生：他会给老师写一封信。

生：他会送礼物给老师。

生：他会跟老师说一声"谢谢"。

师：他送给了老师一张贺卡，贺卡上写了一句话："有个孩子寻寻觅觅十四年，只为拜您门下学一年。双节将至，祝戴老师双节快乐，幸福安康。"来，我们一起把他写的读一遍。（学生齐读）

师：你读了他的话有什么感受？

生：情到深处，想流泪。

师：戴老师说，看到贺卡，眼泪不由自主落下来了，做班主任太幸福了。

师：有感谢，要学会表达。感谢，可以用卡片来表达。（板书：可以用卡片表达感谢）

师：戴老师带的学生，还有其他一些表达感谢的方式。比如说，某个星期五，戴老师外出参加学习一天。到了星期天的晚上，收到了课代表的微信："戴老师，晚上好啊，有件事想跟您说一下。星期五那天，他们问我要不要默字，我想着每天都要默呀，他们有那么多时间可以记，就组织默了字，情况还是可以的，除了某某同学在抄。没经过你的同意，对不起啊！"戴老师回复说："太棒了，希望你下次继续犯同样的错误。"

师：课代表犯错了吗？

生：没有，他在老师外出的情况下，履行自己的职责，帮助老师。

师：戴老师有没有责怪这个课代表？

生：没有，课代表的行动让戴老师内心很温暖，很感动。

师：还有一次，戴老师外出，到了晚上，历史课代表微信上说："戴老师，我擅作主张帮你把历史试卷的选择题看完了。"对这样的擅作主张，老师喜不喜欢？

生：喜欢，内心温暖。

师：宁乡市巷子口中学的聂西老师来自衡阳，每次上班需要坐车三个小时。从初一到初三，她从没有因为私事缺过课。228 班的学生们想向她表达感谢，他们是怎么做的呢？

聂老师的生日本来在寒假，但 228 班的同学们想找个机会给她过个生日。于是，同学们准备了惊喜：课代表发动大家筹集零花钱买了蛋糕，送了一条写满全班名字的围巾，在黑板上写满了祝福语，刘思晨同学还专门给聂老师下了一碗长寿面。

聂老师说：2021 年最具职业幸福感的事，是一场来自 228 班的惊喜聚会，有幸遇见这样一群可爱的学生，祝福你们所有人！

师：有感谢，我们要学会表达。感谢，可以用行动来表达。（板书：可以用行动表达感谢）

【设计意图】通过戴老师与学生之间的故事，总结出感谢可以用卡片来表达，可以用行动来表达。

四、学以致用

师：收到别人的感谢，会让付出者内心温暖，觉得所有的付出都是值得的，有价值的，更加坚定地去帮助别人。

我们之前也曾得到过别人的帮助，你能不能运用今天所学的方法，小小地设计一下，向对方表达你的感谢，让对方的内心倍感温暖？（播放背景音乐）限时五分钟。

（学生进行自主写作，教师选学生进行分享。）

师：（总结）有感谢，要学会表达，可以用礼仪进行表达，可以用歌曲进行表达，可以用语言进行表达，可以用卡片进行表达，可以用行动进行表达。当然，不止这些，还可以有更多的方式，只要是真情所至，都可以让对方内心温暖，倍增幸福。希望大家在生活中，学会表达自己的感谢，温暖别人，也温暖自己。

【设计意图】回到开头的问题，设计向帮助过自己的人表达感谢，首尾呼应，运用所学知识解决问题。

第 2 章
主动进取·自我教育·汲取力量

第1节　请学会主动出击

宁乡市德育名师工作室　刘令军

【班会背景】

在班级管理中，我发现一个比较严重的问题，就是学生喜欢被动接受，不喜欢主动出击，学习不主动，活动不主动，交往不主动。这种状况，从短期来讲，影响班级的建设，各项工作等待老师的安排，学生依赖性强；从长远来看，影响学生未来的发展，在现实生活中，一些人在做事情的时候，因为有被动等待的心理，错过了成功的机会。在竞争日益激烈的现代社会，积极主动出击是获得成功的最有效的方法，主动出击才能掌控局面。为了帮助学生学会主动出击，特设计本节班会课。

适用年级：八年级上学期。

【班会目标】

（1）认知提升：知晓主动出击的概念，知道遇到问题如何采取行动，达成自己的目标。

（2）价值塑造：主动出击，你才能把握主动权，一次小小的主动出击，或许就能改自己的人生。

（3）外化于行：在遇到难题的时候学会主动出击。

【班会准备】

（1）资源：课件，主动出击行动单。

（2）思路：以"行为选择"的小体验活动导入，让学生进行选择——一个鸡蛋，从外面打开是食物，从里面打开是生命。让学生逐步明白，主动出击才可以牢牢把握事情的主动权，要改变以前的行为方式，学会遇事主动出击。

一、不同的选择会有不同人生

师：同学们，不同的选择将会有不同人生。现在有一个蛋黄，就面临着选择：它待在鸡蛋里，它想出去，但是蛋壳把它给禁锢住了。它该怎么办呢？现在，它有两种选择：

A. 被动等待，等着别人来把蛋壳打破；

B. 主动出击，自己想办法把蛋壳打破。

蛋黄无法说话，有哪位同学愿意帮它来做一个选择吗？做选择的方式很简单，就是把选项后面的按钮点击一下就行了。

生：我帮蛋黄选择 B。（上台点击按钮）

师：感谢你帮蛋黄选择这种方式，它将会成为一条新的生命。

生：假如选择 A 呢？

师：那你来试试看。（学生上台点击按钮）

师：蛋黄如果选择这种方式，它将会被制作成人类的美食。

师：（面对全班同学）如果你是蛋黄，你是希望变成人类的美食，还是成为一条新的生命？

生：当然是成为一条新的生命，这样更能体现出鸡蛋的价值。

师：有个美国青年，一直没找到工作，十分苦恼。一次乘火车外出的途中，他看到一个地方正在大规模施工。他想工程这么大，一定需要人，于是就在附近下了车，到工地去打听。他找到了主管，介绍了自己，表达了想来工作的愿望。主管说这里正建一座大工厂，但目前不需要人，让他把电话留了下来，回去等消息，需要时再用电话通知。青年左等右等却没有等来电话。

现在，他面临两种选择：

A. 被动等待，继续在家里等待主管的电话；

B. 主动出击，再去一次工地，问主管到底是什么原因没有来电话。

请大家帮这个美国青年选择一下，接下来应该怎么做比较好。

生：我来，选择 B。（上台点击按钮）

师：他再次来到工地，找到了那位主管。主管这时已经是厂长了，他一见面就道歉说："小伙子，很抱歉呀！我早就想通知你来上班的，可是怎么也找不到你的电话号码了，好在你今天来了！"厂长热情地接待了他，并马上给他分配了工作。

这年轻人从此进入了钢铁行业，一直干得不错，后来成为了美国钢铁公司的董事长。他就是美国有名的钢铁大王费尔莱斯。

生：我来，选择 A。（上台点击按钮却发现点击不了）

生：老师，这个按钮为什么点击不了？

师：因为历史不可以重来，费尔莱斯就是选择了主动出击，成为了美国钢铁公司的董事长。费尔莱斯为什么能成功？

生：因为他选择的是主动出击。

师：初中女生小昊，文化成绩不是很突出，两年以后估计可以考上普通高中，但考示范性高中有很大困难。她特别喜欢舞蹈，但是，一节专业的舞蹈课需要 200 元钱，她的父母收入不高，无法送她到舞蹈老师那里去学习。

现在，她面临两种选择：

A. 被动等待，等父母赚够了钱，送她去专业舞蹈老师那里学习；

B. 主动出击，自己去购买一张舞蹈教学光盘，进行模仿学习。

现在请大家帮小昊同学选择一下，接下来应该怎么选择？

生：我来，选择 A。（上台点击按钮却发现点击不了）

生：老师，这个点击不了。

师：说明小昊同学选择的不是 A，而是 B，你选 B 试试看。（学生点击 B）

师：小昊同学选择的是主动出击，从此开始，小昊同学开始跟着舞蹈光盘自学孔雀舞。2008 年，小昊同学获得长沙市三独比赛一等奖；2009 年，小昊同学被湖南省第一师范录取为"六年制"公费师范生。小昊报考公费师范生的时候，湖南一师组织了一次面试，小昊同学跳了一支孔雀舞，面试的老师很欣喜，说她是基本功最扎实的一位考生，问她是哪所舞蹈学校培训出来的。小昊告诉老师，她是自学的。面试的老师简直不敢相信，因为那些从舞蹈培训学校出来的学生，都没有她这么扎实的基本功。现在，小昊同学是宁乡市喻家坳乡的一名小学教师。

师：初一男生小锋，他发现所有学科都很容易，做完作业以后，他还有很多空余时间。现在，他面临两种选择：

A. 被动等待，等老师给自己安排学习任务，然后不折不扣地完成；

B. 主动出击，主动去购买一些书籍，开阔视野，丰富知识储备。

现在请大家帮小锋同学选择一下，接下来应该怎么选择？

生：我来，选择 B。

师：你的选择正是小锋的选择，他自己购买了很多的书籍来进行自学。2004 年，小锋同学考入宁乡一中；2007 年，小锋同学考入山东大学；2011 年，小锋考上了研究生；2014 年，小锋同学考上了湖南省中南大学博士生，2019 年博士毕业，直接选调到湖南省国土资源厅工作。

师：现在，问题来了，小昊和小锋同为什么能成功？

生：因为他们选择了主动出击，而不是被动等待。

师：由此说明，主动出击，能够带给我们什么？

生：主动出击能够给我们创造更多的机会。

【设计意图】通过四次选择，让学生知晓主动出击能够带给我们更多的机会，那些取得成功的人，都是在人生的某个关键时刻选择主动出击的人。

二、给主动出击下一个定义

师：接下来，我们讨论两个问题。第一个问题，你理解的主动出击是什么意思？能不能举一个具体的事例说明？

生：我理解的主动出击，就是主动去解决问题。比如说，我遇到一个不认识的字，我应该主动去查字典，而不是等待着别人来教我。

生：我认为，主动出击，就是不等待，不依赖，自己解决问题。比如说，我想学画画，我就跟父母主动提出来。

生：我认为，主动出击就是积极行动。比如说，我想提高数学成绩，那我就主动去找老师，找同学，主动去找学习资料……

师：都说得很好，第二个问题，我们为什么要主动出击？

生：主动出击，可以让别人知道你想要什么。

生：主动出击，可以给人留下积极进取的好印象。

生：主动出击，可以让我们的效率更高。

师：你们的认识都很深刻，思维也很缜密。老师认为，最重要的一点，只有主动出击，你才能牢牢把握事情的主动权。大家说对不对?

生：对!

师：大家都对主动出击有了自己的认识，很好。我们一起来给主动主动出击下一个定义吧。

生：不等待，不依赖。

生：主动作为。

生：积极行动。

师：好，综合大家的意见，我们给主动出击下一个定义：那就是遇到问题不等待，不依赖，不埋怨，主动采取行动，积极努力去达成自己的目标。

师：大家认为怎么样?

生：好，就这么定义。

师：请大家记住：一次小小的主动出击，或许就能改变你的人生。

【设计意图】通过给主动出击下定义，让学生明白主动出击的内涵是什么。

三、我们如何进行主动出击

师：刚才我们已经给主动出击下了一个定义，接下来，老师想就一些具体问题，跟大家一起具体分析在学习中、生活中，如何进行主动出击。

第一个问题：数学试卷发下来了，有一道应用题做错了，你思考了很久，也找不出错误的原因，你该怎么做?

生：应该去看教材，查找这道题中涉及的知识点，然后再次进行理解。

生：我认为，可以通过一些学习工具，比如手机，到网上找答案。

生：可以主动去问老师，或者问会解这道题的同学。

师：这三种方法都很好。第二个问题：你有一个很重要的朋友，你不希望失去他，但你发现这个朋友对你爱答不理，没有以往的热情，你该怎么办?

生：可以主动跟他谈一次，问问是不是对我有意见。

师：对，非常好的处理方法。第三个问题：班级将要组织一次文艺活动，你特别想担任这次活动的主持人，展示自己的才能，但是老师已经选了另外一个人，你该怎么办？

生：应该跟老师说明，我很想担任这次活动的主持人。

生：老师已经选好人了，尽管再跟老师申请极有可能失败，但是还是要跟老师进行一次主动沟通，说不定还有机会。

师：说得很对，不到最后一刻，我们都不能放弃努力。下面这些主动出击，哪些你是可以做到的？

（1）主动向老师或者同学请教一个问题；

（2）主动与合作伙伴进行一次沟通；

（3）主动为爸爸妈妈做一件事情；

（4）主动为有需要的人提供一次帮助；

（5）主动为班级做一件事情；

……

生：我可以做到主动向老师或者同学请教一个问题。

生：我可以做到主动为爸爸妈妈做一件事情。

生：我可以做到主动为班级做一件事情。

……

师：只有主动出击，我们才能牢牢把握事情的主动权。为了看到大家的决心，老师想请大家按照老师的这个模板填写一个行动单。今天，你打算主动出击做的事情可能会有很多，但只需要填写三件就可以了。写完以后，老师会找几个同学分享他的行动单。

主动出击行动单

成功属于主动出击者，今天，我要学会主动出击：

1.

2.

3.

师：（总结）成功是通过主动争取得到的，消极等待的人，只能品尝失败的滋味，而主动出击的人才会获得更多成功的机会。成功在于行动，在于积极主动的态度，当你热切地冲向成功，它不仅不会躲开你，还会向你张开双臂。

【设计意图】通过对具体问题进行具体分析，让学生知晓在学习中、生活中遇到事情如何主动出击，并通过填写主动出击行动单，让学生的思路更清晰。

第2节　依据身份塑造你的外在形象

宁乡市德育名师工作室　刘令军

【班会背景】

青春期的孩子，开始注意自己的外在形象，对发型和服饰也有了自己的个性要求。但有的孩子受影视明星的影响，盲目追求时尚，并且进入青春期的孩子自尊心逐渐增强，对学校的发型和服饰要求多有抵触。为了让学生接受学校关于发型、服饰方面的要求，而不是强制要求他们去进行改变，我决定采用"疏"的方法，特设计了本节班会课。

适用年级：八年级上学期。

【班会目标】

（1）认知提升：知晓外在形象概念，即一个人的仪表风度、言谈举止、服饰穿戴等展示出来的形象。

（2）价值塑造：一个人的外在形象，是一个人思想和精神面貌的反映，也是人精神状态的一种自我暗示。

（3）外化于行：依据中学生的身份塑造自己"纯朴、自然、大方"的外在形象。

【班会准备】

（1）资源：默克尔改变外在形象赢得竞选的图片资料，PPT课件。

（2）思路：采用"疏"而不是"堵"的方法，跟学生一起讨论身份与外在形象如何实现匹配的问题，从而"立"起中学生应该塑造"纯朴、自然、大方"外在形象的观点。

一、什么是外在形象

师：德国女科学家默克尔，她保守拘谨、不爱出风头。德国《星期日画报》曾这样嘲讽默克尔："她的蘑菇头真可怕，脖子周围居然没有头发，刘海儿简直就像被剃光了！"她的政敌指责她"发型古板，举止不够优雅，像足不出户的农妇，跟不上时代"。你们看看默克尔的发型（PPT出示），像不像一个农妇？

生：太呆板了，难怪会遭到攻击。

生：是有点不修边幅。

生：太不讲究了。

师：但是，默克尔并不太在意自己的外形，她曾说："政治归政治，我不会为了政治而改变容貌。"德国的民众认为："女政治家首先要给人以可靠的感觉。"2002年，德国总理大选即将开始，默克尔该不该改变自己的容貌？全班分成六个小组，讨论三分钟，三分钟以后，每组派一个代表分享本组的观点，并至少说一个支持这个观点的理由。

（学生分组汇报。）

生：默克尔不用改变自己的容貌，作为德国总理，她应该真实，不虚伪。

生：默克尔应该改变自己的容貌，这与真不真实无关，因为德国总理代表的是国家的形象。

生：默克尔应该改变自己的容貌，她要赢得民众的支持。

生：默克尔应该改变自己的容貌，她应该要给人优雅、自信、大方的感觉。

生：默克尔不要改变自己的容貌，她是科学家，不是演员。

生：默克尔应该改变自己的容貌，她应该要让更多人喜欢她。

师：看来，大家的意见是不统一的。那么，改变和不改变，不同的抉择会不会带给默克尔不同的后果呢？来，我们一起来看看抉择的结果。老师的PPT上有两个按钮，不同的按钮背后会告诉大家她这样抉择的结果。哪一种意见的先来？

生：我们支持不改变的先来。（跑上来点击按钮）

师：（大声念PPT上的文字）2002年，她在总理候选人争夺战中输给了党内对手。

生：我们支持改变的再来。（跑上来点击按钮）

师：（大声念 PPT 上的文字）2005 年 11 月 22 日，默克尔成为德国历史上第一位女总理。

默克尔改变了自己的容貌，赢得了民众的支持。大家想不想看一看，她改变容貌以后变成什么样子了？

生：想。

师：默克尔的刘海儿修剪得柔和了许多；其余的头发被打理得更显蓬松；耳畔的头发梳到后面，把耳朵露出来；她原本不漂亮的头发被染成了金色，使她看起来更有神采、更年轻……

看到默克尔改变以后的容貌，有什么感觉？

生：给人的感觉确实好多了。

生：优雅，亲和，自信，精神，可靠。

师：对，民众需要的就是可靠的感觉。

什么是外在形象？就是一个人的仪表风度、言谈举止、服饰穿戴等展示出来的形象。

【设计意图】通过默克尔塑造外在形象的故事进行情境创设，引导学生分组讨论。不同抉择带来的不同后果，让学生认识到注重外在形象的价值。

二、人为什么要注重外在形象

师：我们先来看一个视频，讲的是默克尔与项链的故事。（播放视频《默克尔的项链》）

师：默克尔在不同的场合，会佩戴不同材质的项链。在表达强硬立场的场合，佩戴金属项链；在展示德国形象的场合，佩戴的是玛瑙项链；在展现女性气质的场合，佩戴的是珍珠项链。这说明外在形象能反映一个人的什么？

生：反映一个人的思想、精神。

生：也能给自己一些心理暗示。今天我戴的金属项链，那我就要表现强硬一点；我戴的玛瑙项链，那我就要爱国一点；我戴的珍珠项链，就要温柔一点。

师：总结得很好。一个人的外在形象，是一个人思想和精神面貌的反映，也是人精神状态的一种自我暗示。

现在，我们就来检验一下，看这个观点是否正确。以刘老师为例，刘老师现在的外在形象，反映出的思想和精神状态？请用一个词进行解读，看是否与刘老师自己的心理期待相吻合。

（老师在一张纸上写下自己的心理期待，不让学生看见，写好以后反过来，粘贴在黑板上。然后指名学生分享对老师外在形象的解读。）

生：和蔼可亲。

生：亲切。

生：文雅。

生：自信。

生：可靠。

师：跟大家解读的有点接近。说明老师给自己塑造的外在形象，成功地实现了自己的心理期待。接下来，再做一次检验。这一次，我们不解读老师了，解读一位同学好不好？招募一名志愿者，上台来展示外在形象，请大家用一个关键词解读志愿者反映出的思想和精神状态，看是否与志愿者自己的心理期待相吻合。

（小文同学自愿上台展示，他在一张纸上写下自己的心理期待，不让同班同学看见，写好以后反过来，粘贴在黑板上。指名学生分享对小文同学外在形象的解读。）

生：干净整洁。

生：帅气。

生：落落大方。

生：自信。

……

（老师揭晓小文同学自己的心理期待：健康，有活力，自信。）

师：跟大家解读的也很接近，说明小文同学给自己塑造的外在形象，也成功地实现了自己的心理期待。

师：老师搜集了几张学生的照片，大家一起来看看他们的外在形象（PPT出示男生一号、男生二号、男生三号、女生一号、男生四号、女生二号）。

讨论：这六个人的外在形象，你能用三个词来描述他（她）的思想和精神状态吗？

（全班分成六个小组，各组依顺序讨论一个学生，三分钟以后，每组派一个代表分享本组的观点。）

生：男生一号，扎两个小辫子，给人的感觉：阴柔、有心理障碍、没有活力。

生：男生二号，爆炸头，给人的感觉：不踏实、不可靠、毛手毛脚。

生：男生三号，头发染成了红色，给人的感觉：清秀、文弱、不务正业。

生：女生一号，扎一个朝天辫，过于夸张，给人的感觉：马虎、叛逆、学习成绩不好。

生：男生四号，刘海太长，差不多覆盖了眼睛，给人感觉：消极、不自信、不阳光。

生：女生二号，头发烫染过度，给人的感觉：前卫、追求时尚、叛逆。

师：想想看，这些学生愿意留给别人这样的感觉吗？

生：肯定不是他们的本意，但他们想与众不同、标新立异，结果弄巧成拙。

师：这就是这些学生给我们留下的启示，我们应该对自己的外在形象进行准确定位，确定好自己的心理期待，然后根据自己的心理期待去塑造自己的外在形象。

【设计意图】通过默克尔、老师、学生志愿者的外在形象反映出来的个人思想和精神状态，使学生明白外在形象塑造了自己的精神气质。

三、如何塑造我们的外在形象

1. 确定我们的身份

师：我们的身份是什么？

生：中学生。

师：中学生身份对穿着打扮的要求是什么？

生：要简单一点，中学生的主要任务是学习，不能在穿着打扮上浪费太多时间。

生：要实用一点。

生：要青春活力一点，不能太灰暗。

……

师：老师综合大家的意见，大概是三点：

（1）朴素大方，具有学生味；

（2）容易打理，腾出更多的时间放在学习上；

（3）减少互相攀比。

大家看，是不是这样？

生：是的。

2. 确定我们的形象定位

师：那么，中学生的外在形象定位是怎样的呢？我们能不能用三个关键词来进行解读？

生：简单、朴素、青春。

生：大方、朴素、有活力。

生：自然、干净、整洁。

师：综合大家的意见，我们将中学生的美概括为这样三个词——纯朴、自然、大方，好不好？

生：好。

3. 塑造与定位相匹配的外在形象

师：那么，该如何根据我们的形象定位来塑造外在形象呢？两个方面。第一是发型。大家认为，什么样的发型适合这个定位？

生：男孩子留短发。

生：女孩子提倡留短发，长发最好不太长。

师：根据大家的意见，我们班这样规范一下：男生发型，定位是干净清爽。男生标准发型是前不遮眉，侧不盖耳，后不蹭领。女生发型，定位是整洁自然。女生标准发型是刘海不遮眉，短发后不过领，长发后不披肩。大家觉得这个规定怎么样？

生：这个规定好。

师：那我们就这样定下来，作为我们班统一的标准。

生：同意。

师：第二是服装。中学生的服装要符合"纯朴、自然、大方"的形象定位，什么服装最符合这些特点？

生：校服，运动服。

师：看样子，我们的认识已经统一了。

师：（总结）一个人的仪容仪表在一定程度上体现着人的精神面貌和道德水准。中学生要体现自尊自爱、充满朝气和活力、健康向上的精神风貌，就必须穿戴整洁，朴素大方，仪表端庄。中学生身上特有的青春朝气、积极健康的生活态度就是最美丽的衣裳！

【设计意图】做好外在形象的心理定位，塑造"纯朴、自然、大方"的外在形象。

第3节　学会处理好与任课老师的关系

宁乡市德育名师工作室　刘令军

【班会背景】

学生小敏因为老师的一句批评，跟任课老师在课堂上对抗，故意在课堂上弄出一些声响，或者故意跟邻座的同学讲话，干扰任课老师的课堂教学。这个学科的作业，小敏也不做，成绩开始直线下降。更令人担忧的是，看到任课老师在课堂上生气，小敏反而有些洋洋得意，认为自己的这些行为很解气，让老师知道了他的厉害。为了帮助小敏提高认知，自己主动跟老师修复关系，特从学生角度出发，设计了本节班会课。

适用年级：八年级上学期。

【班会目标】

（1）认知提升：知晓跟老师对抗，在课堂上战胜老师，不是一件好事，而是一件坏事。

（2）价值塑造：提高学习成绩最有效的方法就是改善与任课老师的关系。

（3）外化于行：在日常的学习生活中学会处理好与任课老师的关系。

【班会准备】

（1）资源：生理学、脑科学有关师生关系的研究成果，布鲁姆的教育观点，课件。

（2）思路：开始以提问"你想提高学习成绩吗？""有什么好的方法吗？"导入话题，最后以回答问题"你想提高学习成绩吗？有什么好的方法吗？"引导学生立即行动。

一、提问导入：提高学习成绩的好方法

师：同学们，你想提高学习成绩吗？

生：（齐）想！

师：有什么好的方法吗？

生：多看书，多背诵，多刷题……反正就是要多用功。

师：大家都同意某某同学的说法吗？

生：（众说纷纭）同意！不同意！

师：×××同学说的是好方法，但是，不是最有效的方法。

生：老师，难道您有最有效的方法？

师：对！老师自己读过书，也教了这么多年书，发现提高学习成绩的有效方法是与任课老师建立良好的师生关系。

生：老师，您骗我们的吧。

师：老师绝对不骗人，有实例为证。问大家一个问题，在教你的老师中，你最喜欢哪一个老师？

生：我最喜欢英语老师，因为她很关心我。

生：我最喜欢语文老师，因为她的声音很好听。

生：我最喜欢体育老师，因为他的乒乓球技术很好。

师：再问一个问题，在目前的课程里，你学得最好的是哪一门学科？

生：我目前学得最好的是英语学科，我特别擅长口语表达。

师：你为什么会擅长口语表达？

生：因为英语老师的口语说得很好。

师：你看，这就是原因。

生：我目前学得最好的是语文学科，我特别擅长写作。

师：你为什么擅长写作？

生：（笑了）老师，其实你已经知道答案了，因为语文老师擅长写作。

师：（微笑）发现规律没有？

生：我最喜欢的老师，就是我学得最好的那个学科的任课老师。

师：（总结）对！很多学生，最喜欢的老师，就是自己学得最好的那个学科的任课老师。

【设计意图】采用结论先行的方法，通过两个提问，以及学生的实例，先给学生呈现结论，为后面论证做好准备。

二、为什么与任课老师建立良好关系就能提高学习成绩

师：现在我们来思考一个问题，为什么与某个任课老师的关系好，就很容易学好这个学科呢？

生：与任课老师关系好，上课就心情愉快，学习效率就高。

生：与任课老师关系好，就会认真听课，认真做作业。

师：说得有道理，但是还不够全面。

首先，我们来了解一个概念——师生关系。什么是师生关系呢？就是指教师和学生在教育教学过程中结成的相互关系。无数的教育实践证明：师生关系对学生的学习成绩有显著的影响。师生关系好，学生学习成绩也好；若师生关系不好，则学生的学习成绩也差。刚才我们有几位同学也说了自己的优势学科，就是自己最喜欢的老师教的那个学科。

教学的基本原理：一切教育教学活动，都以人的情感为基础。

生理学研究表明，当师生之间产生融洽、亲密的情感时，这种积极的情感往往能使学生的大脑皮层处于兴奋状态，从而使学生能更好地接受新知识，提高学习活动的效果。

反之，如果师生之间情感对立，相互持敌视的态度，那么，就会抑制大脑皮层活动的积极性，从而对学生的学习造成消极的影响。

大家看，这是脑科学的研究结论（PPT出示）：儿童的脑是敏感的，需要一个丰

富的环境；儿童的脑会优先接受情绪性信号，积极情感伴随的学习活动更高效。

大家想，如果任课老师是一个你喜欢的人，那么你的大脑接受的是积极情绪信号，还是消极情绪信号？

美国教育家布鲁姆认为，决定教学效果的主要变量有三个：认知、情感和教学质量。其中，情感是影响教学效果的主要变量之一。那些带着兴趣和热情进入学习任务的学生比那些没有兴趣和热情的学生学习更容易，速度更快，达到的成绩水平更高。

当师生关系良好时，学生就会对老师持肯定的态度，欣赏老师，从而对学习产生积极的态度和兴趣。学生的这种强烈的学习愿望也会对老师产生巨大的感染力，给老师的教学产生推动力，激发老师对教学的热情和积极性。

大家有没有发现，某一天你心情舒畅，就会发现无论做什么事情都很顺利，效率特别高？这就是因为你内心的情绪高涨，让你外在的行为充满了正能量。

生：确实有这种现象。

生：我也发现有这种现象。

师：这种现象大家都有，说明这就是教育教学的原理。我们的学习，就应该遵循教育教学的原理。

【设计意图】通过生物学与脑科学的研究成果、布鲁姆的教育观点，解释良好的师生关系为什么能提高学习效率。

三、如何与任课老师建立良好的关系

师：我们已经知道了良好的师生关系能帮助我们提高学习效率，那么，问题来了，如何才能与任课老师建立良好的关系呢？

生：经常跟老师说说话。

生：上课认真听，作业认真做。

生：不打架，不调皮，遵守学校纪律。

生：不顶撞老师。

师：你们都说得很对，这些都是好方法。老师总结了一下，有五种方法（PPT出示）。第一种方法是：尊重老师。

第一种情况是尊重老师的劳动。老师们上的每一节课，都要经过研读教材、备课、搜集资料等环节，耗费的时间和精力都很多。对于老师的辛勤付出，我们应该尊重，在课堂上认真听课，积极回应老师提出的问题，就是对老师劳动的最大尊重。你们做得怎么样？

生：（有些犹豫）我以前做得不太好，老师提出问题以后，不喜欢举手，不喜欢回答。

师：那你打算怎么改变？

生：以后要多举手，多问答问题。

师：你呢？

生：我以前也做得不好，老师讲课的时候，喜欢在下面讲小话。

师：打算怎么改正？

生：再也不能讲小话了。

师：好，老师相信你能说到做到。

第二种情况，接受老师的管理。一个班级有几十个学生，为了维持正常的教学秩序，就必须有一定的规章制度，对学生的行为进行约束。如果没有这些规章制度，教学就无法进行。你如果违纪了，老师不对你进行约束，就会影响其他同学的学习，就是对班级其他同学的不负责。所以，要遵守班级规章制度，履行自己在班级的义务。你们做得怎么样？

生：我之前做得不太好，有一些小违纪。

师：怎么改进？

生：不能再有小违纪了。

师：第三种情况，使用礼貌的语言主动与老师打招呼，主动向老师问好，不顶撞老师。你们做得怎么样？

生：这一点我做得很好，看到老师主动打招呼。

师：第二种方法：鼓励老师。

生：老师也需要鼓励吗？

师：当然，老师也需要你们的鼓励。你们知道怎么鼓励自己的老师吗？

生：（摇头）不知道。

师：一般来说，可以从两个方面对老师进行鼓励。第一个方面，肯定老师的教学方法；第二个方面，描述你的学习收获。来，我们练练看。

生：李老师，今天您上的课我特别喜欢，因为您讲解得形象生动。

生：周老师，今天您上的课我收获很多，学会了用几何画板建立直角坐标系。

师：说得很好，以后记得经常把这些话跟你的任课老师说说，他们受到你们的鼓励，会信心更足，更喜欢你们，更喜欢这个班级，把课上得更好。第三种方法，麻烦老师。感情是麻烦出来的，每个老师都喜欢勤学好问的学生。

生：老师，麻烦老师也是一种方法吗？

师：是呀。美国政治家、物理学家本杰明·富兰克林说过："让别人喜欢你的最好方法，不是去帮助他们，而是让他们来帮助你。"回顾一下：你上一次麻烦老师是什么时候？

生：我想想哦，好像是很久很久以前了，我麻烦过物理老师一次，让他给我讲一道习题。

师：老师厌烦你的麻烦了吗？

生：没有，老师还表扬我了，说我勤学好问。

师：我们班谁经常去麻烦老师？

生：老师，我经常去麻烦老师。

师：都麻烦些什么内容？

生：就是请教老师问题，或者借老师的手机打电话。

师：那你经常麻烦老师，你跟老师的感情怎么样了呢？

生：您说得对，我跟老师的感情真的是越来越亲了，感觉老师就是我的亲人一样，有什么事情马上就想到去找老师。

师：第四种方法，帮助老师。

生：老师，老师也需要帮助吗？

师：对呀，老师工作忙的时候可能会分身乏术呀，老师累的时候也需要休息呀，老师做事的时候也可能需要帮手呀。在老师需要帮助的时候，你们应该及时伸出援助之手，比如，帮老师擦黑板，给老师倒杯水，帮老师搬作业本……

回顾一下，你帮老师做过事吗？

生：我上次帮老师抄写了一份学生名单。

生：我上次帮体育老师拿了教具。

师：第五种方法，感谢老师。老师教我们知识，教我们做人，在学习和生活中关心我们，对于老师的付出，我们应该感谢。而且这种感谢不能藏在心里，要大胆说出来，要学会表达，让老师听到、看到、感受到。

可以在某些特殊的日子里给老师送一张小卡片，表达你的感谢。

也可以跟老师分享你手中的小零食……

还可以节假日给老师发祝福信息……

之前，你们做过这些吗？

生：以前确实没有做好，今天知道要怎么做了。

师：对，这些都是小事情。但是如果我们一件一件去做了，就会让老师感受到大家的善意，内心温暖，当老师走进这间教室的时候，就会心情愉悦，因为这间教室里有他（她）最喜欢的人，他（她）就会把课上得更好。大家说，这样的小事值不值得去做？

生：当然值得。

师：（总结）与任课老师建立良好关系的五种方法——尊重老师、鼓励老师、麻烦老师、帮助老师、感谢老师，你们都学会了吗？

生：学会了。

【设计意图】通过师生对话，找到了与任课老师建立良好关系的五种方法，为学生导行。

四、付诸行动

师：老师这里有一道行为辨析题，你们帮老师分析分析（PPT 出示）：

学生小文，一次上英语课，老师批评他书写太马虎。小文记恨在心，一心想报复英语老师，从此不认真听课，还在英语课堂上故意弄出声响，干扰老师上课，经常不做英语作业。英语老师气得不行，但也无可奈何。小文很得意，认为自己战胜了老师。

你认为小文同学真的获胜了吗？

生：我认为小文同学并没有获胜，战胜了自己的老师，不是一件好事，而是一件坏事。

师：为什么是一件坏事呢？

生：因为他在学习中会有一个巨大的损失，那就是英语成绩下降。

师：你说得很对。老师是你的什么人？是你的对手吗？你有必要去战胜他（她）吗？老师是你们学习道路上的合作伙伴。师生之间，是合作的关系，而不是对手的关系。

同学们，你想提高学习成绩吗？有什么好的方法吗？

生：想，有。

师：什么方法？

生：与任课老师建立良好的师生关系。

师：对！提高学习成绩的有效方法是：与任课老师建立良好的师生关系。愿你们上了这节课以后，在学习中心想事成，成绩突飞猛进。

【设计意图】通过案例辨析，指导学生外化于行。

第4节　学会与人沟通

宁乡市德育名师工作室　刘令军

【班会背景】

班上发生了多起同学之间由于沟通不当而引起的冲突，有一些甚至发展为打架事件。这些矛盾冲突，给班级的建设带来了不利影响：第一是学生之间发生矛盾以后闹不团结，相互拆台，相互攻击，影响班级合力的形成；第二是影响学生的学习情绪，暗自生闷气，学习不专心。而这些矛盾或冲突，大多是语言使用不当引起的。我由此想到，有必要教学生使用沟通技巧，来避免冲突和矛盾的发生。

适用年级：八年级下学期。

【班会目标】

（1）认知提升：理解非暴力沟通的四要素——观察、感受、需要、请求。

（2）价值塑造：暴力消退后，爱会自然流露。

（3）外化于行：能够有效运用非暴力沟通的技巧来化解现实中的矛盾。

【班会准备】

（1）资源：课件，视频《生活中的暴力沟通》《你干嘛把垃圾踢到我这边来》。

（2）思路：主要采用活动体验、故事分享、角色扮演、现场练习等方法，学习掌握非暴力沟通的技巧，化解学习和生活中的矛盾。

一、游戏体验沟通的重要性

师：我们来做一个撕纸的游戏。这个游戏用到的道具是 A4 纸一张。规则是：遵照老师的指令进行操作，不许提问，不许交流。

（1）把纸对折，再对折，再对折；

（2）把右上角撕下来，旋转 180 度，把左上角也撕下来。

把纸打开，与你们周边的同学对比一下，有什么不同吗？

生：我的跟他的不同。

师：同样的指令，同样的道具，为什么撕出来的图案会不同呢？

生：每个人对老师指令的理解不同，纸的折叠和撕的位置也就不同了。

师：我们再来做一次撕纸游戏，这一次全过程可以提问，也可以与同伴交流。现在请大家听老师的指令，并仔细观看老师的演示。

（1）把纸对折，再对折，再对折；

（2）把右上角撕下来，旋转 180 度，把左上角也撕下来。

把纸打开，与你们周边的同学对比一下。

讨论：

（1）为什么这一次大家撕出来的图案都一样？

（2）相同的游戏，为什么两次的结果会有如此大的差别呢？

（3）通过这个游戏，你有什么样的感悟？

师：通过两次游戏，我们发现：

（1）如果只是根据自己的主观猜测去理解他人的话语，容易出现偏差。

（2）在接收到对方的指令以后，要及时反馈你的理解，进行沟通，才能把事情做正确。

师：（总结）无论是学习还是生活，都需要加强人与人之间的沟通。

【设计意图】通过两次撕纸游戏，让学生体验到，只有充分沟通，才能把事情做正确，因此无论是学习还是生活，都需要加强人与人之间的沟通。

二、暴力沟通和非暴力沟通的概念解读

师：在我们的学习和生活中，因为缺少有效沟通，还会经常出现矛盾。（播放视频《生活中的暴力沟通》）

镜头一　办公室里，一个老师在训斥学生：你怎么老是迟到？一点班级荣誉感都没有。你怎么那么自私？学生回答说：我就迟到两次，你凭什么说我老是迟到？老师很生气，站起来说：你还嘴硬。

镜头二　校园里，两个学生相遇了，一个学生质问另一个学生说：小雪，你太坏了，你怎么可以在背后说我坏话？另一个学生马上强硬回复说：说的就是你，怎么啦？如果你是清白的，还怕我说你吗？

镜头三　客厅里，儿子进门见到父亲，父亲问：幺儿，回来啦，这次考试考得如何？儿子回答说：53分。父亲一听，拍案而起：53分，我怎么会有你这么笨的孩子！你看别人家的孩子好懂事，好优秀，你怎么这么差？儿子一听马上反驳说：别人家的儿子这么好，你找他当你儿子，我不干了。然后摔门而出。

师：在学习和生活中，你有没有因为沟通不畅而与同学、老师、亲人、朋友产生过矛盾？分享你的故事。

生：有一次，我在家里做作业，妈妈看我做得慢，就指责：你怎么做作业做得那么慢？还天天要我守着你，烦死了。我就顶撞她：谁要你陪了，走开！于是就吵起来了。

生：有一次，我跟同学一起玩警察抓小偷的游戏，我当警察，结果那个逃跑的同学，一边走，一边说：你来抓我呀，傻×。我很生气，也骂他：我才懒得追你呢，你这个大傻×。不欢而散。

生：有一次，我去请教同学数学题，结果那同学看了一眼，说：这样的题目你都不会做呀，真笨。我听了很不舒服，转身就走了。

……

师：在我们的学习和生活中，沟通可以分成两类，第一类是暴力沟通，第二类是非暴力沟通。什么是暴力沟通呢？我们来看一张图片（PPT 出示），大家能看懂这张图吗？

生：两个人在交流的时候，一方说话暴力，就像是从他的嘴里，伸出一个拳头，打在对方的脸上。

师：这种暴力的话通常是一些什么样的语言？

生：训斥的语言。

生：威胁的语言。

生：侮辱的语言。

师：我们能不能一起来给暴力沟通下一个定义？（学生讨论略）

师：（总结）用威胁、嘲讽、攻击、侮辱等带有暴力性的语言进行的沟通，叫暴力沟通。

师：大家讨论一下，暴力沟通会给人际交往带来什么伤害？

生：会让矛盾升级。

生：会让双方都产生负面情绪。

师：暴力沟通会带给我们很多伤害，我们愿不愿意用这种方式去与别人沟通？

生：不愿意。

师：那好，老师今天教大家一种不会有伤害的沟通方式，叫非暴力沟通。非暴力沟通是暴力沟通的另一极，请大家集思广益，给非暴力沟通下一个定义。（学生讨论略）

师：（总结）不暴力，好好说话，用大家都舒服的方式解决矛盾，叫非暴力沟通。

国际非暴力沟通中心创始人马歇尔·卢森堡，写了一本书叫《非暴力沟通》。他说："当我们褪去隐蔽的精神暴力，爱将自然流露。"这句话如果说得更通俗一点，更简单一点，就是：暴力消退后，爱会自然流露。

（从以下情景中任意选择一个，两人一组，写下沟通方式，要求是不准使用暴力语言，并进行角色扮演。）

情景一　食堂里排队打饭，有一个同学跑到队伍前面，看到一个熟悉的同学，便站到了熟悉的同学的前面，你看到了……

情景二　几个同学一起打扫卫生，有一个同学偷懒，胡乱扫了几下，就准备离开……

情景三　自习课，有同学在教室里大声吵闹，导致你无法安心学习……

（分别请三组学生上台表演，老师进行点评。）

师：刚才这些同学，都努力想表演得不暴力一点，但是，还有瑕疵，不够专业，不够智慧。你们想不想学习专业的非暴力沟通技巧？

生：想呀。

师：好，老师今天就教给大家一把有效沟通的金钥匙。

【设计意图】通过日常学习和生活中的沟通场景，引出非暴力沟通概念，师生一起对暴力沟通和非暴力沟通进行概念界定，并围绕三个情景进行角色扮演。

三、非暴力沟通的技巧

师：非暴力沟通的技巧，包含四个要素，分别是：观察、感受、需要、请求。

1. 介绍非暴力沟通的第一个要素——观察

师：现在，老师有一个任务要交给大家，就是扮演摄像机，记录你看到的。注意：你只是一台摄像机，不带任何感情，也不做任何评价。准备好了吗？

生：准备好了。

师：（播放视频《你干嘛把垃圾踢到我这边来》）你们看到了什么？

生：我看到一个学生很无聊地把眼前的垃圾踢了一脚，踢到了另一个同学的座位边。我还听到一个学生说"你干嘛把你的垃圾踢到这边来"，而另一个同学回复说"这又不是我的垃圾"，于是两个人就打起来了。

师：同学们有没有发现，刚才这个同学违反了我们的规定，即他的话语中有评价？知道刚才他说的哪一个词是评价吗？

生：无聊。

师：什么是观察？观察就是客观陈述正在发生的事情或对方的具体行为。它的句式就是：我（看、听）到……

来，我们一起来做一个练习：下面的句式中，哪句带了评价？

（1）我看到他乱丢垃圾，真没素质。

（2）我看到他的脸上没有笑容。

生：老师，我发现了，第一句带有评价——真没素质。

（招募志愿者：在教室里做一件事情，让同学们练习做摄像机，学会观察。志愿者上台表演，其他同学练习做观察，老师点评。）

师：（总结）印度哲学家克里希那穆提说，不带评论的观察是人类智力的最高形式。因此，沟通的第一个技巧就是，不带评价地观察，只客观地描述你看到的，或者你听到的。

2. 介绍非暴力沟通的第二个要素——感受

师：非暴力沟通的第二个要素，是感受。老师假设一个场景：班干部竞选，你票数最高，但班主任却选择其他同学当班长。你会有什么感受？

生：我会很难过。

生：我会很生气，有报复的冲动，凭什么呀？

生：我会失望，太不公平了。

……

师：同学们用到的难过、生气、失望、不公平，这些都是感受。什么是感受？感受就是指我们不对行为进行评价，而是表达此刻的心情。

它的句式是：我感到……

来，我们做一个练习题，判断一下，哪一句带有感受？

（1）阿常是一个言语粗俗的农村妇女。

（2）当我看向你的时候，你把头扭过去了，我感到很失落。

生：老师，我发现了，第二句带有感受——我感到很失落。第一句则带有评价——言语粗俗的妇女。

师：一个人的感受，有积极感受，也有消极的感受，下面这个量表中，罗列了感受的一些词汇。

感受内容	注意要点	语言表达
积极感受	喜：兴奋、喜悦、精力充沛、兴高采烈 昂：感激、感动、乐观、自信、振作、振奋、开心 乐：高兴、满足、快乐、幸福、陶醉、欣慰、心旷神怡 宁：平静、舒适、放松、踏实、温暖、安全、放心	我感到……
消极感受	忧：害怕、担心、焦虑、着急、紧张、心烦意乱 哀：迷茫、失望、郁闷、忧伤、难过、痛苦、孤独 怒：愤怒、烦恼、苦恼、生气、厌烦、不满、不快 丧：沮丧、灰心、气馁、筋疲力尽、疲惫不堪 悔：尴尬、惭愧、内疚、妒忌、遗憾、不舒服	我感到……

有了这个量表，你知道如何表达自己的感受了吗？比如说，老师今天给大家上课，你的感受如何？

生：我感到很开心。

师：比如说，今天是我们班的无作业日。

生：老师，我感到很兴奋。

师：但是班主任老师说，这是一个谣言。

生：老师，我感到很失望。

（招募志愿者：在教室里做一件事情或者说一句话，让同学们在观察之后，练习谈自己的感受。志愿者上台表演，其他同学练习谈感受，老师点评。）

3. 介绍非暴力沟通的第三个要素——需要

师：在非暴力沟通中，我们应该清晰地表达自己的需要。比如说，当父母说我笨的时候，我感到很难过，因为我需要得到他们的鼓励。这个学生有什么需要？

生：得到父母的鼓励。

师：什么是需要？就是自身的需求和期待。它的句式是：因为我（需要、看重）……

我们来做两个练习：

（1）当我考试不理想的时候，我很失落，我需要……

（2）上自习课的时候，很多同学大声吵闹，我很愤怒，我需要……

生：当我考试不理想的时候，我很失落，我需要老师和家长的鼓励。

生：上自习课的时候，很多同学大声吵闹，我很愤怒，我需要一个安静的学习环境。

4.介绍非暴力沟通的第四个要素——请求

师：那怎样才能让对方知道我们的这个需要呢？这就要用到非暴力沟通的最后一个要素——请求，直接向对方提出请求。

请求的事项应该具体、清晰、可操作，即明确告诉对方你希望他做什么。

它的句式：我希望……

我们做一个练习，这里有两个请求，你认为哪一个更好一些？

（1）我希望大家多为班级做有益的事情。

（2）我希望大家每天都为班级做一件有益的事情。

生：老师，我明白了，第二个更好一些，大家每天都为班级做一件有益的事情，清晰具体。

师：（总结）非暴力沟通的金钥匙：观察，感受，需要，请求。

【设计意图】循序渐进的概念解读和语言训练，让学生初步掌握非暴力沟通的技巧。

四、非暴力沟通技巧的实践运用

师：我们已经学习了非暴力沟通的技巧，接下来，老师想检验一下，看大家学得怎么样。

从以下情景中任意选择一个，两人一组，运用学到的非暴力沟通技巧，写下沟通化解方式，并进行角色扮演。

情景一　食堂里排队打饭，有一个同学跑到队伍前面，看到一个熟悉的同学，便站到了熟悉的同学的前面，你看到了……

情景二　几个同学一起打扫卫生，有一个同学偷懒，胡乱扫了几下，就准备离开……

情景三　自习课，有同学在教室里大声吵闹，导致你无法安心学习……

（学生讨论三分钟后分组上台表演，老师根据学生的表演即兴点评。）

师：（总结）看到同学们都能非常熟练地运用非暴力沟通的技巧，老师很开心。要把班级建设好，需要大家齐心协力，希望大家每天都能为自己班级做一件有益的事情，把我们的班级建设好。暴力消退后，爱会自然流露！愿我们每个人都生活在爱的阳光里，快乐成长。谢谢大家。

【设计意图】继续使用之前练习过的三个情景，引导学生修改和改进沟通方式，巩固本课所学。在进行技能的训练同时，进行不露痕迹的思想教育。

第5节　成就别人就是成就自己

宁乡市德育名师工作室　刘令军

【班会背景】

班级里有很多学生有一种狭隘的"集体主义荣誉观"，看到自己班级在常规评比中被政教处扣分，就滋生愤恨情绪，不反思自己扣分的原因，却花费心思去研究平行班级的缺陷，为了拉低平行班级在学校政教处的"考核分数"，不惜损人利己。这种手段居然还获得了大多数同学的赞赏，一些学生在看到平行班级被扣分以后还私下里庆祝取得了胜利。这种损人利己的是非观、价值观如果不在萌芽状态进行修正和重构，任其恣意生长，会贻误孩子一生。

适用年级：八年级上学期。

【班会目标】

（1）认知提升：损人不会利己，损人只会损己，只有助人才是真正的利己。

（2）价值塑造：成就别人就是成就自己。

（3）外化于行：帮助别人不思回报，愿意成就别人。

【班会准备】

（1）资源：合作与竞争游戏，秒表，网上定制"助人利己"勋章50枚（一元一枚）。

（2）思路：以体验活动为载体，引导学生反思自己的行为，修正和重构自己的人生价值观、是非观。

一、游戏：合作与竞争

师：同学们，老师今天这节课先要跟大家做一个小小的游戏，游戏的名字叫"合作与竞争"，游戏的规则是这样的：

两个同学为一组，在老师已经画好的两条相隔50cm的线外面对面站好，在20秒钟的时间内用力将对手拉过来三次算获胜。获胜者将获得神秘奖品一份。

生：老师，是什么奖品？

师：神秘奖品，暂时不可以泄漏。

生：哇！还这么神秘呀，那我一定要得到这份奖品。

师：好！先请两位志愿者上来给大家示范一遍，有谁愿意当志愿者吗？

（选两名学生上台，给全班同学做示范。）

师：游戏就这么简单。请大家自选游戏伙伴。请大家注意，这是双向选择，即你在选择别人的同时，别人也在选择你。如果经双方同意选好了，请面对面站到老师已经画好的两条线外。

（播放音乐，给学生三分钟时间征集意愿，自由组合。三分钟以后，老师倒数五个数，全场安静，组织第一轮拉手比赛。然后请各位参选的选手站成一排，老师逐个进行采访。）

师：采访一下，刚才的比赛你是获胜了还是失败了？

生：失败了！

师：你为什么会失败？

生：主要是对手太强大了。

师：那你为什么还选他做你的对手？

生：之前我知道他力气很大的，但还是想挑战一下自己，看有没有可能战胜他，结果还是失败了。

师：好，失败了不要紧，可以继续找方法，你一定会获胜的。下一位同学，你在刚才的比赛中，战胜了你的对手，有什么感觉？

生：老师，是不是就会给奖品？

师：奖品暂时还不能发，要到咱们这节课结束的时候再发。

生：为什么要等到那个时候？我都有点迫不及待了。

师：因为这是神秘奖品呀，所以一定要等到最后才能颁发。我继续采访下一位，这位同学，你刚才是胜利了，还是失败了？

生：胜利了。

师：你很高兴吗？

生：也不是很高兴，老师，你那奖品，能不能给失败者也发一份？因为我觉得对手也尽力了，他很努力去做了，但是最后还是我赢了。

师：老师很高兴你有这样的想法，能够替对手着想。继续采访下一位，刚才的比赛你输了，有什么感觉？

生：其实我不想输的，所以选择对手很重要。

师：好，老师再给大家一次机会，重新选择自己的对手。再给大家三分钟的时间，进行自由组合。

（播放音乐，让学生交流征集意愿，自由组合。倒数五个数，让组合好的学生在线外站好，待命。秒表归零，宣布第二轮比赛开始。站在最前排的两个同学，有了异常表现，甲方让乙方飞快地拉过去三次，然后反过来，乙方又让甲方飞快地拉过去三次。底下有人质疑，第一组的不算数，违反了比赛规则，故意放水。）

师：（待大家安静下来）刚才下面有人说，你们是故意放水，请问两位，你们是故意的吗？

生：老师，我们是故意的。

师：为什么要故意呢？

生：老师，在第一轮比赛中，我赢了，我对手输了，但是我觉得他已经很尽力了，也应该获得奖品。但规则是只有获胜的一方才可以得到奖品。所以，在这一轮的时候，我们商量了一下，我先让他获胜，如果还有时间，他再让我获胜。没想到的是，时间刚刚好，我们两个居然都获胜了。

师：两个人都获胜的感觉怎么样？

生：我很感谢我的对手，他让我先赢，我觉得，他这个朋友值得交往，值得信任。

师：（采访质疑的学生）我刚才已经帮你采访了那两位同学，他们也承认是故意放水，但是也说明了理由，对他们的理由，你们认可吗？

生：老师，我认可，没想到他们是这样想的，为这两位同学点赞。

师：老师非常高兴你有这样的认识，也为你点赞。这个游戏最轻松的获胜方式，就是我先让对方获胜三次，然后对方反过来就会成全我，让我也获胜三次。这个游戏给我们的启示是什么？

生：成全别人就是成全自己。

【设计意图】通过体验活动切入主题，激发学生的兴趣和好奇心，帮助学生获得一种认知：人与人之间的关系，除了竞争以外，其实更重要的是合作。

二、利己可以，但不能损人

师：某班因为男生寝室晚上吵闹扣了 1 分，某同学做早操的时候迟到又扣了 0.5 分。一天就扣了班级常规分 1.5 分，学生们都很焦急，尤其是班干部。

有班干部向班主任建议：我们班扣了 1.5 分，我有一个办法能把这些分补回来。今天，我看见隔壁班的几个女同学把饭菜带到了寝室里，如果我们举报的话，就可以加两分了，不但可以补回那扣掉的 1.5 分，还多了 0.5 分呢！

现在我们来讨论一下，这个班干部的方法可行吗？

生：我赞成！因为这个方法得分快。

生：我反对！隔壁班出现了问题，我们举报得分，得分建立在别人扣分的基础上，不地道。

生：我也反对！对方出现了违纪行为，我们应该告诉他们的班主任，提醒他们有可能会被政教处扣分，要帮助他们，而不是用给他人扣分的方式给自己加分。

师：你的意思是，我们不能用损人的方法来利己，对吗？

生：对！我不赞成用损人的方法来利己。

师：很好，老师也很赞成。以后我们班级要确立一个行为准则：利己可以，但不能损人。

在一所学校内部，当然需要有竞争，但这种竞争必须是良性竞争。良性竞争，是一种不断为自己、别人、班级、学校创造价值的竞争。竞争参与者相互尊重对手，相互学习，取长补短，共同促进，双方都能够在竞争中获得进步。

恶性竞争则是以损害对手的利益为前提的竞争，竞争参与者背后使坏，不择手段整垮对方。恶性竞争会腐蚀我们的心灵，让我们一个个都变成损人利己的人。

师：我们班与年级平行班之间，是进行良性竞争还是恶性竞争？

生：老师，我们不能参与恶性竞争，更不能做损人利己的人。

师：我们同班同学之间，是进行良性竞争还是恶性竞争？

生：只能进行良性竞争。

师：那么，隔壁班有女同学端饭进寝室的事情，我们该怎么办？

生：老师，这很好办，我们应该派一个人去提醒隔壁班的班主任，你们班有学生有违纪的行为，请注意改正。

师：很好的处理方法。在现实生活中，总是存在很多丑恶现象。比如说，在一个公园里，就发生了这样的事情。（播放新闻视频《公园座椅被连根拔起卖铁换钱损人利己》）

师：偷盗座椅获得的私利是什么？

生：废铁可以卖十几块钱。

师：损害的公众利益是什么？

生：七八百块的公园座椅。

师：很好，那我们能不能回顾一下，进入学校以来，咱们班曾经发生过哪些损人利己的行为？

生：这样的事例有很多，比如有人在教室里吃完零食以后，不愿意多走几步，看到旁边座位上没人，就将垃圾塞在别人座位的桌屉里。

师：后来，那个被人在桌屉里塞了垃圾的学生什么反应？

生：后来，那个同学知道是谁害他以后，就再也不理睬这个人了。

师：那你说，这个损人的学生，利己了吗？

生：没有，其实是害己，因为很多同学都鄙视他。

生：我们班有同学将吃完的方便面桶丢在垃圾桶里，他自己确实是获利了，他手里的垃圾丢掉了，但是害苦倒垃圾的同学了，一桶油污，清洗非常困难，不得不到厨房去借洗洁精……

生：上学期，我们班有一些同学偷懒，在打扫卫生的时候，不愿意将垃圾送到垃圾池里，看到邻班的卫生区域没有人，就将垃圾倒在邻班的区域里，结果邻班被政教处扣分，不服气。最后政教处彻查此事，不但加大了我们班的扣分力度，还全校通报批评。

……

【设计意图】通过反思回顾，确立损人只会损己，助人才是真正的利己的认知。

三、助人才是最好的利己方法

师：有一个学霸，各科成绩都很好，他如何保持成绩优势？有两个选择：一是教同学解答各种难题，二是不教同学解答各种难题。大家认为，他应该选第一种还是第二种？

生：如果要保持成绩优势的话，我认为只能选第二种。

生：怎么能选第二种呢？太自私了。

生：我是从保持成绩优势的角度来说的，不考虑自私的问题。

生：我认为应该选第一种。

生：把自己会的都教会别人了，他还怎么保持成绩优势？

师：其实，这个学霸要想保持自己的成绩优势，最好的办法就是选择第一种方法，教同学解答各种难题。

生：为什么？

师：有一个叫理查德·费曼的美籍犹太人，他发明了一种最高效的学习方法，叫费曼学习法，这种学习方法说起来很简单，就是把自己会的知识教给别人，让别人学会。（PPT出示学习金字塔）学习金字塔是美国缅因州国家训练实验室的研究成果，它用数字形式形象显示了采用不同的学习方式，学习者在两周以后还能记住内容的多少（平均学习保持率）。请看图。教授给他人是最高效的学习方法，两周以后知识的留存率达到了90%，而只听老师讲一遍的知识留存率仅仅只有5%。

师：所以说，成就别人就是成就自己，你教会同学解题，其实受益最多的还是你自己，你教同学做一遍，但是这教的过程，却帮助你更好地掌握了这个知识点。

2020年，新冠病毒在全球蔓延。中国很快控制了疫情，但是全世界很多国家疫情肆虐，每天新增感染人数和死亡人数急剧上升。（1）中国政府和中国人民袖手旁观；（2）中国政府和中国人民及时伸出援助之手。在这种情况下，大家认为，我们应该选第一种还是第二种？

生：当然应该支援。

生：全力支援，因为帮助他们也就是帮助我们自己。

（播放视频《中国向非洲50多个国家捐助抗疫物资》。）

中国尽己所能，向全球提供抗疫物资原材料，协助打造了多所病毒检测实验室，为地区和全球抗疫提供保障。截至2021年9月上旬，中国已向200多个国家和地区提供口罩、防护服、检测试剂等物资援助和商采便利，初步统计总量约为3200多亿只口罩、39亿件防护服、56亿人份检测试剂。

塞内加尔总统马基·萨勒：中国从来没有推延过任何我们提出的请求，所有我们向中国提出的请求以及相关项目，都得到了中国的支持以及资助。

埃塞俄比亚非盟委员会副主席夸蒂：我非常感谢中国政府，一直以来促进非洲团结。中国一直在各个方面支持非洲，我们从中国身上学习到了很多东西。人们常说真朋友是在困难时不离不弃的人，中国充分证明了这一点。

师：助人就是助己，一直是我们中国人的哲学智慧。这次全球抗疫，中国政府和人民付出了很多，但是我们赢得了很多国家的尊重，在抗疫中也获得了发展，国际地位不断提高。在人际交往中，我们不要斤斤计较，不要想着帮助他人会获得什么回报，也不要害怕别人得到你的帮助以后会超越你，你尽管毫无私心地去帮助别人好了，到最后，你一定会发现，成就别人就是成就自己。所谓助人，就是助己。（学生纷纷点头）

【设计意图】通过费曼学习法和中国支持全球抗疫事例，说明助人就是助己。

四、给双赢同学颁发"助人利己"勋章

师：今天这一节课已经接近尾声，最后的一个环节是颁奖。老师的神秘奖品是"助人助己"的勋章。这一次的颁奖，老师没有领奖名单，需要大家根据今天这一节班会课的表现来提名。班级的任何一个同学，只要获得同班同学的提名，老师就将这个勋章颁发给他。不过，在提名时候，请提名者跟全班同学说明一下你提名的理由。

（学生自由提名，颁奖。）

师：今天这一节课，让我们获得了一个认知：那就是损人永远都不会利己，损人永远都只会损己，只有助人才是真正的利己。希望大家在以后的生活中，去践行这样的人生理念，结交到更多的朋友。下课！

【设计意图】通过颁奖，在班级形成助人助己的思想共识，倡导助人助己的行为。

第6节　我做好一点，班级就更好一点

宁乡市德育名师工作室　姜靓

【班会背景】

班上两极分化的现象明显：交完作业的同学在教室嬉闹，没交的悠哉地补着作业，小组长、学习委员和课代表们收作业收得焦头烂额；班级评比栏旁边，班干部看着班上被扣分暗自叹息，始作俑者浑然不觉在篮球场继续挥洒汗水。本来是紧密相连的一个集体，可是小部分同学自由散漫，班级对他们而言只是上课45分钟的地点。本节课力图帮助学生认同班级，树立集体观念，让学生在活动中反思自身行为，学会遵守规则，学会关心集体。

适用年级：八年级上学期。

【班会目标】

（1）认知提升：知晓"在一个班级里，每个人的努力都很重要"的道理。

（2）价值塑造：人人都是班级形象，人人都要为班级出力，在班级建设的

事情上，我做好一点，班级就更好一点。

（3）外化于行：在日常的学习生活中，注意自己的行为，为班集体贡献自己的微薄之力。

【班会准备】

（1）资源：准备一棵贴在教室墙上的果树；每个学生自备卡纸一张，随意剪成各种水果的形状。

（2）思路：通过对上学期期末考试成绩的分析，得出每个人都是班级成绩的贡献者的结论，再通过模拟上课的情境表演，得出每个人都是班级形象的结论。鼓励学生为班集体贡献个人力量。

一、每个人的努力都很重要

师：开学典礼上校长在会上表扬了 139 班，还记得是什么原因吗？

生：记得。是因为我们班期末取得了好成绩：语文全校第一。

师：是的。我们班文科成绩很不错，再造新高，那你们认为最大的功臣是谁？

生：彭星圆同学。因为她是班上第一名。

生：我觉得是锹锹，虽然他情商比较低，但语文课上很活跃，总是利用他的特点让我们争论起来，形成良好的课堂氛围。

师：哦？是什么特点？

生：骄傲。一说话就让人想反驳。煜煜就跟他经常辩论。

师：其他功臣呢？

生：彭毅吧，她第二名。

生：班长和周玉锦，他们是男生里面成绩比较好的。

生：都别说了，最大的功臣是姜老师，之前都没得过第一。

师：谢谢，我很荣幸也被大家提名。这是大家对我和这些同学的肯定。139 班藏龙卧虎，有这么多功臣，还有些同学我也很看好，但你们没有提到。你们认为昭昭是功臣吗？（生沉默）

师：为什么这么安静？看来是不同意咯？

生：昭昭虽然总被姜老师表扬字写得好，排版美观，但她成绩并不是很好。

师：那思思呢？怎么样？

生：她成绩也不是很好！

师：那好，我们来假设一下，老师是说假设，如果昭昭、瑶瑶和文文都考了0分，我们班还能得第一吗？

生：不能！

师：为什么？

生：不用算都知道，平均分就下来很多，肯定拿不了第一啊！

师：那你现在有什么感受？

生：我们取得的成绩是属于集体的，这是我们共同努力的结果。

生：每个人的努力都很重要，哪怕他的成绩不是很好。

师：你说得很好，来，我们把这句话齐读一遍。

生：（齐读）我们每个人都是班级的一部分：你很努力，班级就很努力；你很上进，班级就很上进；你很优秀，班级就很优秀。

【设计意图】认识到我们每个人都是班级的一部分：你很努力，班级就很努力；你很上进，班级就很上进；你很优秀，班级就很优秀。

二、假如他做好一点

师：接下来，我们来做一个小游戏——老师上课。请大家按照平时我们上课的情景进行游戏。

（请第一位同学扮演老师，并到门外等候。教室里播放上课铃声。小老师进场："上课！"大部分同学按部就班，一组同学还在拿东西，互相讲话。值日生喊："起立！"师生互相问好，学生坐下。）

师：（采访小老师）通过刚才这个环节，139班给你的印象怎么样？

小老师：139班的纪律不好！

师：你看到了什么？

小老师：在七、八组的后面，有几个同学在讲话；一组，有两个同学在值日生喊"起立"以后，没有站起来，还有一些同学站得歪歪扭扭；师生相互问好的时候，一些同学的声音懒洋洋的。

师：大家说，我们该怎么改变 139 班的形象？

生：七、八组后面的几个同学，看到老师走进教室以后，就应该停止讲话。

生：一组的那两个同学在听到值日生喊"起立"以后，应该马上站起来。

生：那些在师生问好的过程中，站得歪歪扭扭的同学，应该站直了。

生：师生相互问好的时候，那些说话懒洋洋的同学应该声音洪亮一点。

师：好，我们按照刚才讨论的意见，再来一遍怎么样？

（请第二位同学扮演老师，并到门外等候。教室里播放上课铃声。小老师进场："上课。"全班同学按部就班，值日生喊："起立！"师生互相问好，学生坐下。）

师：（采访小老师）通过刚才这个环节，139 班给你的印象怎么样？

小老师：139 班的纪律很好，139 班的学生素养很高。

师：你看到了什么？

小老师：走进教室以后，全班同学的精神面貌都很好，坐姿挺拔，师生互相问好的时候，学生的声音洪亮，齐整。

师：为什么这一次 139 班给老师留下了良好的印象？

生：因为我们班一些同学改变了自己的行为，让自己变得更好一点了。

师：你说得很对。来，我们一起来齐读这一句话。

生：（齐读）人人都是班级形象，在班级形象的问题上，我做好一点，班级就更好一点。

【设计意图】通过情景再现，让学生明白人人都是班级形象，我做好一点，班级就更好一点。

三、我能做好一点

师：作为班级一分子，你的日常做得如何呢？让我们来给自己评评分吧。
（教师发放导学案）

1. 我上课不乱讲话　　　　　　　　　A 经常　　　B 偶尔　　　C 从不

2. 我自习课不打扰同学　　　　　　　A 经常　　　B 偶尔　　　C 从不

3. 吃东西不乱丢垃圾	A 经常	B 偶尔	C 从不
4. 我按时交作业	A 经常	B 偶尔	C 从不
5. 我排队时不插队	A 经常	B 偶尔	C 从不
6. 我不给小组扣分	A 经常	B 偶尔	C 从不
7. 我为班级做过贡献	A 经常	B 偶尔	C 从不
8. 运动会时贡献自己的一份力量	A 经常	B 偶尔	C 从不
9. 看到损害班级利益的事情及时制止	A 经常	B 偶尔	C 从不
10. 我会随时弯腰捡起地上的垃圾	A 经常	B 偶尔	C 从不
11. 帮助同学解题	A 经常	B 偶尔	C 从不
12. 自发帮班级管理纪律	A 经常	B 偶尔	C 从不
13. 我给班级加过分	A 经常	B 偶尔	C 从不
14. 在校运会上为班级争得过荣耀	A 经常	B 偶尔	C 从不
15. 我努力学习	A 经常	B 偶尔	C 从不

计分原则：A，2分；B，1分；C，0分。

等级：A等，21～30分；B等，11～20分；C等，0～10分。

师：请分享你的分数和等级，并说说你在哪些方面可以做得更好一点。

生：我的分数是20，B等，没有给班级带来负面影响，偶尔能帮班级同学做点事情，但做得还不多。

师：你觉得自己在哪个方面可以做得更好一点？

生：在上课插嘴方面，我可以做得更好一点。

师：非常好，期待你的改变。

生：我的分数是18，B等。我有时候上课控制不住自己，爱讲小话。但是我还是觉得自己对班级来说很有用，比如校运会中关心班级排名，也能主动写加油稿，搀扶赛手。

师：你是一个心中有集体，但偶尔自控力不足的同学，你觉得自己在哪个方面可以做得更好一点？

生：我可以自发帮班级管理纪律。

生：我的分数是 15，B 等。我几乎不给小组扣分，但也没有给班级加分，无功也无过。我应该尽量争取在校运会上给班级加分。

生：我分数是 5，拿了 C 等，很少给班级加分，自制力也不足，还给班上扣分，老挨批评。平常很少为班级考虑，以后我要改正，端正态度。

生：我拿了 26 分，是 A 等，可能无意中我为班级做了一些事，我以后还可以多帮助同学学习。

师：你们都说得很好，139 班，一定会因为大家的努力变得更好。来，我们一起把这一句话齐读一遍。

生：（齐读）我们人人都是班级的一分子，在班级的建设上，我们做好一点，班级就更好一点。

【设计意图】具体分析自己这一分子有没有给班级出力，明确可以在哪一方面做得更好一点。

四、他们该怎么做好一点

师：在建设更好班集体过程中，确实还有许多不和谐的声音，你看，139 班吵起来了，大家来评评理，是什么原因，又是谁的责任。（出示案例）

第二节课下课后，学生会干部带队到教室检查卫生，发现第二组第二个同学座位旁边的过道有垃圾。学生会干部小王说："你们现在找人打扫，我就不扣分。"班长让第二组第二个同学把垃圾打扫一下，这个同学不愿意，说："不是我扔的，为什么让我打扫？"班长只好让当天打扫卫生的同学再次打扫。他也不愿意："为什么让我干？每天两扫，早自习我就扫干净了，是别人扔的。"班长无奈，因为大家都没看见是谁扔的。一通争吵后，小王等不耐烦，扣了分就走了。

师：你们认为是谁的责任呢？（1）第二组第二个同学；（2）当天负责卫生

的同学；（3）班长；（4）劳动委员。

生：当天负责卫生的同学，太没有集体意识了，事情的目的不是搞一两次卫生，而是保持干净不被扣分，所以他在推卸责任。

生：此言差矣，人家说的也在理，搁你身上，也不一定会时时刻刻注意，再加上已经做好本职工作了。要怪就怪第二组第二个同学，垃圾就在他身边，只要弯腰就能阻止此次风波，他却这么小气。

生：劳动委员也有责任啊，他管卫生的，全权负责，现在扣了分，我要是老师，也会先问他情况。

生：照你这么说，也要怪班长咯，班长要管班级的方方面面。

生：就是，哪里管得过来嘛，照这么说，谁都有责任。

生：说了这么多，还真是谁都跑不了，因为这么多人，有一个人能在这件事中有所作为，困难就迎刃而解。

师：你们认为，他们该怎么做好一点？

生：这里面每一个人，其实只要在听到学生会干部说的话的时候，立马找来扫把，打扫一下就行了，班级就不会扣分了。很简单的事情，何必把责任分得那么清呢？所以说，只要我做好一点，班级就更好一点。

师：你说得很对，我们不要在班级事务上去分清谁是谁非。来，我们把这句话齐读一遍。

生：（齐读）人人都要爱惜班级荣誉，关乎班级荣誉的事情，你做好一点，班级就更好一点。

【设计意图】通过案例解读，让学生明白人人都要爱惜班级荣誉，关乎班级荣誉的事情，你做好一点，班级就更好一点。

五、我能为班级做什么

师：（PPT出示班上扣分情况）这是上一周我们班级在学校常规评比中扣掉的分数。大家回想一下，在这些扣分中，有没有你做得不够好、不到位的原因？

生：班上午自习吵闹扣了一分，作为纪律委员，我没有尽到自己的职责。

生：班上午自习扣了一分，主要是我们两个讲话，我们做得不好。

生：班级的卫生打扫扣了一分，作为劳动委员，我有责任。

生：那天的卫生打扫我们没有做好，我们给班级抹黑了。

师：这几位同学勇于担责，看到你们不推卸责任，老师非常高兴。其他同学可以反思平常做得不到位的方面，思考如何改善，给班级增光添彩。想好了，请填写好你们手中的卡片。

我要为班级负责！

我是 139 班＿＿＿＿＿。

139 班是个＿＿＿＿＿＿的大集体，我是它的一分子。我是＿＿＿＿＿＿＿的，它就是＿＿＿＿＿＿＿。关爱集体，从小事做起，以后的日子里，我能做好的三件小事：

（1）

（2）

（3）

（老师请学生汇报。）

生：我要为班级负责！我是 139 班小俊。139 班是个活泼爱玩的大集体，我是它的一分子，我是优秀的，它就是优秀的。关爱集体，从小事做起，以后的日子里，我能做好的三件小事：（1）不论哪个老师的课，我尽量做到闭嘴，不打扰课堂纪律；（2）及时交每天的作业，不给班级拖后腿；（3）见到老师打招呼，给老师留下班级有礼貌的好印象。

师：很棒，列举的正是你可以提升的，老师相信你能做到。

生：我要为班级负责！我是 139 班小招，139 班是个友爱善良的大集体，我是它的一分子，我是友好的，它就是友好的。关爱集体，从小事做起，以后的日子里，我能做好的三件小事：（1）关心同学，大方讲解题目；（2）关心集体，去公告栏看加分减分情况，并告诉其他同学；（3）见到不好的现象，勇敢指出。

师：大家还想听谁的？

生：班长的！

班长：我要为班级负责！我是 139 班小彭，139 班是个友爱善良的大集体，我是它的一分子，我是优秀的，它就是更优秀的。关爱集体，从小事做起，以后的日子里，我能做好的三件小事：（1）给班级大胆提建议；（2）维护集体形象，带好班委会；（3）见到垃圾及时清扫，做一个弯腰族。

师：很洪亮的声音，大家掌声送给班长。接下来，让我们一起大声地念出自己的卡片内容。（生读）

师：从大家洪亮的声音中，能听到坚定的决心，维护班级的爱心。请记住：我多做一点，班级就好一点。签上你的名字，将卡片贴到"果树"上。

【设计意图】列举自己要做到的三件小事，引导学生从小事开始做起，为班集体贡献力量。

六、张贴卡片，升华情感

（播放背景音乐《众人划桨开大船》，学生依次将自己手中的卡片贴在"果树"上。）

师：我做好一点，班级就更好一点。班级是我们共同的家园，老师希望，在这个家园里，我们能相互帮助，相互成全，尽每个人最大的努力，让这个家园更温馨，更温暖，更积极，更上进。

【设计意图】通过有仪式感的张贴卡片，宣告我为班级努力做好一点的行动正式开始。

第7节　为他人着想的善良

宁乡市德育名师工作室　刘令军

【班会背景】

负责信息技术教学的彭老师反映情况，说我们班有一些学生到电脑教室上课的时候，喜欢带零食过去，零食吃完以后，不是把垃圾丢到垃圾桶里，而是塞在键盘的下面隐藏起来。负责学校阶梯教室卫生打扫的李姐也反映了类似的问题，我们班的学生在阶梯教室上完课以后，通常都会留下一些矿泉水瓶、塑料袋、纸屑之类的垃圾。这说明部分学生的头脑中，缺少为他人着想的意识和行为，为了提高学生这方面的修养，特设计了本节班会课。

适用年级：八年级上学期。

【班会目标】

（1）认知提升：知晓什么是为他人着想的善良，知晓在学习和生活中怎么为他人着想。

（2）价值塑造：一个人最大的教养，就是为他人着想的善良。

（3）外化于行：在做一件事情的时候，首先想到他人的难处，或者他人的利益，尽量避免给他人添麻烦，尽量不损害他人的利益。

【班会准备】

（1）资源：视频《重庆公交坠江事故》《重庆公交车坠江原因公布》，课件。

（2）思路：通过重庆坠江事故中，刘女士自私自利、不为他人着想的做法害人害己，引出为他人着想的概念，并介绍生活中一些为他人着想的具体事例，设计一些具体场景，引导学生思考，从而对学生进行价值塑造——一个人最大的教养，就是为他人着想的善良。

一、什么是为他人着想的善良

师：今天这节课，老师想跟大家交流一个话题，那就是为他人着想的善良。先讨论一个问题，在你的认知里，这个话题可以用一个什么词汇来进行描述？

生：将心比心。

生：换位思考。

生：设身处地。

师：你们理解得很到位。说起这个话题，老师想先跟大家介绍一起交通事故。

2018年10月28日10时8分，重庆市万州区长江二桥发生了一起重大交通事故，一辆22路公交车在行驶中，突然越过中心实线，撞上一辆正常行驶的红色小轿车后坠入江中。

在这辆坠入江中的公交车内，有3位老人，其中有一位还是救援队员的父亲。有人看到他一个人悄悄地落泪，还在现场坚持不懈地工作，在场所有的队员都哭了。车上还有一家四口，25岁的熊女士带着两个年幼的孩子与婆婆坐上这辆22路，出门玩耍。如今只剩下两个男人被这个悲痛的消息打击到崩溃。生命只有一次，15个鲜活的生命瞬间消逝，教训极其惨痛。

这辆公交车为什么会突然坠江？当时公交车内到底发生了什么事情？五天之后，央视一台公布了公交车黑匣子记录的画面。

原来真实的原因是，10月28日9时35分，乘客刘女士上车，目的地为壹号家居馆站。由于道路维修，公交车不经过壹号家居馆站，当车行到南滨公园站，司机冉师傅提醒下车，刘女士未下车。继续行驶，刘女士要求下车，但无公交车站，司机未停车。

10时8分49秒，车行驶到万州长江二桥，刘女士用手机砸向司机头部，司机右手放开方向盘还击，侧身挥拳击中刘女士颈部。随后，刘女士再次用手机砸向司机肩部，司机用右手格挡并抓住刘女士手臂。

10时8分51秒，司机冉师傅往左侧打方向，导致车辆失控，与对向正常行驶的红色小轿车相撞，撞断护栏坠入江中。

在这起事故中，乘客刘女士和司机冉师傅都有责任。乘客刘女士的责任在于：自私自利，没有为他人着想。司机冉师傅的责任在于：没有坚持职守，守好手中的方向盘。

师：有一个问题值得所有的后来人去思考：乘客刘女士自私自利，不为他人着想，最终她获利了吗？

生：没有，她也丢了自己的生命。

生：害人终害己。

师：刘女士自私自利，不为他人着想，害人害己！

什么是文化？作家梁晓声说："文化就是植根于内心的修养，无需提醒的自觉，以约束为前提的自由，为他人着想的善良。"

什么是为他人着想的善良？

就是我们在做一件事情的时候，首先想到他人的难处，或者他人的利益，尽量避免给他人添麻烦，尽量不损害他人的利益。

给大家讲一个故事：

王先生上小学的那几年，家里经济条件不好，四口人挤在 14.5 平方米的狭窄空间里，生活极不方便。最难熬的是冬天，既没钱去澡堂，家里也没条件洗澡。所以小时候的王先生经常是一个冬天都不洗澡，导致脖子、耳后根等地方，长期被一层污垢包裹着。

四年级的时候，班里来了一位新班主任，新班主任家劳动力不够，经常请他和另外一名同学到家里做煤球。

每次干完活，身上都脏乎乎的，班主任就提出让他们洗干净再回家。

多年后的一次校友聚会上，这位颇有成就的王先生笑着把小时候去老师家里帮忙、痛快洗澡的故事分享给大家。

师：猜想一下，班主任家里真是缺乏做煤球的劳动力吗？

生：应该不是。

师：班主任的真正目的是什么？

生：让这个学生来家里洗澡，但是又怕这个学生自卑，家里太穷了，于是就采用这个方法，既能照顾这个学生的自尊，又能让他洗澡。

事情的真相是这样的：

当时老师的女儿也在场，散会后给他发了一条短信：

"你以为真让你去帮忙干活？其实，是我爸想让你去洗澡的……"

王先生猛然醒悟，原来老师的真正目的不是让他去做煤球，而是让他去洗澡。老师一直在小心翼翼守护他的尊严，自己竟全然不知。

【设计意图】介绍重庆公交车坠江事故发生的起因、经过、结果，告诉学生自私自利、不为他人着想的人最终只会害人害己，引出为他人着想的概念，并进行解读。

二、看看，他们是这样做的

师：在现实生活中，有很多人素养很高，他们做事情，有一个根本的出发点，就是为他人着想，老师今天就带大家一起去认识这些人。

一个五岁的男孩，第一个走进门，却没有着急离开，用瘦小的身体抵着玻璃门，让后面的小朋友和家长通过。

这个才五岁的小男孩，他在做事的时候，想到了什么？

生：想到了后面的人的通行。

师：如果他不这么做呢？

生：后面的人要麻烦一点，重新打开门。

师：正值上班早高峰，等红灯的间隙，坐在后座的孩子将酸奶盒扔出窗外，父亲见状，打开车门，把垃圾捡回并对孩子进行了教育。

你们看到过这样的事情吗？

生：看到过，一天上学，我看到在我前面的一辆车子，从车窗里抛出来一个塑料袋，垃圾洒落一地。

师：那些洒落在马路上的垃圾，最后又都会被送到垃圾桶里，谁会去做这件事情？

生：环卫工人。

师：环卫工人把这些垃圾再送回垃圾桶，难度大不大？

生：难度很大。一是车来车往，环卫工人必须看准没有车的空当才可以去打扫；二是垃圾从车窗里丢出来，洒落到地上的时候会比较分散，费时费力。

师：丢很容易，打扫却很难。那些乱丢垃圾的人，为了自己的方便，却给别人造成了非常大的麻烦。有一次，老师在公园里小憩，旁边一个女士在那里剥新鲜莲子吃，一边吃一边丢，一个环卫工人走过来，当着女士的面，用一个夹子将她丢的每一个果壳都捡起来。我不知道女士看着环卫工人在她的面前捡拾她丢的果壳是什么感受，反正，我是为她感到羞愧的。

师：公交车上，一名看上去仅三岁的小女孩，为了不弄脏车内的地板，蹲在垃圾桶旁边，小心翼翼地吃着手里的雪糕。

这个三岁的小女孩，为什么要蹲到垃圾桶旁边去吃雪糕？

生：她担心雪糕融化以后会掉到地板上。

师：她在为谁着想？

生：为车厢里打扫卫生的人着想。

师：广西贺州的街头，一名奶奶拄着拐杖想要过马路，颤颤巍巍地在车流中前行。

就在这时，一名骑着摩托的男士直接横插在车流中，逼停了后方的车辆，并示意车主让老人安全走过。

这个骑摩托的男士在为谁着想？

生：在为那位老奶奶着想，怕她在车流中受到伤害。

师：地铁上一位妈妈抱着睡着的孩子，害怕孩子的鞋子弄脏旁边乘客的衣服，就一直用手捧着鞋子。

师：这个妈妈在为谁着想？

生：在为她旁边的乘客着想，怕孩子的鞋子弄脏了他人的衣服。

师：地铁上，一个孩子身体不舒服吐了一地，孩子父亲给周围乘客道歉之后，蹲在地上清理干净了地面。

这个父亲在为谁着想？

生：在为旁边的乘客和车厢里的工作人员着想，怕弄脏了别人的鞋底，怕给车厢里打扫卫生的工作人员增加麻烦。

【设计意图】通过正面典型，帮助学生确立认知：在生活和学习中，我们要坚持为他人着想。

三、想想，我们该怎么做

师：碎玻璃，废弃的刀片，你准备丢弃……

生：应该先将这些东西用胶布缠绕，再送入垃圾桶。主要是为收集和处理垃圾的工人着想，如果他们在工作的时候，不小心接触到了这些东西，会很容易伤到手或者肢体。

师：早晨走得匆忙，不小心将早餐饼掉在了地上……

生：应该用纸将早餐饼捡起来，送到垃圾桶里，以免被别人踩到。

师：我们应该为谁着想？

生：为环卫工人着想，也为从此经过的人着想。

师：你家里有未喝完的饮料瓶，准备丢弃；准备换桶装水的时候，你发现桶里还剩下一些水……

生：饮料瓶应该倒尽以后再送入垃圾桶；桶装水里剩下的水也要彻底倒掉，再交给工作人员，主要是减少工作人员的麻烦，你不倒掉的话，就需要他们去倒掉。

师：阅览室里，有人在看书，你有一个问题想问身边的同学……

生：可以采用笔谈的方式，或者等到看书结束以后，在其他地方再问，不能打扰旁边人的学习。

师：有陌生人向你问路，你恰好知道那个地方……

生：如果那地方不远的话，可以直接带他过去。如果比较远的话，一定要讲清楚去的方法，告诉陌生人如何看路标。

师：你在学校电脑教室、会议室、实验室、操场上参加完活动，准备起身离开……

生：起身离开的时候，一定要把自己周围的垃圾带走，将桌面清理干净，并将座椅、使用过的工具还原。

师：（总结）一个人最大的教养，就是为他人着想的善良，体现在：

站在别人的角度考虑事情；

力所能及地做好自己的事，不给别人添麻烦；

从细微处体贴别人，让别人感到舒服，甚至这份细心，还考虑到了素不相识的人。

愿我们班每一个人都成为这样有素养的人，时时处处为他人着想。

【设计意图】通过生活的点滴小事，让学生真正知道该怎么做，把友善的种子种在心里，落实到行动里。

第8节　我的忍耐有底线

宁乡市德育名师工作室　姜靓

【班会背景】

初中的孩子活泼好动，班级成员的重新组合也让他们兴奋不已，有少数孩子用不太恰当的方式表达自己想交朋友的愿望，经常能听到别的同学到我这告状：某同学又动我东西了，某同学又捉弄我……诸如此类，屡教不改。不仅是其他同学，就连老师也烦不胜烦。这小部分孩子不懂别人的底线边界，没有尊重他人的意识，只凭自己的快乐意愿行事。希望通过这节课让这部分孩子明白尊重他人的必要，用更礼貌的方式交朋友；也让其他学生明白沟通的重要性，学着自己从容解决，礼貌交流。

适用年级：八年级下学期。

【班会目标】

（1）认知提升：知晓每个人的容忍度不同，尊重是最好的交往方式。

（2）价值塑造：尊重他人，学会沟通。

（3）外化于行：交朋友时，注意自己的行为，不给他人造成困扰，减少恶作剧。有矛盾时用温和礼貌的方式沟通。

【班会准备】

（1）资源：一个大信箱；每个学生自备一张信纸，一个信封。

（2）思路：通过游戏，知晓每个人都有底线，触碰底线将伤人伤己。再通过游戏得出的数据，得出沟通是解决分歧与矛盾的最好方式的结论。鼓励学生交往中尊重他人，积极沟通。

一、解读标题

（PPT 出示标题：我的忍耐有底线。）

师：游戏开始前，采访下大家几个问题：

（1）你认为底线是什么？

（2）什么样的人有底线？

（给半分钟时间思考，随机点学生回答。）

生：是一个人会爆发的最低的要求。

生：别人伤害自己，就会有底线。害怕自己受到伤害的人有底线。

生：是原则，不能忍受的事情，凶狠的人或者正直的人有底线。

生：当你触及别人的底线时，他就会触发自我保护意识，这是本能，所以，每个人都有底线。

师：总结大家的观点，底线是爆发的临界点。对于什么人有底线，众说纷纭，再告诉我一次你的答案，什么人会有底线？

生：（齐）每个人都有底线。

【设计意图】初步理解标题含义，知道老师的意图，为下一环节"每个人都有底线"做铺垫。

二、每个人都有底线

师：那我们来验证一下是不是这样。请你们提供给老师一位同学，这位同学必须具备一个特征，那就是喜欢闹腾。

生：沈某某（化名）。

师：你的任务就是，平常怎么捉弄，今天便怎么去试探别人的底线，老师挑选一个幸运小组的同学们给你试手。

（请沈同学上台，交给他一根教鞭。当沈同学拿起教鞭走上前大显身手时，老师又给那个小组每个同学发了一根更粗、更长的木棍，沈同学在同学们的哄笑中踟蹰上前，硬着头皮用教鞭轻轻打了一下那组同学的手掌。那组同学们并没有还手，只是觉得好玩。）

师：（选择刚才被沈同学"打"的学生提问）同学你好，你是个什么性格的人？

生：还行。（女生，性格腼腆，嗫嚅半天憋出个"还行"。）

师：那么，这位性格还行的同学，如果沈同学不是在班会课上和你开玩笑，而是平常觉得好玩而打你，你能忍耐多少次？

生：两三次吧。

师：所以大家觉得这位性格还行的同学有没有保护自己的底线？

生：有。

师：同学你好，你是个什么性格的人？

生：开朗活泼大方可爱。

师：这位开朗活泼大方可爱的同学，如果沈同学不是在班会课上和你开玩笑，而是平常觉得好玩而打你，你能忍耐多少次？

生：一次就揍回去。

师：看来你的保护机制很灵敏。大家觉得这位开朗活泼大方可爱的同学有底线吗？

生：有。

师：（提问沈同学）有没有人一直包容你，可以让你一直恶作剧？

生：没有。

师：事实胜于雄辩，看看是不是这样。

师：愿意让人恶作剧的同学请举手。（有两个同学兴致勃勃举起了手）愿意让人无限次数恶作剧的同学请举手。（还是那两个得意洋洋举手）

（老师记录他俩名字：李同学，王同学。待会儿在第三个大环节再采访他俩。）

师：分析刚才的互动结果，我们回到最初的问题：什么样的人有底线？

生：每个人都有底线！

师：是的，不管是内向沉稳、活泼外向，还是怯懦沉默，是个正常人就会有底线。请沈同学上台，帮老师完成第一条板书：每个人都有底线！

【设计意图】明白每个人都有底线，为下一环节"挑战底线＝伤人伤己"做好铺垫。

三、挑战底线＝伤人伤己

（PPT 出示问题：如果你捉弄别人 3 次，4 次，5 次，7 次，10 次……会有什么后果？）

师：刚才的其乐融融可能是因为这是班会课，如果是现实中，多次捉弄，会有什么后果？

生：脾气好的，可能就原谅我了。

师：有可能，从大家举手表决的结果看，那你觉得这个概率大吗？

生：不大。

师：更有可能的情况是怎样的？

生：两个人打一架。

师：很有可能，不原谅你并且和你打了一架，你俩愤怒地就打成一团，事情愈演愈烈。

生：他可能再也不会和我做朋友了，他还会很小气地把这件事告诉别人。

师：看来你是个有故事的男同学。

（PPT 出示三种结果：对方原谅了你；不原谅你并且和你打了一架，你俩愤怒地就打成一团，事情愈演愈烈；不原谅你并且跟你老死不相往来，其他同学听说你的坏名声，从此疏远你。）

师：因为只顾自己的快乐而触及他人底线的做法，并不是只有这些小打小闹的危害，不信，咱们一起去看一则新闻。（播放有关恶作剧的新闻视频）

师：之前有两位宽宏大量的同学举手表示愿意让人一直恶作剧，现在老师想问问：像视频中那样对你恶作剧，你还愿意吗？

生：不愿意，这不是小问题了，弄不好我小命都丢了。

生：离这种人远一点，他这就不是在开玩笑。

师：通过刚才的小游戏，你获得了什么道理？

生：每个人都有脾气，不会惯着谁，这不是家里。

生：要学会相互体谅，己所不欲，勿施于人。

生：每个人容忍度不一样，不要轻易挑战别人的底线。

生：如果总是罔顾别人的意愿，最终要么伤害别人，要么伤害自己，要么两败俱伤。

师：（总结）如果一味凭自己的快乐去挑战别人的底线，结局一般是？

生：挑战底线＝伤人伤己。

师：请沈同学和李同学上台完成第二条板书：挑战底线＝伤人伤己。

【设计意图】设身处地地想象别人的意愿，回归现实，反思生活中具体应该如何做到尊重他人，做事有分寸有底线。

四、情景演绎

师：洗碗池高峰期，有人溅湿了你的衣服，你会？

生：以牙还牙，我直接泼回去。

师：可是人太多了，这种事情没办法避免啊。

生：我会原谅他。

师：万一有人就是无聊，想捉弄你，为了好玩，你也是直接原谅吗？

生：那就先问他，你怎么回事？

师：以哪种方法问？（模拟凶狠地责问和平静理智地问）

生：第二种。

师：为什么？

生：平静理智地问，因为要问清楚，而不是闹大事情，是为了解决问题。

师：有道理。凶狠地问和平静地问，这两者有什么不同？

生：结果不同。

师：还有呢？

生：态度不一样。

师：具体表现为？

生：第二种更友好。

（PPT 出示：沟通是解决问题的桥梁，沟通需要良好的态度。）

师：很好，人的素质是参差不齐的，但你永远要和人打交道，有的通情达理，有的不可理喻甚至胡搅蛮缠。能讲道理的人我们首先选择沟通，但沟通是不是发泄自己的不满？

生：不是，沟通是为了解决问题。

师：要解决问题就要怎样沟通？

生：友好沟通。

（教师小结并写下第三条板书：友好沟通很重要！）

【设计意图】知道沟通的意义，知道沟通是解决问题的桥梁，知道沟通要有良好的态度。

五、及时信箱

师：前面让沈同学发挥实力去捉弄第二小组的同学，他可是你们推荐出来的恶作剧大王，怎么今天实力不济啊？

生：因为小组人数太多了，寡不敌众，怕挨打。

生：因为老师你给了第二小组长两倍的武器。

师：是的，要想别人不伤害自己，有时候还真需要武器，语言也是武器，在友好的沟通中可以亮出自己的武器。现在我们一起来探讨一下怎样做到友好高效沟通。

（1）写信"控诉"。

师：最近在与同学的相处中，你是否有不愉快的时候？比如某某同学经常动你的东西，比如某某同学总让你去做你不想做的事，比如某某同学总开一些你不喜欢的玩笑。

生活中肯定有同学不小心冒犯了你，比如好几次碰倒了你的书却忘记道歉，比如没经过你的同意拿了你的东西，比如不顾你的意愿和你打闹。把你的感想写下来给那个"粗心大意"的同学吧，注意礼貌和尊重哦，最后信封上写上收信人的名字和你的专属密码。

沟通是最好的桥梁，现在把你给他的建议写成信，寄给他吧。（PPT展示模板）

（2）同学回信。

写好后排队放到大信箱中，老师在台上念信封上的名字，让收信人领回属于自己的信。有三个同学上台领取次数很多，几乎是接连不断，同学们发出善意的哄笑声，当事人感到不好意思。

（3）采访。

趁着收到信的在写回信，其他没收到信的同学想好要采访的问题，如：

对于此次获得"恶作剧大王"称号，你作何感想？

有没有真正体会到给我们带来了麻烦？

回信的时候你在想什么？

（4）采访结果。

生：我都不知道平常我得罪了这么多人。写信写到手酸，下次会尽量控制自己。

生：看得出大家是认真写的，我很惭愧，自己以为只是小小的玩笑，好玩而已，以后注意，希望和大家还是好朋友，希望他们还愿意和我玩。

生：写的时候，挺高兴的，这么多人给我写信。

师：那意思是以后还犯？

生：注意分寸，不然真要没朋友了。

生：沈同学，写回信的时候你在想什么？

生：我没想到你会批评我这么一件小事，这件事小到我都忘了。

师：你认为是小事，但这个小事体现了你对朋友的不尊重，你觉得要不要重视？

生：她都这么认真了，还是要重视。

师：你想跟她一直做朋友吗？

生：想。

师：那就尊重她的想法和底线吧。

生：谢同学，你"五度封神"有什么感想？

生：（收到五封信，都劝他少挖鼻子，他自己既惊讶又不好意思）很震惊。

师：你震惊的点是什么？

生：这么小的事情……

师：这件事会对你产生影响吗？

生：终生难忘。

【设计意图】让小部分学生知道自己平常的疏忽，收敛粗心或者恶作剧，并落实到学习生活中，让大部分学生学会有效友好地解决和同学间的误会与芥蒂。

六、利用板书总结全课

师：总而言之，尊重他人非常重要。生活中的小事，怎么做才是尊重别人？

（PPT 出示：借东西、恶作剧、嬉戏打闹。）

生：借东西前先问主人，经过同意才拿。

生：恶作剧要有分寸。

师：怎么样是有分寸？

生：别人明确表示不喜欢的时候要适可而止。

生：嬉戏打闹也要有分寸，不伤害到其他人的安全。

师：只提其他人，意思是跟你嬉戏打闹的同学的安全就可以不管？

生：都要注意安全，并且要看对方愿不愿意。

生：如果是不小心冒犯，记得及时道歉。

师：挑战别人的底线会伤人伤己，总而言之：怎样做到尊重他人的底线？

生：设身处地为他人着想，做事有分寸有底线！

（教师写下第四条板书：尊重底线，把握分寸！）

师：（总结）通过这节课，希望大家明白：每个人都有底线；挑战别人的底线伤人伤己。友好理智地与人沟通，尊重底线，把握分寸，希望大家收获平等、友好、美满的友谊。下课！

【设计意图】通过总结，对学生进行价值塑造：每个人都有底线，挑战别人的底线会伤人伤己。因此，在日常生活中，我们应该学会理智地与他人沟通。

第9节 "班级系列人物传"

宁乡市德育名师工作室 刘令军

【班会背景】

在一个班级里头，每个同学都会表现出不一样的特点，有些学生积极进取，有些学生消极堕落。一个班级是需要"英雄"的，因为，"英雄"能够进行精神引领，会成为班级某种行为的"倡导者"和"引领者"。在班级管理实践中，我进行班级文化建设的一个重要抓手，就是培养和塑造班级"英雄"：寻找那些自身带有积极因素的学生，挖掘放大其积极特征，通过多种德育手段，持续施力，将其培养成在班级有一定影响力和良好口碑的班级"英雄"。

适用年级：八年级下学期。

【班会目标】

（1）认知提升：知晓过度学习的概念，知道如何写班级人物传。

（2）价值塑造：要想稳步提高学习成绩，没有什么捷径，只有一个笨办法，加50%的时间去进行巩固和记忆。

（3）外化于行：班级形成勤奋钻研的学习氛围。

【班会准备】

（1）资源：过度学习的概念和原理，班级人物传的框架结构，阳阳在学习中勤于钻研的典型事例和细节。

（2）思路：通过写作，实现两个目标。第一，给阳阳一个"钉子"的绰号，培养其自信心，助其实现"强大自己"，成为一个能自主发展的人。第二，将阳阳培养成为班级"勤奋钻研"行为的"倡导者"和"引领者"，引领全班同学的学习行为。

一、导入，引导学生探究"钉子"精神的本质

师：（PPT出示阳阳同学的照片）认识这个人吗？

生：我们班的阳阳同学呀。

师：老师想送给他一个绰号——"钉子"阳阳。

生：老师，阳阳是钉子吗？

师：当然不是，你没看钉子加了引号？准确地说是阳阳身上有一种"钉子"精神。大家看见过钉子吗？谁来讲一下它的特点？

生：钉子是一种利器，它有一个特点，就是前面是尖的，人一敲打它，它就会往墙壁上、木头里钻。

师：说得好，钉子有一个特点，就是特别善于"攻坚克难"，坚硬的木头、水泥块，它都能"钻"进去。

生：老师，你是不是想设定一个比喻，将学习过程中的难题，比喻成现实生活中的木头、水泥块，将阳阳同学在学习上的"钻研"，比喻成"钉钉子"？

师：你说得太对了，我们班的阳阳同学，我已经观察他很久了，发现他身上确实具有一种"钉子"精神。大家说说看，"钉子"精神的本质是什么？

生：我认为"钉子"精神就是锲而不舍。

生：我认为"钉子"精神就是坚忍不拔。

生：我认为"钉子"精神就是不屈不挠，专心致志。

……

师：（总结）大家都说得非常好，"钉子"精神的本质就是特别有钻劲，遇到困难不退缩，不逃避，不消极，而是主动作为，努力去寻找解决问题的方法。

【设计意图】开门见山进入正题，制造突兀感，激发学生的兴趣和好奇心。

二、"贴标签"，引导学生分享各自的观察

（PPT 出示文章。）

有一天，阳阳问我："刘老师，怎么才能快速提高数学成绩？"

我说："要快速提高数学成绩，没有捷径，只有一个笨办法，那就是过度学习。"

所谓过度学习，指的是 150% 的学习。比如说，一个人读 8 遍刚好能记住

一篇文章，那 8 遍刚好为 100%，还要读几遍就用 8 乘 50%。心理学将学习一种知识，没有达到一次完全背诵的标准，称为低度学习；但当达到一次完全背诵的标准后，仍然继续学习，就称为过度学习。

做一种计算题，做 8 次已经能学会，过度学习就是再做 8 乘 50%，即 4 次。

当记忆的内容初步掌握后，再用原来所花的一半时间巩固强化，当学习程度到达 150% 时，就能达到记忆的巅峰。当然，过度学习不是毫无限度的，达到 150% 的标准，是最经济的学习方法。

我一直在观察阳阳同学，说实话，有很多细节感动了我。

有一天上午，我第四节没有课，就提前几分钟到食堂吃中餐。吃过之后，就习惯性地往教室走。没想到，我还没有进教室，阳阳忽然从后面追了上来，赶在我之前，冲进了教室。我有些怀疑地问阳阳，你吃饭了吗？阳阳很肯定地回答说吃过了，边说边打开一张数学试卷做了起来。我记得自己在吃饭的时候，确实看到了阳阳。

我抬手看表，第四节课下课到现在，仅仅过去了 10 分钟，在这 10 分钟里，阳阳居然吃完午饭进了教室。学校规定的吃饭时间是 30 分钟，阳阳为什么会这么快就吃完饭进了教室？原来他是想从这 30 分钟里"抠出来"20 分钟来进行学习。

后来，我故意推迟了午餐后进教室的时间，但学习委员谢娟报告说，虽然刘老师已经多次建议阳阳饭后至少要休息 15 分钟以后才可以做作业，但是，全班每次都是阳阳同学第一个吃完饭回到教室里来。现在，阳阳的学习效率极高，同样一张数学练习卷，班上一些同学 2 个小时才能完成，但阳阳 40 分钟就能解决问题。在他的强烈要求下，我每天给他 3 倍的作业量，他依然完成得很轻松。

生：啊，老师，原来你和阳阳之间，还有这么多故事呀！

师：是呀，这些就是我对阳阳同学的观察。大家在共同的学习生活中，也一定对阳阳有很多的观察，有很多故事和细节，我想请那些留心观察过阳阳的同学，在今天这节课堂上跟大家分享一下观察到的阳阳的故事，怎么样？

生：（齐）好！

生：阳阳同学"抠时间"可不止在吃中餐上。放学后的时间他还能"抠"一个小时出来。放学了，教室里的同学一哄而散，寄宿的同学迫不及待地冲向寝室，走读的同学早已归心似箭，收拾收拾书包，兴冲冲地出了教室。仅仅过了几分钟，教室里已静寂无声。但是你不要以为此刻教室里已空无一人。因为还有阳阳同学在，他虽说是一名走读生，但他并没有像其他同学一样急于回家，此刻他独自一人，正在教室里攻克数学难题。他安静地坐在那里，一直等寄宿的同学吃过晚饭，纷纷走进教室里来，他才收拾书包回家。我曾问过他，你为啥不回家学习呢？他说，回家以后，如果遇到难题，没有人可以请教，但在学校里就不同，同学可以帮他，老师可以帮他，他就是一定要把今天学习过程中遇到的难题全部解决好了才回家。我听了，真的惭愧不已。

生：阳阳同学"抠时间"还不止在放学以后，下课铃声响了，同学们一声欢呼，冲出教室。"弹珠大侠"付小敏迫不及待地开始"招兵买马"，教室前坪站满了观战的男生和参战的男生，只有阳阳同学，拿着一本英语书进了办公室，向高老师请教语法，或者默写单词，或者主动向高老师申请"英语小测验"，用教我们语文的杨老师的话说，阳阳学英语已经进入到一种"如痴如醉"的境界了。确实如此，阳阳同学"痴"在其中，"醉"在其中了。

生：阳阳同学上课的时候，非常专注，从不分心。他目不旁视，紧紧追随着老师的讲解，好似老师就是一名演技精湛的演员，他已经完全被剧情吸引，已不知身在何处。

……

【设计意图】通过分享观察，给阳阳同学贴上一个"钉子"的标签。

三、框架设定：规范写作体例，方便学生快速写作

师：任何一篇文章，都会有自己的框架结构。作者在写作之前，要先根据文体和主题的不同，确定好写作框架，再下笔。今天这一篇文章，老师分析了一下，大体可以包含这样几个部分：标题，对标题的解读，你所观察到的一些故事或者细节，你的感悟或者行动计划。下面，老师一一为大家解读。

（1）标题。

今天这篇作文主要是挖掘整理阳阳同学的"钉子"精神，是命题作文，所以标题统一都定为："钉子"阳阳。

（2）对标题的解读。

这一部分主要是讲述一下你对钉子以及"钉子"精神的理解。钉子，是一种遇强不让，遇硬偏进的利器。"钉子"精神，是一种不屈不挠，锲而不舍，坚忍不拔的人生精神。当然，我们每个人都会有自己的观点和理解，所以对"钉子"精神的解读也会有差别。在这一部分，大家应该根据自己的思考，进行个性化的解读。

（3）你所观察到的一些故事或者细节。

阳阳同学在学习上特别具有钻研精神，把那些你观察到的，并且感动了你的故事或者细节讲述出来。特别是那些细节，一定要写真实，写具体。

（4）你的感悟或者行动计划。

这一部分主要写你的个人感受，你从阳阳的身上学到了什么，打算怎样向他看齐、靠拢。

【设计意图】通过设定写作框架，确保学生在写作过程中不会偏离方向，避免不知如何下笔的情况出现。

四、写作和展示，塑造班级"英雄"

要学生利用课余时间，完成《"钉子"阳阳》的写作，从学生的习作中遴选优秀作品，在班级进行展示和点评。

【设计意图】通过学生动手写作，以及写作完成之后的展示，在班级形成积极的舆论导向，通过班级"英雄"来引领班级行为建设。

第 10 节　我的偶像

宁乡市德育名师工作室　戴姣

【班会背景】

查寝时，我发现有男生在宿舍床上贴满了科比的各种照片，该男生对于科比的经历说得头头是道。教室里，有女生在笔记本上贴满了某男明星的照片，上课还要偷偷瞄几眼。初中学生该不该有偶像，该选择谁作为偶像，偶像对我们而言有怎样的价值，这是初中生们愿意探讨的话题，也是初中生应该探讨的话题。同时，娱乐圈明星频频爆出黑料，这在学生当中也引起了一股暗流。借此机会，召开本次班会课。

适用年级：八年级下学期。

【班会目标】

（1）认知提升：知晓成为人们心目中的偶像应该具备的因素。

（2）价值塑造：只有品德高尚的人，才是我们学习的榜样，才是我们应该追的星。

（3）外化于行：发现自己的长处，不断修正自己的行为，让自己也能成为他人和自己心中的偶像。

【班会准备】

（1）资源：彭丽媛《在希望的田野上》演唱视频，《印媒热议彭丽媛"魅力外交"》《彭丽媛接待米歇尔夫人》《彭丽媛在联合国的英文演讲》截取视频。

（2）思路：以偶像为载体，通过谈谈自己的偶像，寻找偶像因素，给偶像因素排序，给自己的魅力打分等一系列活动，让学生知晓谁是真正值得崇拜和学习的榜样，从而修正自己的行为。

一、聊聊你的偶像

师：同学们，看到"偶像"这个词，你最先想到的是谁？为什么会想到

他 / 她呢?

生：我会想到篮球明星科比，科比的篮球打得太爽了，可惜他已经去世了。

师：下面的人物都是各行各业的明星，是许多人心目中的偶像。如果你对他 / 她稍有了解，请在我点开的第一时间大声说出他 / 她的名字，并举手示意，我会请你来做一个简单的介绍。

生：李兰娟，一名不顾个人安危，勇敢冲向前线的医务工作者。

生：钟南山，80 多岁了。2003 年"非典"时期，他冲在一线；十几年后新冠疫情爆发，他又冲在一线。

生：屠呦呦，她发现了青蒿素，获得了诺贝尔生理学或医学奖。

生：张桂梅，她改变了许多贫困山区女孩的命运，照亮了 2000 多名女孩的人生路。

生：全红婵，奥运会的跳水冠军。

……

师：无论是男性还是女性，无论是政界、商界，还是体坛、娱乐圈，总有一些人受到大家的欢迎和欣赏。接下来，让我们大胆地向我们的偶像表白吧！请给你的偶像写一段告白信。（提供告白信的模板）

生：钟南山爷爷，我真的非常崇拜您。您不仅医术高明，而且有极大的责任感。特别是您让我们都不要外出，自己却成为逆行者，去一线了解疫情，分析病毒的传播，让我非常感动和崇敬。

生：贺翔，我真的非常崇拜你。你不仅学习成绩好，还经常帮助我们。特别是上自习课的时候，不管身边的同学如何吵闹，你都能像置身无人之境一样，我很崇拜你。

……

师：看来，我们选谁做偶像，都是有原因的。

【设计意图】了解各行各业的知名人物，从而认识到不只是娱乐界有明星，各行各业都有。

二、寻找偶像因素

师：我也有喜欢的偶像。接下来，请大家一边观看视频，一边找出她受人喜欢的原因。（播放第一段视频——彭丽媛《在希望的田野上》演唱视频）

师：这是我最喜欢的偶像——彭丽媛女士。你的第一印象是什么？

生：我觉得她的声音特别好听，长得也好看。

生：她的歌很阳光，充满了希望。

师：是的。彭丽媛，1962 年 11 月 20 日出生于山东省菏泽市郓城县，中国著名女高音歌唱家，中国第一位民族声乐硕士，国家一级演员。

（出示彭丽媛女士的一些经典作品，请会唱的同学唱两句。）

师：（播放第二段视频——《印媒热议彭丽媛"魅力外交"》）想一想，是什么原因让彭丽媛女士得到了印度媒体的热捧？

生：彭丽媛女士着装得体，举止优雅大方。

师：（播放第三段视频——《彭丽媛接待米歇尔夫人》）接待米歇尔的过程，让你看到了一个怎样的彭丽媛？

生：彭丽媛写出"厚德载物"几个大字，信手拈来。

生：彭丽媛显得落落大方，对中美的历史了如指掌。

生：米歇尔夫人临摹汉字"永"，彭丽媛专注地看着，真诚地赞赏。

师：（播放第四段视频——《彭丽媛在联合国的英文演讲》）我们先来翻译一下这段英文。

I became China's Ambassador for TB in 2007, and the Goodwill Ambassador in 2011. It is a mission and responsibility I cherish dearly. For more than ten years, every year on March 24th, I've visited communities with high TB prevalence to help raise awareness, change behavior and encourage actions.

我在 2007 年成为中国结核病防治形象大使，在 2011 年成为亲善大使。这是我珍视的使命和责任。十多年来，每年的 3 月 24 日，我都会走访结核病高发的社区，以提高人们的认识，改变行为，鼓励人们采取行动。

师：这段联合国大会上的英文视频讲话，带给你怎样的感受？

生：我以前总觉得英文学了没什么用，反正现在有各种翻译软件。彭丽媛的英文演讲让我觉得她身上散发着无穷的魅力。

生：彭丽媛女士经常看望艾滋病患者和肺结核患者，这都是传染病，可见彭丽媛女士善良友好，平等待人。

师：我也给彭丽媛女士写了一封告白信。彭丽媛女士，我真的非常喜欢你。你不仅端庄美丽，优雅大方，还多才多艺，亲切善良。特别是亲吻艾滋病儿童的时候，让我特别感动。你真是全民女神！

师：我们已经找到了彭丽媛女士受人喜爱的许多原因。同学们再想一想，偶像还有哪些地方吸引我们？

生：出众的才华。

生：为祖国或者人类做出了杰出的贡献。

生：潇洒大度、温柔善良、勇敢正义，这些优秀的品质都可能吸引我们。

师：我们大致可以将这些偶像因素总结为以下几个方面：美丽优雅有气质，出类拔萃有才华，善良友好高素质，勤奋无私大贡献。那么，接下来请各组合作，来给这些魅力因素的重要程度排个序，并说明你们这样排序的原因。

（小组合作，交流汇报。）

生：我们组排出的顺序依次为：善良友好高素质，出类拔萃有才华，勤奋无私大贡献，美丽优雅有气质。理由是：只有高素质，才华才能发挥积极的作用。只有有才华，才能做出贡献。美丽优雅也很重要，但并不是每个人都能具备，所以就放到最后面了。

生：我们组排出的顺序是：勤奋无私大贡献，善良友好高素质，美丽优雅有气质，出类拔萃有才华。理由是：为人类做出贡献的是最大的英雄，值得我们每个人尊敬。善良友好的人会受到大家的欢迎，排在第二。美丽优雅的人给人舒服的感觉，人们才会乐于接受，排在第三。出类拔萃，这一条毕竟不是普通人能做到的，所以排在第四。

生：我们组认为各行各业的偶像，排序的方式会不一样，并不是说每个偶像都必须符合以上每一条。

师：那哪一条是偶像的必备条件呢？

生：我觉得应该是善良友好高素质。现在很多当红明星突然之间就人设塌了，就是因为他们不具备这个必备的要素。

师：是的。不管从事哪个行业，真诚、善良等良好的个人素质应该是必备的要素。这也是我们每个人都可以做到的。

【设计意图】从视频中读懂魅力因素，再给魅力因素排序，让学生更清晰地认识到偶像吸引我们的是什么，我们应该学习什么。

三、身边的偶像

师：同学们，如果把这些魅力因素作为我们班的偶像评价标准，我们班的偶像会是谁呢？请同学们结合自己平时的表现，给自己做个简单的自评吧！

计分项目	计分	计分项目	计分
我干净整洁，形象好	10	我有自己的兴趣和特长	10
我走路抬头挺胸，气质佳	10	我是班干部，管理能力强	10
我语言文明，为人友善	10	我为集体负责，会随手捡起地上的垃圾	10
我学习认真勤奋	10	我能抵抗诱惑，拒绝沉迷游戏，拒绝早恋	10
我举止文明，不影响秩序	10	其他我认为值得加分的项目	10

生：我的自评分是 70 分。左边的五项都能做到，我的特长是田径，女子 800 米获得过全镇第一名。我还担任了班干部，我觉得还算尽职尽责。

生：我的自评分是 50 分。第一、二、三项都符合。但是我学习上不能够长期坚持，偶尔想要放弃，有时候就餐还会插队。第四和第五项不符合。但我有书法特长，我还经常帮助弱小的同学，帮他们提水，我觉得这一点可以加 10 分。

师：同学们，你们认为谁的得分应该是最高的？说说理由。

生：我认为是贺翔，前面五项她都符合，她能抵制诱惑，能为集体负责，当了数学课代表，也尽心尽力，可以打 80 分了。

生：我认为是卢湘琪，她也符合前面五项，并且有体育特长，是我们的班长，管理能力强，为集体做了许多事，能抵住诱惑。更重要的是，她和别人发生矛盾的时候，能够主动去跟对方说明情况，会换位思考，又谦卑有礼。可以打 100 分了。

师：同学们，我们之所以追星，是因为我们看到了明星身上的魅力。美好的事物，人人都喜欢。让我们从现在起，不管有没有人关注，有没有人欣赏，把自己当做明星一样生活，热爱生活，追求更好，坚定而执着，成为自己心中的偶像。

【设计意图】总结提升，为自己的魅力打分，寻找身边的偶像，从而修正自己的行为，像偶像一样生活。

第 11 节　中国力量——长征精神

宁乡市德育名师工作室　刘令军

【班会背景】

　　长征是人类历史上的伟大壮举，是一座让中国人民世代铭记的历史丰碑。英勇的红军将士在物质极度匮乏、环境极其恶劣的困境中，以坚定的革命信念和大无畏的英雄气概，创造了人类战争史上的奇迹，更为我们留下了伟大的长征精神。长征精神是具有原创意义的民族精神，是当代中国的民族精神。2016年 7 月 18 日，习总书记在宁夏考察时指出："伟大的长征精神是中国共产党人革命风范的生动反映，我们要不断结合新的实际传承好、弘扬好。……我们每代人都要走好自己的长征路。"为了传承好长征精神，特设计本节班会课。

　　适用年级：八年级下学期。

【班会目标】

　　（1）认知提升：知晓长征行走中的红军是因为心中有信仰，脚下有力量，凭借坚定的理想信念，走向胜利之巅。

　　（2）价值塑造：有坚定的理想信念的人，是不可战胜的人。

　　（3）外化于行：积极准备投身这一代人的"为中国人民谋幸福，为中华民族谋复兴"新长征，在学习和生活中不畏艰难困苦，勇敢向前。

【班会准备】

（1）资源：视频《陈树湘和绝命后卫师》《红军飞夺泸定桥》《老红军讲述红军过雪山》《老红军讲述长征过草地》《九趾红军王定国》。

（2）思路：通过讲述红军长征的经历和故事，引导学生总结出，红军之所以能在艰难困苦中胜出，是因为心中有信仰，脚下有力量。坚定的革命理想信念，是长征精神的基础，更是长征精神的灵魂。

一、回顾长征路

师：同学们，本节课的任务是：

（1）回顾一段历史：红军二万五千里长征。

（2）探究一个问题：是怎样的精神力量支撑，让衣衫褴褛的红军战士跨急流、登雪山、穿草地、突封锁，粉碎了上百万敌军的围追堵截，最终实现胜利会师？

下面，老师以时间为序，跟大家一起回顾红军的长征之路。

在红军长征之前，国民党军队曾对红军进行过五次"围剿"，我们可以通过这个表格清楚地看到红军五次反"围剿"的斗争。

（1）五次反"围剿"。

次序	时间	敌军人数	领导人	战略战术	结果
第一至四次	1930年至1933年	10万 20万 30万 50万	毛泽东（前三次）周恩来、朱德（第四次）	避敌主力诱敌深入集中优势各个击破	胜利
第五次	1933年至1934年	100万	博古李德	分散兵力进攻冒险防御保守	失败

师：1934年10月，红军第五次反"围剿"失败，损失惨重。

（2）撤出江西瑞金。

师：中央主力红军为了摆脱国民党军队的包围追击，被迫实行战略大转移，1934年10月10日，中央红军从江西瑞金出发开始长达两年的长征之路。

（3）湘江战役。

师：1934年11月27日至12月1日，中央红军在湘江上游与国民党军苦战五昼夜，最终突破了国民党军的第四道封锁线，粉碎了蒋介石围歼中央红军于湘江以东的企图。但是，中央红军也为此付出了极为惨重的代价。部队指战员和中央机关人员由长征出发时的8万多人锐减至3万余人。

在湘江战役中，我们必须要说一个人，那就是陈树湘，湖南长沙县人（1905年1月30日—1934年12月18日），中共党员，曾任中国工农红军师长，革命烈士，100位为新中国成立做出突出贡献的英雄模范人物之一。

师：（播放视频《陈树湘和绝命后卫师》）陈树湘作为后卫师的师长，在昏迷中被俘了，醒来以后，他是怎么做的？

生：扯断了自己的肠子。

师：他为什么要这么做？

生：他不愿意投降，不愿意遭受屈辱。

师：请用一个关键词表达你对陈树湘烈士的敬意。

生：伟大。

生：宁死不屈。

（4）遵义会议。

师：1935年1月15日至17日，中共中央政治局在贵州遵义召开政治局扩大会议，总结了第五次反"围剿"的经验教训。此次会议结束了王明"左"倾冒险主义路线在党中央的统治，确立了以毛泽东为代表的新的中央正确领导，是中国共产党历史上一个生死攸关的转折点，标志着中国共产党在政治上走向成熟。

（5）四渡赤水。

师：1935年1月19日至1935年3月22日，毛泽东同志指挥红军与敌人周旋，创造了以弱胜强的奇迹。四渡赤水作战中，红军进行了大小40余次战斗，歼灭敌人1.8万余人，从而摆脱了敌人的围追堵截，中央红军从此改变了被动挨打的局面。

（6）巧渡金沙江。

师：1935年5月，红军挺近金沙江，先遣部队控制了皎平渡两岸的渡口。5月3日至9日，红军主力过江。红9军团在南渡乌江以后奉命牵制敌人部分兵力，确保红军主力平安渡江。

（7）强渡大渡河。

师：1935年5月21日，中央红军从冕宁泸沽地区分左右两路北进。25日，红一团一营二连17名勇士，强行渡过大渡河杀出一条生路，为红军沿大渡河两岸北上夹击泸定桥守敌创造了有利条件。

（8）飞夺泸定桥。

师：1935年5月29日，中央红军先头部队沿大渡河右岸北上，红4团22名突击队员沿着枪林弹雨和火墙密布的铁索夺下桥头，并与左岸部队合围占领了泸定城。中央红军主力随后从泸定桥上越过天险大渡河。

师：飞夺泸定桥，是红军长征中的一场重要战役，22名突击队员沿着枪林弹雨踩着铁链夺下泸定桥。

师：（播放视频《飞夺泸定桥》）看完这个视频，请用一句话表达你的感受。

生：经过了血与火淬炼的军队。

生：勇往直前的战士。

生：意志顽强的英雄。

（9）爬雪山。

师：1935年6月8日中央红军突破敌人芦山、宝兴防线，随后翻越了长征路上第一座大雪山——夹金山。6月12日，中央红军先头部队终于翻过几座大雪山，在北进途中与红四方面军先头部队胜利会师。

师：夹金山，主峰海拔4900多米，空气稀薄，人迹罕至，气候变幻无常。藏区人民常说，夹金山是鸟都飞不过去的山，只有神仙才可以过去。因此藏区人民把夹金山叫作"神山"，实际上，它对人来讲，是"死亡之山"。但是，红军并没有被狂风暴雪所吓倒，他们以坚韧不拔的顽强毅力，克服了难以想象的困难，终于闯过了号称"神山"的雪山。

师：（播放视频《老红军讲述红军过雪山》）听了老红军的回忆，什么感受？

生：红军长征遭遇的苦难实在太多了。

生：不敢想象他们是怎么克服这些困难的。

（10）过草地。

师：1935年8月21日，红军开始过草地。红军队列分左右两路，平行前进。右路军由毛泽东、周恩来等率领，由四川毛儿盖出发，进入草地。经过七天到达草地尽头的班佑地区。

师：红军过草地，有很多难处。第一，行走难。没踩着草甸就会陷进泥沼，泥沼很深，越挣扎陷得越深，来不及抢救就会被污泥吞噬。第二，吃食难，在极度缺乏食物的情况下，红军就靠吃野菜、草根、树皮充饥。有的野菜、野草有毒，吃了轻则呕吐泻肚，重则中毒死亡。第三，御寒难，草地天气，一日三变，温差极大。第四，宿营难。草地净是泥泞渍水，一般很难夜宿。

师：（播放视频《老红军讲述长征过草地》）听了老红军的回忆，什么感受？

生：很想流泪。

生：我们应该珍惜今天的幸福生活，没有前辈们的抛头颅洒热血，就没有我们今天的幸福生活。

【设计意图】通过回顾红军长征路，让学生们知晓今天的幸福生活来之不易，是无数的革命先辈抛头颅洒热血换来的。

二、困难是红军的磨刀石

师：红军长征途中，遭遇了无数的艰难挫折，我们一起来看看红军当年到底经历了多少磨难。

长征途中，红军将士同敌人进行了600余次战斗。官兵日行50公里以上，平均每天一场遭遇战。平均每前进300米，就有一名战士献出生命。

跨越江河	近百条 （包括世界上最险峻汹涌的峡谷大江。）
攀越高山	40余座 （其中海拔4000米以上的雪山有20余座，5座位于世界屋脊之上。）

	松潘草地
穿越草地	（海拔在 3500 米以上，面积 15000 多平方公里。草地其实就是沼泽，气候极为恶劣，雨雪风暴来去无常，鸟兽绝迹，人烟荒芜，被称为"死亡陷阱"。）

师：这是什么？对，草鞋。这可是绝大部分红军的行军鞋。同学们，试想一下——假如你穿着这草鞋，夜晚还在悬崖峭壁间快速行军，你会遇到什么困难？

生：脚会被石块划伤的。

师：假如你穿着这草鞋，在布满杂草、刺丛的山林里穿梭，你会遇到什么困难？

生：脚会被刺伤，而且可能根本就走不了路。

师：假如你穿着这草鞋，行走在寒风刺骨、大雪纷飞的雪山上，你又会遇到什么困难？

生：脚会被冻伤的。

师：说到爬雪山，我们不得不提这位慈祥的老人。她叫王定国，是我们宁乡沙田乡革命先烈谢觉哉的夫人，曾是在世的年龄最大的女红军。她被称为"九趾红军"，那还有一个脚趾呢？每每谈到这段经历，老人总是如此轻松地说：在过雪山时，天太冷了，脚冻僵了，用手一摸，一个脚趾头就掉了。（播放视频《九趾红军王定国》）

这支军队并没有被消灭，反而在磨难中发展壮大，长征结束 13 年后，也就是在 1949 年 10 月 1 日，建立了中华人民共和国，实现了为中国人民谋解放和为中华民族谋独立的伟大目标。

师：红军并没有被困难打倒，反而在困难中成长，说明了什么问题？

生：困难可以毁掉人，也可以成就人。

生：能够克服特殊困难的人，才是创造伟业的人。

师：你们说得很对。对于红军来讲，苦难是一块磨刀石，在这块磨刀石的打磨下，红军变得越来越强大。

【设计意图】通过介绍红军长征路上遇到的困难，让学生们知晓困难是磨刀石，经过特殊困难的人，才能创造出特殊的业绩。

三、长征精神的内涵

师：长征途中，红军历经无数艰险：

```
                路途遥远              不怕牺牲
                环境险恶              浴血奋战
历经艰险                  ⇨  革命信念  ⇨                  长征精神
                敌人围堵              百折不挠
                生活艰苦              勇往直前
```

在红军长征途中，国民党蒋介石调集上百万军队进行围追堵截，红军处于无根据地作战的困境，面临天上飞机侦察轰炸，地下敌人重兵围追堵截，还要征服和战胜来自大自然的各种艰难险阻，经受饥寒伤病的种种磨难。在无数难以想象的困难面前，红军并没有被征服、吓倒，并没有被消灭，反而在长征中获得发展壮大，这是因为红军具有坚定的理想信念：为民族独立和人民解放，不懈奋斗。

由此可见，具有理想信念的人，是不可战胜的人。

习总书记高度凝练地总结了长征精神五个方面的深刻内涵："伟大长征精神，就是把全国人民和中华民族的根本利益看得高于一切，坚定革命的理想和信念，坚信正义事业必然胜利的精神；就是为了救国救民，不怕任何艰难险阻，不惜付出一切牺牲的精神；就是坚持独立自主、实事求是，一切从实际出发的精神；就是顾全大局、严守纪律、紧密团结的精神；就是紧紧依靠人民群众，同人民群众生死相依、患难与共、艰苦奋斗的精神。"

坚定的革命理想信念，既是长征精神的组成，也是长征精神的基础，更是长征精神的灵魂。

【设计意图】对长征精神进行总结和提炼，告诉学生具有理想信念的人，是不可战胜的人。

四、长征精神代代传

师：习总书记说："每一代人有每一代人的长征路，每一代人都要走好自己的长征路。""我们这一代人的长征，就是要实现'两个一百年'奋斗目标、实现中华民族伟大复兴的中国梦。"

也就是说，我们这一代人的长征路是：为中国人民谋幸福，为中华民族谋复兴。我国社会主义建设已经取得了举世瞩目的伟大成就，但我们必须清醒地认识到，我国正处于并将长期处于社会主义初级阶段，人口多、底子薄、发展不平衡仍然是我国的基本国情，要实现"两个一百年"奋斗目标，要实现中华民族伟大复兴的中国梦，还有很长的路要走，还会遇到这样那样的困难和风险，还要进行长期的艰苦奋斗。

同学们，红军不怕远征难，长征精神代代传。一代人有一代人的长征路，让我们继承和弘扬长征精神，为了实现中华民族的伟大复兴，一起出发，走好我们这一代人的长征路。

【设计意图】鼓励学生继承和弘扬长征精神，走好我们这一代人的长征路。

第12节　中国力量——"两弹一星"精神

宁乡市德育名师工作室　刘令军

【班会背景】

班上的学生大都来自物质条件优越的家庭，很多学生从小被溺爱、被娇惯，缺少生活的磨砺，在学习上、生活中遇到一丁点儿困难、挫折，就意志消沉、精神颓废。学校培养人，不能只是灌输一些知识，最重要的培养其精神。这节班会课，以"两弹一星"精神为载体，让学生认识到：上世纪五六十年代的中国，之所以有力量，不是因为物质有多么充裕，技术有多么先进，设备多么精良，而是因为那个年代的人，在困难和压力面前，有不害怕吃苦、不畏惧艰难、不消极后退的精神。一个人，如果他的骨子里有迎难而上意志，有勇往直前的勇气，有自强不息的精神，才是真正有力量的人。

　　适用年级：八年级下学期。

【班会目标】

　　（1）认知提升："两弹一星"是一种强悍的中国力量，其实中国真正的力量不是来自武器，而是来自中国人的精神，"两弹一星"精神给了中国人迅速崛起的力量。

　　（2）价值塑造：一个人的力量来自他的精神。

　　（3）外化于行：面对困难，百折不挠，积极进取。

【班会准备】

　　（1）资源：《原子弹研究的背景》视频片段，《第一颗原子弹爆炸》视频片段。

　　（2）思路：以力量为主线，分析中国国家力量的来源，解读人力量的来源。

一、介绍"两弹一星"的具体内容

　　师：今天聊聊"两弹一星"的话题，大家知道什么是"两弹一星"吗？

　　生："两弹"指的是原子弹和导弹，"一星"指的是人造卫星。

　　师：你说对了一部分。老师详细地考证过，这"两弹一星"的内容，有一个发展的过程，经历了最初、后来和现在三个阶段。最初："两弹一星"指原子弹、氢弹、人造卫星。后来："两弹"中的原子弹和氢弹合称核弹，另一弹指早期研发的导弹。现在："两弹一星"指导弹、核弹、人造卫星。

　　师："两弹一星"是杀伤力非常大的尖端武器，大家想想看，在五六十年代，中国为什么要发展这样的尖端武器？大家看，1949年的北京前门火车站广场是这个样子的，那个时候主要的交通工具还是自行车，物质匮乏，吃饭都成问题，但是在这种条件下，中国居然还要发展"两弹一星"。

　　生：因为国际形势紧张，为抵制帝国主义的武力威胁和核讹诈，保卫国家安全，维护世界和平。

　　师：嗯，讲得特别好：保卫国家安全，维护世界和平。中国人历来是热爱和平的。但是有一个问题，按照常理来讲，武器的杀伤力越大，这个世界的危险性就更大，为什么维护世界和平，不是销毁武器，而是反过来发展尖端武器呢？

　　生：因为"两弹一星"会让中国变得更有力量。

师：对！"两弹一星"会让中国变得更有力量。在这里，我想说的一个关键词是力量平衡。大家知道力量平衡是啥意思不？

生：就是力量对等。

师：对！两个国家之间，只有在力量对等的情况下，才会相互忌惮，才会和平相处。如果双方之间力量不对等，就没有和平可言。大家想一想，旧中国为什么会被别国侵略？国土为什么被瓜分？人民为什么会被奴役？就是因为中国力量太小，一直在挨打。

【设计意图】介绍"两弹一星"的具体内容，解读发展"两弹一星"的根本目的：保卫国家安全，维护世界和平。

二、介绍研制"两弹一星"的过程

师：我们来看一段视频。（播放《原子弹研究的背景》视频片段）中国为什么要研制原子弹？

生：是为了应对美国的核讹诈。

师：我们来看一看毛主席面对核讹诈是怎么说的。（请一个学生朗读）

美国的那点原子弹消灭不了中国，即使美国原子弹威力再大，投到中国来了，把地球打穿了，炸毁了，对太阳系说来，还算一件大事情，但对整个宇宙来说，也算不了什么。

师：毛主席这句话，你读到了什么？

生：霸气。

生：谈笑风生。

生：自信。

生：势不可挡的决心。

师：好！再请一个同学读一遍，请读出来霸气、谈笑风生、自信、势不可挡的决心。（学生再读）

师：面对美国的核讹诈，毛主席有没有害怕？

生：没有，毛主席谈笑风生，满满的自信。

师：你觉得毛主席有力量吗？他的力量来自哪里？

生：读他这一句话，就觉得毛主席很有力量，他的力量来自他内心的意志。

师：对！一个人力量的来源，是他内心的意志。现在，研制"两弹一星"的决策定了，接下来，就是研制了。大家说，研制"两弹一星"，最需要的是什么？

生：人才，技术，钱。

师：说得对。我们先来看人才的来源：

研究"两弹一星"的23名科学家：

于敏、王大珩、王希季、朱光亚、孙家栋、任新民、吴自良、陈芳允、陈能宽、杨嘉墀、周光召、钱学森、屠守锷、黄纬禄、程开甲、彭桓武、王淦昌、邓稼先、赵九章、姚桐斌、钱骥、钱三强、郭永怀。

师：23位元勋中只有于敏和钱骥没有留学经历。当时这些科学家都在海外留学，当他们得知祖国建设需要他们的时候，他们都义无反顾地回来了。但是回国路充满了艰辛。

彭桓武：

1935年毕业于清华大学。1940年获英国爱丁堡大学哲学博士学位。

1948年当选为爱尔兰皇家科学院院士。

1955年被选聘为中国科学院学部委员（院士）。

当彭桓武被问到为什么回到祖国时，他说："回国不需要理由，不回国才需要理由！"

钱学森：

美国海军部副部长丹尼尔·金贝尔："钱学森这个人知道的东西太多，无论如何不能让他回国。"在美国当局看来，钱学森一个人就抵得上五个师的兵力，因为他掌握着火箭武器的重大秘密。

1950年8月23日，钱学森向美国海军部副部长丹尼尔·金贝尔正式辞行。9月，钱学森送到海关的八只木箱，被联邦调查局以涉及美国机密文件为由扣押。

9月6日，钱学森被以莫须有的企图运输秘密科学文件的罪名拘禁到特米诺岛，被关押13天，遭受非人折磨，房间里的灯，晚上每三分钟就亮一次。

出狱后的钱学森，进入被限制自由、监听与跟踪的软禁生涯之中，甚至每个月都要到美国司法部移民归化局"报到"，但软禁生涯并未动摇归国意志。

1955年夏天，钱学森给祖国写了一封信，在信中他写道："被美国政府拘留今已五年，无一日、一时、一刻不思归国参加伟大的建设……"这封信辗转了大半个地球，终于送达周恩来的手中，最终，在中国政府提前释放11名美军战俘的情况下，美国同意钱学森回国。周恩来后来评价，换回来一个钱学森，值！

1955年10月8日，钱学森一家经香港过罗湖口岸回到祖国。

师：现在，我们坐飞机到美国，大概需要15个小时，但是当年钱学森回国，用了多长时间？

生：五年时间。

师：这么多的阻拦，这么多的困难，这么长的时间，钱学森最终回来了。你觉得他有力量吗？他的力量来自哪里？

生：有力量，来自他内心的意志。

师：我们再来看看技术的来源。（PPT出示邓稼先的全家福）邓稼先的妻子名叫许鹿希，是北京医学院的一位老师。为了研究原子弹，邓稼先离开自己的妻子和孩子，隐姓埋名28年，在1985年的时候，她终于等到了自己的丈夫，但是这时自己的丈夫已经是一位61岁的老人了，而且因为原子弹研究的过程中的核辐射，邓稼先已经是一位癌症晚期患者。

师：看看这张全家福，邓稼先多么年轻，多么意气风发。但是妻子再见他的时候，他已经61岁了，生命无多了。他干什么去了？

生：他研究技术去了。

师：（PPT出示郭永怀的手提公文包的照片）1968年12月5日，郭永怀从青海试验基地赴北京汇报，因飞机失事不幸遇难，时年59岁。当人们从机身残骸中寻找到郭永怀时，吃惊地发现他的遗体同警卫员紧紧抱在一起。烧焦的两具遗体被吃力地分开后，中间掉出一个装着绝密文件的公文包，竟完好无损。

师：身体都烧焦了，他们不疼吗？

生：肯定很疼。

师：他们为什么没有放手？

生：因为他们保护东西比生命更重要。

师：你们觉得他们有力量吗？他们的力量来自哪里？

生：有力量，来自他们内心必胜的信念。

师：我们再来看看物质的来源。（PPT出示邓稼先的照片）中国研制原子弹正值三年困难时期，尖端领域的科研人员虽有较高的粮食定量，却因缺乏油水，仍经常饥肠响如鼓。邓稼先从岳父那里得到一点粮票的支援，却都用来买饼干之类，在工作紧张时与同事们分享。

师：能吃饱饭吗？

生：不能，常饥肠响如鼓。

师：连饭都吃不饱，你觉得他们有力量吗？

生：有！他们的精神力量很强大。

师：对！就是这些中国人，他们的力量汇聚起来，就成了中国力量。这种力量非常磅礴，势不可挡。1964年10月16日，罗布泊沙漠腹地，一声惊天"雷鸣"，中国的第一颗原子弹爆炸了。（播放《第一颗原子弹爆炸》视频片段）

邓小平曾说："如果六十年代以来中国没有原子弹、氢弹，没有发射卫星，中国就不能叫有重要影响力的大国，就没有现在这样的国际地位。这些东西反映一个民族的能力，也是一个民族、一个国家兴旺发达的标志。"

师：（总结）"两弹一星"，彰显的就是中国力量。中国有了力量，也就有了维护和平的能力。

【设计意图】通过介绍研制"两弹一星"的过程，让学生明白，中国力量是所有中国人凝聚起来的力量，中国力量不是物质的力量，不是技术的力量，而是人精神的力量。

三、"两弹一星"精神的凝练和传承

师：基于"两弹一星"的研制，中国人凝聚出了"两弹一星"精神。大家说说看，"两弹一星"精神有哪些内涵？（师生总结）

"两弹一星"精神：

热爱祖国，无私奉献；

自力更生，艰苦奋斗；

大力协同，勇于攀登。

师：同学们，在"两弹一星"元勋中，有一位就是我们家乡人，这个人就是周光召。2018年4月24日，周光召在宁乡一中发表讲话：

当年参加这个工作的几十万人，现在差不多都已经过了退休年龄，其中很多已经去世。那么他们最希望的是什么？他们最希望的是把他们这一生在贡献过程中所感受到的一种精神，能够传递给我们的年轻一代……要使得这种精神能在我们年轻一代的中间不断地发扬，不断地壮大……

师：周老先生，他想传递给下一代的是什么精神？（师生总结）

"两弹一星"精神最核心的是：

（1）自强不息精神；

（2）科学精神；

（3）协作精神；

（4）献身精神。

师：同学们，精神就是力量，今天的中国之所以有力量，是因为我们有"两弹一星"精神。这种精神不应该只是老一辈的精神，这种精神需要传承，一代一代向下传递，我们中国才会越来越有力量。有的同学说，我在学习中遇到了困难，我不想读书了；有的同学说，我在生活中遭遇了挫折，我已经心灰意冷了。老师说，只要你的内心，有迎难而上的勇气，你就具有了战胜一切困难的力量，没有谁能阻挡你前进的步伐。

【设计意图】人的力量来自他的精神，不害怕困难的人，意志坚定的人，有必胜信念的人，才是最有力量的人。

第 3 章

理性成长·拼尽全力·家国情怀

第 1 节　成功一定有方法

宁乡市德育名师工作室　周霞

【班会背景】

进入九年级以后，随着知识难度的增大，班上出现了学习畏难情绪，一些学生看上去也很努力，但成绩老是不能进步。有学生说："老师，我真的已经尽力了，每天都学习到很晚，但效果就是不佳。"我观察这些学生，之所以不能进步，是因为他们一直在采用小学阶段沿袭过来的方法，死记硬背、反复刷题，从来没有想过要改变一下自己的学习方法，重复旧的方法就只能得到旧的结果，而要想突破已有的困境，就必须改变已有的方法。为了帮助这些遇到困难的学生摆脱困境，特组织本次班会课。

适用年级：九年级上学期。

【班会目标】

（1）认知提升：知晓"成功就是有效达成自己的预期目标"的概念，知晓费曼学习法和思维导图学习法的操作流程。

（2）价值塑造：重复旧的方法只会得到旧的结果，要想得到新的结果就必须采用新的方法。

（3）外化于行：遇到困难积极主动寻找解决问题的方法。

【班会准备】

（1）资源：10秒钟鼓掌的游戏，视频《成功就是简单的事情重复做》，费曼学习法和思维导图学习法。

（2）思路：通过10秒钟鼓掌的游戏，告诉学生重复旧的方法，就只会得到旧的结果，而要突破，就必须去找新的方法。学习上也是如此，要实现成绩进步，就必须改变我们的方法。

一、情境体验活动：10秒鼓掌

1. 活动导入

师：请同学们以热烈的掌声，开启本堂课的教学，10、9、8、7、6、5、4、3、2、1。谢谢同学们的热情，接下来，老师想采访几位同学，刚刚有没有留意你在这10秒钟内大概鼓了多少次掌？

生：20次。

生：22次。

师：那大家觉得10秒钟我们可以鼓多少次掌？

生：20～25次。

2. 活动再体验

师：我们现场来体验一下，老师计时，大家一边鼓掌一边计数，看看10秒钟内我们可以鼓多少次掌。（老师采访两位同学）

生：25次。

生：28次。

师：有进步。大家觉得这个次数还可以往上增加吗？我们再来试一次。老师计时，大家一边鼓掌一边计数。（同学们自由报出鼓掌的次数）

3. 活动新体验

师：我们进行了两次体验活动，在10秒钟内同学们最多的鼓了28次掌。如果我们重复旧的方法，就只能得到旧的结果。现在老师想跟你们提一个目标，在10秒钟内鼓掌50次，你们觉得有可能吗？小组讨论三分钟，我们怎样才能让自己达成这个目标？请大家注意，要想得到新的结果就必须采用新的方法。

［让同学们自由讨论之后引导得出在最短的时间内想要鼓掌次数最多的方法：（1）接触面要尽可能的小；（2）两手之间的距离尽可能的短；（3）数数的方法很重要。］

4. 体验成功

师：找到新的方法后，大家自由练习一会儿。等下我们再来检验是否可以达成老师提的目标。稍微练习之后老师再次计时，大家一边鼓掌一边计数。达成目标的同学请举手。

5. 总结

师：这个体验活动告诉我们：成功一定有方法。请大家跟我大声读这句话：重复旧的方法只会得到旧的结果，要想得到新的结果就必须采用新的方法。

【设计意图】通过 10 秒鼓掌游戏，由之前的 20 多次，到最后的 50 次，让学生明白"成功一定有方法"。

二、我为成功找方法

师：既然成功一定有方法，那么我们怎样找到成功的方法呢？先来了解一个概念，什么是成功？成功就是指达成预期目标。由这句话看，我认为成功有两个关键词：一个关键词是"预期目标"，一个关键词是"达成"。

在刚刚的鼓掌体验活动中，我们的预期目标是 10 秒钟之内鼓掌 50 次。如果我们做到了 10 秒钟鼓掌 50 次，那么我们就成功了。反之，则不成功。在找到正确的方法之后，我们很多同学都成功了。试想一下，假如老师要求你们 10 秒钟鼓掌 100 次或者 200 次，会出现什么样的局面？所以，我们要成功，正确地设定预期目标很重要。

1. 介绍方法一：分解目标

师：先请大家看一个日本马拉松运动员山田本一的故事。

1984 年，在东京国际马拉松邀请赛中，名不见经传的日本选手山田本一出人意外地夺得了世界冠军。当记者问他凭什么取得如此惊人的成绩时，他说了这么一句话：凭智慧战胜对手。

两年后，意大利国际马拉松邀请赛在意大利北部城市米兰举行，山田本一代表日本参加比赛。这一次，他又获得了世界冠军。记者又请他谈经验。

山田本一性情木讷，不善言谈，回答的仍是上次那句话：用智慧战胜对手。这回记者在报纸上没再挖苦他，但对他所谓的智慧迷惑不解。

十年后，这个谜终于被解开了，他在他的自传中是这么说的：每次比赛之前，我都要乘车把比赛的线路仔细地看一遍，并把沿途比较醒目的标志画下来，比如第一个标志是银行，第二个标志是一棵大树，第三个标志是一座红房子……这样一直画到赛程的终点。40 多公里的赛程，就被我分解成这么几个小目标轻松地跑完了。

师：山田本一成功的原因是什么？

生：把大目标分解成小目标。

师：把大目标分解成小目标有什么好处？

生：容易达成。

师：我们把达成预期目标叫作成功，也就是说把大目标分解成一个个小目标容易成功。每经过一定努力，小目标达成了，成功的体验就产生了，这成功的体验又继续激励自己向目标行进。所以，成功一定有方法，方法一就是分解目标，正确地设定预期目标，并把预期目标分解成一个个容易达成的小目标。

同学们，你们有目标吗？老师想请大家列出自己目标，并进行量化描述。

人生目标	量化描述
学习目标	
健身目标	
才艺目标	

师：接下来，请大家将自己的目标进行分解，大目标—小目标—更小的目

标—即时目标。

美国思想家、文学家、诗人爱默生有一句名言："心向着自己目标前进的人，整个世界都会给他让路。"

2.介绍方法二：改进方法

师：目标确定以后，接下来就是怎么样达成目标了。老师想了解一下，当前阻碍你达成目标的最大困难是什么？

生：老师，我现在遇到的最大困难是学习目标的达成。

师：说说你的学习目标是什么。

生：我的学习目标是数学、物理都达到优秀，可是现在才刚刚及格。

师：数学和物理这两个学科，你用的是什么学习方法？

生：就是记忆概念，然后刷题。

师：你是不是觉得已经尽力了？

生：是的，已经尽力了，但是成绩一直没有进步。

师：那老师用两句话告诉你成绩不进步的原因在哪里。

生：您说。

师：第一句话是，重复旧的方法，只能得到旧的结果。所以你即使很努力，获得的照样是旧的结果。

生：有道理！以前我可能一直没有意识到这个问题。

师：第二句话是，要想得到新的结果就必须采用新的方法。

生：有道理！老师，您能教我一些新的方法吗？

师：好。老师教你的第一种方法是费曼学习法。

费曼其人：他是诺贝尔物理奖获得者，美国人。13岁学完微积分；24岁加入曼哈顿计划天才小组，研发原子弹；33岁在加州理工学院授课，深受学生欢迎；47岁获得诺贝尔物理学奖。

费曼学习法的价值：运用费曼技巧，你只需花上20分钟就能深入理解知识点，而且记忆深刻，难以遗忘。

师：这样的方法，你们想不想学？

生：（齐）想！

师：关于费曼学习法的关键技术，我讲一个故事给大家听听。

有一位农民父亲，他的女儿上了清华，儿子上了北大。

有人问："你两个孩子学习这么厉害，是不是有什么绝招？"

农民父亲说："我这人没什么文化，也不懂什么绝招。只是觉得孩子上学花了那么多钱，不能白花了，就让孩子每天放学回家，把老师在学校讲的内容跟自己再讲一遍，如果有弄不懂的地方就问孩子，如果孩子也弄不懂，就让孩子第二天问老师。这样一来，花一份钱，教了两个人。"

这位父亲所用的，就是费曼学习法，只是他没意识到而已。

生：关键技术就是就这么简单，跟别人讲授一遍？

师：是的。你以前用过这种方法吗？

生：很少用过。

师：那你们问问我们班的学霸，他是不是经常教别人做题？

生：老师，是的，之前经常有同学问我如何解题，没想到这居然就是费曼学习法。

师：对，你也是在用费曼学习法，只是自己没有意识到而已。

费曼学习法的操作步骤是：

（1）选择一个你想要理解的概念；

（2）给一个基础不是太好的人讲授这个概念；

（3）如果你卡壳了，回到书本再学习，再理解；

（4）用你自己的语言，向对方讲授这个知识点。

师：方法就这么简单，你愿意去尝试吗？

生：老师，我愿意尝试。

师：第二种高效学习的方法，叫思维导图学习法。

班长的苦恼

新学期到来了，班长小文需要向同班同学讲清楚班级文化和班级活动要求。

这是她拟的讲话稿：

大家好！这学期为了提高大家的成绩，我们每个月会进行月考，每次考试会设进步奖。以后我们要更加注意卫生，每个小组轮流打扫卫生，班委会要加强检查。为了增加大家的阅读量，班级会定期组织课外阅读竞赛。我们的班级风气是"有我更美好"，所以需要所有人都有主人翁精神。希望大家好好学习，天天向上，争创优良班风班级，我相信大家一定能发出自己的光和热。

师：这一段讲话稿，你们听懂了吗？

生：有点糊涂，不知道他到底想表达什么。

师：如果我们把班长小文的讲话内容整理一下，就会很清楚地知道他想干什么了。

师：看到这个图，你们看懂了吗？

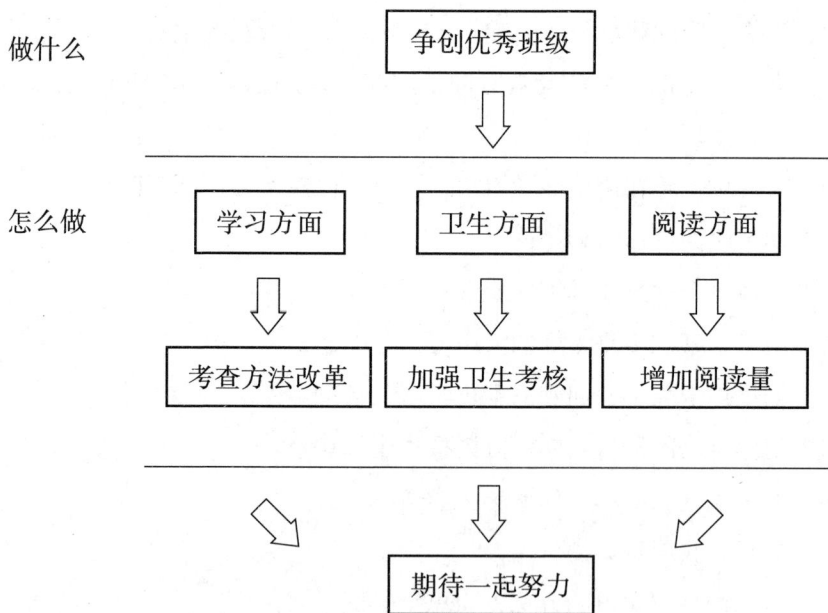

做什么 争创优秀班级

怎么做 学习方面 卫生方面 阅读方面

考查方法改革 加强卫生考核 增加阅读量

期待一起努力

生：看懂了，要从三个方面努力。

师：这就是思维导图学习法的特点，有逻辑顺序容易记，有结构层次容易懂。想不想学这种方法？

生：（齐）想呀！

师：思维导图的制作步骤：

（1）在中间画中心图案或者写核心概念；

（2）画第一级分支，它反映先后顺序、流程步骤或事情的分类；

（3）画第二级分支，它是一级分支的详细描述、具体的事物和标准。

老师就以证明等边三角形的方法为例，给大家示范一下怎么制作思维导图。老师的这个教学软件，叫希沃白板，特别适合做思维导图。当然，大家不用这个软件，就是用一张白纸、一支笔，也同样可以画思维导图，来，大家跟我一起画。

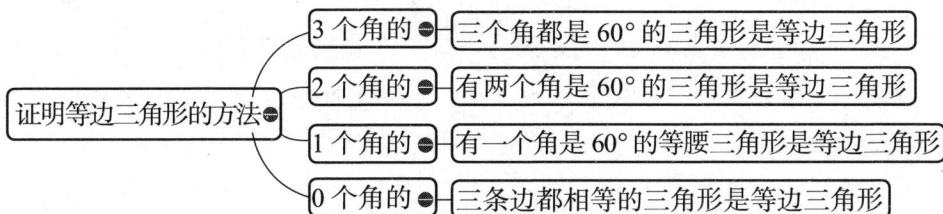

证明等边三角形的方法
- 3 个角的 —— 三个角都是 60° 的三角形是等边三角形
- 2 个角的 —— 有两个角是 60° 的三角形是等边三角形
- 1 个角的 —— 有一个角是 60° 的等腰三角形是等边三角形
- 0 个角的 —— 三条边都相等的三角形是等边三角形

你们看一遍这个思维导图，能不能把证明等边三角形的所有方法都快速记下来？

生：老师，你说得对，这种方法真的太有效了。

师：当然，不只是学习目标，我们的健身目标、才艺目标的实现，都可以找到更科学的方法。

3. 介绍方法三：坚持不懈

师：我为成功找方法，第三种方法就是坚持不懈。成功就是简单的事情重复做。我们来看一个视频。（播放视频《成功就是简单的事情重复做》）

师：在成功的道路上，你如果没有耐心去等待成功的到来，那么，你只好用一生的耐心去面对失败。

费曼学习法，思维导图学习法，以及其他一些方法都很好，关键在于能不能去坚持。

【设计意图】让学生明白成功一定有方法，重复旧的方法只能得到旧的结果，要想得到新的结果，就必须采用新的方法。

三、活动总结

师：成功一定有方法，成功的方法除了今天我们找出来的，肯定还有很多很多。我们要明白，那些成功的人士之所以成功，一定有道理，一定有方法，也一定有原因。今天这节课我们不一定能找到打开成功大门的钥匙，但老师想传递给大家一种思维方式，那就是重复旧的方法只能得到旧的结果，要想得到新的结果，就必须采用新的方法。希望今天老师传递给你们的这种思维方式能对你的人生有所帮助，老师也祝愿我们在座的每一位同学都能与成功握手。期待大家对自己认定的东西，坚持到底，永不放弃。在前进的道路上，我们不是因为看到了希望，才去坚持，而是因为坚持了，才会看到希望。

【设计意图】激励学生改变思维方式，除了要敢于去改变自己之前的方法，更重要的是坚持到底，永不放弃。

第2节　学会管理好我们的课余时间

宁乡市德育名师工作室　彭创意

【班会背景】

进入九年级以后，有很多学生不能管理好自己的课余时间：有一些学生用整个上午的时间玩游戏，到了晚上身心疲惫的时候再做作业；有一些同学总觉得有很多事情要做，但不知道从何做起，浑浑噩噩中发现最重要的事情没有做好，不重要的事情做了一些。为了指导学生做好节假日的时间管理，特设计本次班会课。

适用年级：九年级上学期。

【班会目标】

（1）认知提升：知晓课余时间、时间管理的概念，以及时间管理的本质。

（2）价值塑造：重要的事情优先做。

（3）外化于行：有时不我待的紧迫感，合理安排自己的节假日时间，能采用学到的时间管理方法合理安排自己的时间。

【班会准备】

（1）资源：用希沃白板制作的交互式课件，背景音乐。

（2）思路：从学生上一个假日的时间流水账切入，分享时间管理的方法，最后用学到的知识，进行下一个假日的时间规划。

一、一起来给课余时间下定义

师：同学们，这一节课我们来聊聊课余时间的话题。首先，我们要做一件事情，就是给课余时间下一个定义，大家认为什么样的时间属于课余时间？

生：课余时间就是指放学以后的时间。

生：课余时间就是指节假日时间。

生：课余时间就是指在家的时间。

……

师：综合大家意见，我们给课余时间下一个这样的定义：课余时间，指的是学生上学前、放学后、节假日等完成正常课业任务以外的自由时间。为了了解大家在课余时间都干些什么，老师想开展一个实话实说的活动，你的课余时间都在干些什么事情呢？这是调查，因此你实话实说，不用担心会受到老师的批评。

生：打球。

生：刷题。

生：玩手机。

……

师：感谢大家实话实说。现代著名学者胡适先生有一句名言："人与人的区别在于八小时之外如何运用。"这句话是针对成人说的，所谓"八小时"就是指工作时间，"八小时之外"就是指工作之外的时间，相当于我们学生的课余时间。如果这句话迁移到我们学生身上，大概可以说成"学生与学生之间的区别在于课余时间如何运用"，大家能理解这句话的意思吗？

生：我理解，这句话的意思就是我们学生之间的区别，就在于如何利用这课余时间。

师：我们必须思考一个问题，那就是课余时间是用来干什么的？

生：课余时间是用来放松身心的。

生：课余时间是用来查漏补缺的。

生：课余时间是用来补觉的。

……

师：对于这个问题，学霸的回答是：课余时间是用来超越的。课余时间将决定一个人的未来。

【设计意图】通过给课余时间下定义，让学生理解课余时间的概念，自由畅谈自己的认识，用学霸的回答引出核心观点：课余时间是用来超越的。

二、记录上一个假日的时间流水账

师：老师这里有一个表格，请大家回顾一下，上一个假日，你的时间是怎么溜走的？请填写这个表格。

［倒计时五分钟，播放背景音乐。老师巡回穿梭，用手机拍摄一张学生填写的有代表性（时间没有利用好）的时间流水账，上传到课件。］

师：这是某某同学上一个假日的流水账，大家讨论一下，某某同学哪些时间没有利用好？

生：某某同学上午的时间，都用来睡觉和玩游戏了，我觉得太浪费了。

师：为什么觉得浪费了呢？

生：因为上午的时间比较宝贵，用来学习比较好。

师：如果是你，你会用什么时间来睡觉？什么时间来玩游戏？

生：如果是我，我会用中午的时间来睡觉，晚上的时间来玩游戏。

师：同学们，如果我们把睡觉的时间和游戏的时间调整一下，大家认为会有什么好处？

生：这样调整的好处就是学习效率会高很多，花同样多的学习时间，学习成绩会更好。

师：说得很好，对时间进行调整，这样一个过程就是时间管理。一般情况下，学习成绩优秀的学生，都是时间管理的高手。我们一起来给时间管理下一个定义吧。

生：时间管理就是对时间做出规划。

生：时间管理就是对时间进行高效率使用。

生：时间管理就是要实现某个既定目标。

……

师：综合大家的意见，我们给时间管理下一个定义。时间管理，就是指通过事先规划，对时间进行有效运用，从而实现某个既定目标的过程。

时间的四大特性：（1）无法开源，时间的供给量是固定不变的；（2）不可取代，任何一项学习成绩的取得都有赖于时间的堆砌；（3）无法节流，无论你愿不愿意，时间都会流逝；（4）不可再生，时间向前奔流，一去不复返。

我们为什么要进行时间管理？

创新工场创始人李开复有一段话，足够说明这个道理，老师想请一个同学把这段话读一遍。

生：（朗读）人的一生两个最大的财富是：你的才华和你的时间。才华越来越多，但是时间越来越少，我们的一生可以说是用时间来换取才华。如果一天天过去了，我们的时间少了，而才华没有增加，那就是虚度了时光。所以，我们必须节省时间，有效率地使用时间。

师：你的声音很洪亮，老师很喜欢。现代管理学开创者彼得·德鲁克也有关于时间管理的论述，再请一个同学读一读。

生：（朗读）时间是最高贵而有限的资源，不能管理时间，便什么都不能管理。

师：你的普通话很标准，吐词很清晰。能不能做好时间管理，往往也是一个人能力的体现。事业有成的人，可能成功原因有很多种，但是，他们的共同之处就是，往往都是时间管理的专家。

时间管理和金钱管理很相似，老师为了让大家理解时间管理的原理，在这里做了一个类比：

金钱管理，就是要做到三点：（1）不浪费钱；（2）买最该买的东西；（3）同样的钱，买得最多。

时间管理，也是要做到三点：（1）不浪费时间；（2）做最该做的事；（3）同样时间，成果更多。

【设计意图】通过对时间管理下定义，让学生理解时间管理的概念、时间管理的意义，以及时间管理的三大特性。

三、如何管理好我们的时间

师：有同学问，时间管理既然有这么多好处，那么，有什么好方法吗？有！人类是最具智慧的一个生灵群体，有企业界的，也有教育界的成功人士，总结了很多实用的时间管理方法，供我们学习和借鉴。

老师推荐给大家的第一种时间管理方法叫十字时间管理法。我们可以把要做的事情按照紧急、不紧急、重要、不重要的排列组合分成四个象限，这四个象限的划分有利于我们对时间进行深刻的认识及有效的管理。

第一象限：紧急而重要的事情。

第二象限：紧急但不重要的事情。

第三象限：不紧急不重要的事情。

第四象限：不紧急但重要的事情。

接下来，老师想请大家进行思考，在我们的学习生活中，有哪些事情可以分别放入这四个象限？为了节省时间，我们进行分工合作，第一大组的同学思考紧急而重要的事情，第二大组的同学思考紧急但不重要的事情，第三大组的同学思考不紧急不重要的事情，第四大组的同学思考不紧急但重要的事情。

（学生思考一分钟。）

生：熟记当天学的英语单词，是紧急而重要的事情，因为明天又要学新课，要用到这些单词。

生：打扫教室卫生，是紧急但不重要的事情。

生：玩游戏，看小说，是不紧急不重要的事情。

生：提高写作水平，英语口语练习，整理错题集，是不紧急但重要的事情。

……

师：老师梳理了一下，在这四个象限里，找到了这样一些事情。

紧急且重要的事情：（1）背诵当天学的英语单词；（2）理解记忆当天学的

数学公式；（3）记忆物理化学公式……

紧急但不重要的事情：（1）完成数学作业；（2）完成语文作业；（3）完成英语作业……

不紧急不重要的事情：（1）玩游戏；（2）看小说；（3）闲聊、闲逛……

不紧急但重要的事情：（1）提高学习能力；（2）提高思维品质；（3）提高动手操作能力……

老师想请大家对照一下，这四个象限里，你花费时间和精力最多是哪几个象限里的事情？

（学生思考一分钟。）

生：我好像在第二、三象限里花费的时间最多。

生：在第一、二象限花费的时间最多。

师：大家认真思考一下，从你未来发展需要的角度来讲，你认为最应该花时间的是哪些象限的事情？

生：老师，您这么一说，我瞬间就明白了，应该是第一、四象限的重要的事情，但实际上，我们花费主要时间和精力的，往往是第一、二象限的紧急的事情。我发现我之前都用错方法了，从没有想过这个问题：时间要进行管理，才能充分运用好。我忽然就理解了您说的时间管理的原理——同样时间，成果更多。

师：你的思维很敏捷，也说得很对，决定我们未来成就的，其实是重要的事情，而不是紧急的事情。一个人十年以后的成就，取决于他目前的时间管理。所以，我们应该给自己确定一个原则，那就是一定要给自己重要的事情找到时间来做。无论事情多么繁忙，我们都不能落下的是重要的事情。

我们再来诊断一下，某某同学的上一个假日，哪事情是重要的，哪些事情是不重要的？

生：记英语单词50个、复习物理第三单元、梳理历史知识点、做家务活，这些都是重要的，而玩游戏、看小说，都是不重要的。

师：老师推荐给大家的第二种时间管理方法是二八法则。

什么是二八法则呢？就是每个人在不同的时段，做事的效率是不同的，一天中只有20%的时间，精力最好，80%的时间，精力较差。而这20%精力最好的时间，却创造了一个人 80% 的业绩。

生：原来如此呀，那我以前的时间都没有管理好，难怪看上去已经很努力了，但一直成不了学霸。

师：你一般什么时间学习状态最好，学习效率最高？

生：我是上午 9 点到 11 点，下午 3 点到 5 点的状态最好。

师：课余时间的这些时段你一般在干什么？

生：都在刷题。

师：那你认为这些时段适合做什么事情？

生：适合识记英语单词，适合记忆数学、物理、化学公式，等等。因为这些都是根基性的知识，是决定我们的知识大厦能不能建得很高的基础。

师：你说得很好，老师相信不久之后，我们班的一个新学霸将要横空出世了。

生：老师，您这么一说，我明白了，也理解了，完成家庭作业固然紧急，其实不是最重要的，最重要的事情是我们的学习能力的提升，思维品质的提高。

师：看，又一个学霸诞生了。

老师推荐给大家的第三种时间管理方法叫番茄工作法。使用这种方法有这样一些流程步骤：

（1）每天开始的时候规划今天要完成的几项任务；

（2）设定你的番茄钟，时间是 25 分钟。

（3）开始完成第一项任务，直到番茄钟响铃（时间到）。

（4）停止工作，并在列表里该项任务后画个 ×。

（5）休息 5 分钟，活动、喝水、方便等。

（6）开始下一个番茄钟，继续该任务。

（7）每四个番茄钟后，休息 25 分钟。

我们再来诊断一下，对照番茄工作法，上一个假日，某某同学的时间安排是高效的吗？

生：老师，我发现问题了，连续学习的时间太长了，其中做数学试卷两个小时，不利于集中注意力，高效解决问题，应该将这张试卷分为两个番茄钟来完成。

生：还有一个问题，就是晚上英语学科的连续学习时间太长了，做试卷加背单词的时间加一起有三个小时。应该进行学科穿插，这样也有利于提高学习效率。

【设计意图】通过学习时间管理的三种方法，发现自己时间管理存在的问题，对学生进行价值塑造：重要的事情优先做，我们要给人生中最重要的事情找到时间。

四、制作下一个假日的时间管理计划表

师：这节课，老师给大家推荐了三种管理时间的方法。接下来，我们来做一个练习，运用今天学到的时间管理知识，做一张下一个节假日的时间管理计划表，怎么样？

生：好！

（播放背景音乐，时间三分钟。老师在教室里巡视指导，选择一张优秀的时间管理计划表拍照并上传到课件。）

师：（总结）时间管理本质就是一种自我管理，能让我们的学习和工作更高效。生命对于我们只有一次，合理安排时间，我们就是时间的主人，我们就可以在有限的生命中做出无限的事情。合理管理自己的时间，让我们的人生更有宽度，更有广度！

【设计意图】将所学知识运用于实践，以此提高学习效率。

第3节　嘘，请保持安静

宁乡市德育名师工作室　李旻

【班会背景】

班上的学生越来越浮躁，反映在课堂上，就是缺乏冷静思考，教室里总是有吵闹的声音，尤其是自习课，老师如果守在教室里还好，老师一旦离开教室，

马上就会有学生开始讲话；反映在学习的状态上，有部分学生明显有"理不清""坐不住""听不进""忙不停""改不了"的毛病。这些现象都说明，学生比较浮躁，静不下心来。为了帮助学生克服浮躁，让学生安静下来，特设计本节班会课。

适用年级：九年级上学期。

【班会目标】

（1）认知提升：安静具有很强大的力量——安静能体现一个人的文明素养，安静能提高我们的学习专注力，安静能提高我们的行动能力。

（2）价值塑造：外在的安静能使我们的内心逐渐宁静。

（3）外化于行：做一个内心宁静的学生。

【班会准备】

噪音音频，悦音音频，两张"舒尔特方格"图，注意力测试干扰音频，希沃课件。

一、不同的声音给我们不同的感受

师：老师上课前，收集了一些声音，我们一起来辨析一下，都是些什么声音？（播放噪声音频）

生：我听到了欢呼声、急刹车声、施工声、鸡鸣声、狗吠声、人群喧哗声。

师：你听得很仔细。听到这些声音，你有什么感受？

生：刺耳，让人感觉不舒服，内心烦躁。

师：这说明生活中的人声鼎沸，鸡鸣狗吠，让你无法静下心来。我们再来听第二组声音，你听到了什么？

生：小鸟叫声、山涧流水声、轻音乐声。

师：你喜欢这些声音吗？为什么？

生：喜欢，小鸟叫声、流水声、轻音乐，这些声音很悦耳，令人心旷神怡。

师：你说得很好，说明舒适轻缓的外界环境，会使我们内心宁静。

（PPT出示"各种声音分贝值及其对人的影响"的图片。）

师：衡量声音相对响度的单位是分贝，声音过大对人的身心健康会造成影响。看了这幅图，你发现了什么？

生：30 ~ 70 分贝的声音比较适宜，非常舒适，常出现于校园、森林等地。

生：但是，安静并不意味着无声，20 分贝以下令人恐惧！

师：高分贝容易让人烦躁，而过低又让人心生恐惧。人们最易接受 30 ~ 70 分贝的声音，这样会让人感到舒服。

【设计意图】以各种不同的声音引入，让学生去感觉，感受噪音与悦音的不同，体会安静环境给人舒适的感受。

二、嘈杂的外在环境让人浮躁

师：在喧嚣的现实生活中，很多学生在嘈杂的声音刺激下，已经安静不下来了。他们得了一种病，叫浮躁：浮，漂在水面上；躁，急躁。现代汉语词典的解释是：轻浮急躁。

浮躁心理的表现形式因人而异。经常性的表现为理不清、坐不住、听不进、忙不停、改不了等。

师：理不清，就是在自己支配的时间内，不知道该做什么，先做什么，后做什么，一会儿看看这本书，一会儿看看另一本。有没有这种现象？

生：这种现象我经常有，有时候就不知道自己要干什么，好像有很多的事情要做，就是不知道从哪里做起。做这件事情的时候，想起另一件事情重要，于是做另一件事情，做另一件事情的时候，又发现还有更重要的事情，又抛开眼前在做的事情，结果一天下来，什么事情都没有干好。

师：这就是你做事情缺乏条理，缺少重要程度的排序。

师：第二种表现就是坐不住，在课上找各种借口不听课，或是东张西望，交头接耳。有没有这种现象？

生：我经常有这种表现，原来是浮躁惹的祸。

师：第三种表现就是听不进，觉得课上老师讲的东西太"简单"，不值一听，或是哈欠连天，或是交头接耳，根本不管老师在讲什么。有没有这种现象？

生：这种表现我有，经常不认真听老师上课，原来是浮躁的毛病。

师：第四种表现就是忙不停，每一天都在烦躁的忙乱中度过，总觉得时间不够用，而内心却并不充实，感觉自己做了很多却没有什么收获。有没有这种现象？

生：这种表现我最典型，每天都很辛苦，又觉得每天都没有什么收获。

师：第五种表现就是改不了，浪费时间、虚度光阴后也时常后悔、自责。在老师批评和考试后，短时间内能意识到自己的错误，也能付出一定的努力，但几天之后，依然故我，虎头蛇尾，不了了之。有没有这种现象？

生：老师，您说的就是我。

师：怎么解决这些问题？

生：教室里不能吵闹。

生：我们自己要静下心来。

师：你们都说得很对。其实能帮助我们克服"浮躁"这个毛病的方法就是：做一个内心宁静的学生。（板书课题）

【设计意图】通过师生对话，引导学生认识自身存在的各种问题的根源，其实就是内心浮躁。而解决这些问题的方法，就是做一个内心宁静的学生。

三、安静的力量

师：那么，怎样才能做一个内心宁静的学生呢？有效的方法就是从做一个外在安静的人开始。

一个人的安静会表现在两个方面：表现于外，不吵闹，不喧哗；表现于内，不激动，不浮躁。内心宁静的形成，从外在的安静开始，然后经过感受和情绪向内传导，使我们内心逐渐安静下来。也就是说：外在的安静能使我们的内心逐渐宁静。

安静是一种力量。它在改善我们的环境时，也在改造我们自身的精神状态。

师：在阅览室里看书，我们应该怎么做？

生：只看书，不讲话。

师：安静的社会，其实蕴藏了人与人之间的互相顾及，互相尊重。安静是一种力量，它能展示我们个人的文明素养。

诸葛亮在他写的《诫子书》中，有一段关于静的论述，来，我们一起来读一读。

生：（齐读）夫君子之行，静以修身，俭以养德。非淡泊无以明志，非宁静无以致远。

师：这段话的意思是：有道德修养的人，依靠宁静来提高自身的修养，依靠节俭来培养自己的品德。不恬静寡欲无法明确志向，不排除外来干扰无法达到远大目标。你们会觉得那些在公共场合大声喧哗的人有素养吗？

生：不会，会鄙视那些吵闹的人。

师：北宋晁迥在他写的《昭德新编》里谈了安静的第二种力量，来，我们一起来读一读他的原话。

生：（齐读）水静极则形象明，心静极则智慧生。

师：这一段话的释义就是：在水面特别平静的时候，倒影就会很清晰，而人心在特别安宁平静的状态下自然拥有辨明是非、看破纷扰的智慧。

长期在安静的环境中生存长大的人，就容易处于思考状态，容易审察自己的生活与自己的生命质量，从而使自己的生命质量得到有效提升，使心灵充实，内心强大，遇到危难，会想出有智慧的理性办法。

我们来做一个"舒尔特方格"的小测验，这是一个专门检测人的注意力的测验。规则是：用手指按 1—25 的顺序依次指出其位置，同时诵读出声，施测者一旁记录所用时间。数完 25 个数字所用时间越短，注意力水平越高。

（老师请两个学生上台，一个计时，一个测试。先播放噪声音频，然后出示方格让学生测试。）

6	11	21	18	9
14	1	5	16	25
8	22	13	24	7
17	10	23	2	20
3	15	19	4	12

（测试完毕，让计时的学生公布时间。）

（请全班同学保持安静，换一个方格再做一次。）

4	17	9	14	23
10	20	3	16	19
22	7	12	2	8
24	1	18	25	15
6	13	21	11	5

（测试完毕，让计时的学生公布时间。）

师：两次的测试说明了什么问题？

生：人在安静的环境下，注意力更集中。

师：你说得很对。安静是一种力量，它能提高学习效率。做了这次测试以后，大家知道为什么我们要在上课、自习的时候保持安静了吧？

生：知道了，只有外部的环境安静，我们才能集中注意力，提高学习效率。

师：你说得很好。学习是一种特殊的劳动，需要开动大脑这架机器去思考、识记，它需要集中注意力才能完成，因此，我们需要一个安静的外部环境。当别人在学习时，如果你总是在说废话、做小动作，就会影响到你身边同学的注意力集中，这种损害别人利益的事情，我们不能做。

师：安静是一种力量，它能提高行动能力。一个人，说得多，就会做得少；反之，做得多，说得少。

【设计意图】解读安静的力量，让学生明晓保持安静的价值和意义。

四、一起来制定班级安静协议

师：为了提高我们班的学习效率，老师建议制定我们班的安静协议，大家认为应该包括哪些方面的内容？

生：上课，自习，就寝，就餐……

师：你说得很好，这些问题，我们一个一个来进行讨论。

第一个问题：早晨进入教室怎么做？

生：不吵闹，不追打。

生：不搬动课桌。

……

[综合大家的意见，梳理为：早晨进入教室，不管是何时，不管教室中有几个人，都不能吵闹、追打。我们要做到：（1）无声交作业；（2）大声晨读；（3）有值日任务的开始值日。]

师：第二个问题：平时上课怎么做？

生：不乱插嘴。

生：不在下面讲小话。

……

（综合大家的意见，梳理为：课堂上我们应该静静地倾听，静静地思考。不在下面讲小话，不乱插嘴，不借文具。）

师：第三个问题，自习课怎么做？

生：不能讲话。

生：不能吃东西。

……

（综合大家的意见，梳理为：学生自习期间，不能讲话、随意走动，遇到学习上的问题不讨论，在下课后解决，不吃零食。）

师：第四个问题，就餐怎么做？

生：自觉排队。

生：不喧哗。

……

（综合大家的意见，梳理为：安静地排队打饭，不插队，不请人代打，不喧哗，如果要与同学交流，尽量使用手势。）

师：第五个问题，就寝怎么做？

生：不开"卧谈会"。

生：不随意走动。

……

（综合大家的意见，梳理为：按时就寝，营造宁静的睡眠环境。就寝铃响以后不开"卧谈会"，不随意走动。）

师：刚才对于我们班的安静协议，大家都充分发表了意见，接下来，我们分工合作，将刚才大家的意见进行提炼整理，要求尽量做到言简意赅，每一条8～20个字。第一小组负责整理第一条，以此类推。给大家五分钟的时间。

（学生商定协议，并且当场输入电脑课件中。）

师：来，我们一起来朗读一遍我们自己制定的安静协议。（学生齐声朗读）

班级安静协议

1. 早晨进入教室：

入室即静，入室即学。

2. 安静上课：

不随意插嘴，不随意讲话。

3. 安静自习：

不讲话，不随意走动，不讨论，不吃零食。

4. 安静进餐：

安静地排队打饭，不插队，不喧哗，尽量使用手势。

5. 安静就寝：

按时就寝，不开"卧谈会"，不随意走动。

师：（总结）安静是一种美德，期待你的改变！外在的安静能使我们的内心逐渐宁静，为了让我们的外在形象更好，学习效率更高，行动能力更强，让我们从今天开始，能做一个内心宁静的学生。

【设计意图】让学生充分发表意见，自己制定安静协议，制定协议的过程就是学生反思的过程、价值塑造的过程。

第4节　用好手机这个工具

宁乡市德育名师工作室　刘令军

【班会背景】

手机作为人类的一个强大工具，可以帮助人类做很多事情，方便了人类的生活，大大提高了工作效率。但是，网络游戏的出现，让很多学生着迷，并且发展为游戏成瘾，人反而被手机给控制了。为了帮助学生认清手机的工具性，摆脱手机的控制，特设计本节班会课。

适用年级：九年级上学期。

【班会目标】

（1）认知提升：知晓网络成瘾的概念和心流的概念、特征与功能，知晓青少年学生玩手机游戏上瘾的真正原因和化解网络成瘾难题的具体方法。

（2）价值塑造：手机只是人类的一个工具，人应该展现主人翁姿态，有效使用工具，而不是反过来被工具给控制。

（3）外化于行：每天参加一个能让自己产生心流的活动，勇敢卸载一个耽误自己最多时间和精力的手机 APP，制定一份共同契约。

【班会准备】

（1）资源：教学课件，共同契约工具单。

（2）思路：采用"先跟后领"的方法，顺着学生的思维聊手机的用处，打开学生的心扉，然后指出问题——有学生已经玩手机游戏成瘾，接着从心理学的角度进行专业分析——为什么学生会玩手机游戏上瘾，最后指出化解网络游戏成瘾的方法。

一、手机是人类的一个强大工具

师：同学们，你有手机吗？老师想随机采访几个同学，请大家如实回答。

生：我有。

师：什么时候买的？

生：六年级的时候买的。

师：你呢？

生：我有。

师：一般什么时候使用？

生：放学回家以后，节假日。

师：你呢？

生：我有手机。

师：什么时候买的？

生：去年买的。

师：一般什么时候使用手机？

生：一般是晚上，节假日白天也会使用。

师：你们知道，你们使用的手机是什么手机吗？

生：智能手机。

师：对，知道什么是智能手机吗？

生：就是装有操作系统的手机。

师：对。它的准确定义是：具有独立的操作系统、独立的运行空间，可以由用户自行安装软件、游戏、导航等第三方服务商提供的程序，并可以通过移动通讯网络来实现无线网络接入的手机类型的总称。

2019 年 9 月 10 日，中国社会科学院新闻与传播研究所、中国少年儿童发展服务中心、中国青少年宫协会联合发布青少年蓝皮书《中国未成年人互联网运用和阅读实践报告（2017 ~ 2018）》，未成年人互联网运用情况是：

总体普及率	10 岁之前触网	7 岁之前（学龄前）触网
98.1%	72.0%	27.9%

这个数据能说明什么问题？

生：说明未成年人上网已经非常普遍，达到了 98.1%，而且部分学生接触网络的时间非常早，在 7 岁之前。

师：重庆市教育委员会有个人文社会科学研究项目"少年儿童的新媒体使用习惯及互动行为研究"，研究人员通过调查发现，在上网载体选择方面，72.2%的学生选择手机，16.7%和11.1%的学生分别选择台式电脑和平板。

这个数据能说明什么问题？

生：说明使用手机上网已经成为学生上网的主要方式。

师：日常生活中，你一般用手机做些什么事情？

生：微信聊天，QQ聊天，手机购物。

生：拍照，用微信、支付宝等购物。

生：用手机进行网络学习，看网络课程。

生：用手机玩游戏。

师：对于学生来说，手机小巧便于携带，可以当手表用，可以当学习机、微机、相机用，可以用手机上网，学习和查询多种知识，还可以当字典、词典用，是学习汉语、英语的好助手。能做这么多的事情，说明手机是一个非常好的什么东西？

生：工具。

师：对，手机已经成为我们人类最强大的一个工具。

【设计意图】这一个环节是"先跟后领"的"跟"，就是先顺着学生的思路聊手机的用途，让学生敞开心扉，畅所欲言。

二、有青少年学生被工具控制了

师：接下来，老师想调查几个问题。第一个问题，就是你拿到手机以后，最想干的事情是什么？实话实说哦。

生：实话实说，最想玩游戏。

师：你一般用手机玩哪一个游戏？

生：《天天酷跑》。

师：你呢？你拿到手机以后，最想干的事情是什么？

生：刷抖音。

师：你呢？

生：最想玩手机游戏《QQ飞车》。

师：第二个问题，老师想调查一下，就是节假日一天使用手机的时间有多长？实话实说。

生：如果一定要实话实说的话，我可能一天能达到六个小时。

生：四五个小时吧。

生：八个小时。（其他学生惊呼：啊，这么长！）

师：你是一个敢于说真话的学生。

师：第三个问题，老师想调查一下，大家玩手机最晚的时间是什么时候？

生：我最晚的时间是凌晨一点玩到凌晨四点，等父母睡着以后，偷偷摸摸从床上爬起来，玩手机游戏。

师：为什么这么晚还能爬起来？

生：就是想玩，不玩睡不着觉。

师：你呢？

生：我最晚是凌晨两点。

师：第二天精神好吗？还能学习吗？

生：第二天昏昏沉沉的，只想睡觉。

师：你觉得这样好吗？

生：其实我也知道这样不好，如果被父母知道了，一定会被痛揍一顿。

师：那你为什么还要玩手机游戏？

生：我控制不了自己。

师：你是一个敢于说真话的学生。按理来讲，手机是我们人类的一个工具，虽然很强大，但是它终归是一个工具，人类应该展示主人翁的姿态，对工具进行控制和使用。但是，同学们，你们有没有理智地发现，手机已经开始反客为主，一些青少年学生因为意志不坚定，反而被这个工具控制了？

2020年5月，共青团中央维护青少年权益部、中国互联网络信息中心联合发布的《2019年全国未成年人互联网使用情况研究报告》显示，2019年我国未成年网民规模为1.75亿，未成年人互联网普及率达到93.1%，其中使用手机上网的比例为93.9%，拥有属于自己上网设备的比率达到了74.0%，上网玩游戏的比例为61.0%。

现实给我们提出了一个严重的警告：有学生网络成瘾了！

什么是网络成瘾？国家卫健委在 2018 年发布的《中国青少年健康教育核心信息及释义（2018 版）》中，给网络成瘾下了一个准确的定义：指在无成瘾物质作用下对互联网使用冲动的失控行为，表现为过度使用互联网后导致明显的学业、职业和社会功能损伤。

师：知道为什么你们会玩手机游戏上瘾吗？

生：好玩呗。

师：远远不是你想象的这么简单。对于商家来讲，网络游戏是一个巨大的产业，价值数十亿美元，商家不断创造令人上瘾的产品，"围猎"那些意志力不强的孩子和年轻人。

游戏公司的产品，追求最大上瘾程度和引起最强烈的皮电反应。也就是说，要让学生上瘾，就必须让学生在游戏中产生心流。

什么是心流？心理学家下的定义就是：指个体对自己所喜爱的活动或事物表现出来的完全投入其中的酣畅淋漓的情绪体验。

师：为了让你产生心流，游戏公司的设计人员早已精准地掌握了心流的四个主要特征：

（1）难度适度：超过你当下的能力约 10%，有挑战性；

（2）目标明确：目标清晰、具体，你知道自己努力就能得到什么；

（3）规则清晰：有操作性强、量化的具体规则；

（4）反馈及时：有阶段性的回馈和奖励。

而且，游戏设计人员清楚地知道，青春期的学生正在经历痛苦：青少年学生关心的不仅仅是成绩，还有身高、颜值、胖瘦、朋友，这些都会影响青少年学生的学习效能感。那些学习效能感低的学生内心就会产生痛苦。心理学研究表明：几乎所有的成瘾行为都源于痛苦！因此，成瘾现象的高发期就是在青春期。

而手机游戏给我们带来的体验可以暂时回避这种痛苦：放松心情，缓解压力，体验成功。

2010 年 1 月 27 日，苹果创始人乔布斯推出了 iPad，他宣称用 iPad 玩游戏是休闲的最佳方式，人人都应该拥有一台 iPad。但是他的家里是不是到处都是 iPad？

生：应该会有很多吧。

师：你错了。有记者问乔布斯：你们家是不是到处都是 iPad 呀？乔布斯回答，我们家限制孩子使用 iPad，因为我们最先见证了技术的危险性。

生：啊？原来如此呀。

师：所以，我们应该进行理智思考：手机只是人类的一个工具，人应该是使用工具，而不是被工具给控制。

【设计意图】这一个环节是"先跟后领"中的"分析"，用科学的知识分析青少年为什么会玩手机成瘾，让学生看清楚手机游戏背后的心理学原理和游戏开发公司的商业利益。

三、学生如何用好手机这个工具

师：一些学生已经被手机控制了，那么，我们怎么才能摆脱手机的控制呢？

生：是呀，老师你有什么好的方法吗？

师：当然有，老师教你们三招。

第一招，每天参加一个能让自己产生心流的活动。青少年学生如何从手机游戏中走出来？最有效的方法就是找到其他能产生心流的活动，如打篮球、下围棋、跳舞、参加机器人大赛等，来代替玩手机游戏这个让你产生心流的活动。

我们来分析一下，篮球运动为什么会让一些学生产生心流。

师：难度适度。

生：上场打篮球，对我来说有一定的挑战性。

师：目标清晰。

生：学会运球、投篮等动作，与队友配合，多进球。

师：规则明确。

生：发球、运球、投篮、进球都有非常清晰的规则。

师：反馈及时。

生：每进一个球，都会有得分。

师：你看，打篮球完全具备产生心流的四个条件，因此有一些学生打篮球会忘记时间，忘记吃饭，忘记疲劳，因为他们在打篮球的过程中产生了心流。

师：接下来，我们就运用这个心流理论，设计一个产生心流的英语单词默写小活动，怎么样？

生：（很兴奋）好。

师：难度适度。

生：根据自己的能力，不选太难的，也不选太容易的。

师：目标清晰。

生：十分钟内记住十个英语单词。

师：规则明确。

生：爱好英语的几个人组成学习小组，规定识记十分钟以后开始默写。

师：反馈及时。

生：请人阅卷，立马公布成绩。

师：非常好。大家认为，这个活动的关键在哪里？

生：一是组建学习小组，二是请人阅卷，立马公布成绩。

师：你总结得非常到位。心流的功能主要有四个：第一，心流能让个体发挥出最佳能力；第二，心流能让个体迅速提高能力；第三，心流预示学生未来的成就——学生在年少时某一领域产生心流越多，成年后在这一领域发展出卓越才能的可能性就越大；第四，心流体验能有效抑制抑郁，常体验到心流的人更幸福。

师：第二招，卸载一个耗费你时间和精力最多的APP。手机是人类的一个工具，人应该是使用工具，而不是被工具控制。为了回归主人翁姿态，展示你摆脱手机控制的勇气，你愿不愿今天回去以后卸载一个之前耗费你时间和精力最多的一个APP呢？

生：我愿意。

生：我也愿意。

师：好，老师相信你们一定能做到。

师：第三招，制定一个共同契约。当你回到家以后，看到手机，难免会受到诱惑，当你意志力不强的时候，如果你愿意接受家长和老师的监督，那么请仿照老师的这个模板，给自己手写一份共同契约，以表明你不愿意被手机控制的决心和勇气。

共同契约

手机是人类的一个工具，人应该是使用工具，而不是被工具给控制。为了用好手机这个工具，我愿意在自己意志力不强的时候，自觉接受家长和老师的监督，我决定：

1.

2.

家长签名：　　　　老师签名：　　　　学生签名：

年　　月　　日

（播放背景音乐，学生手写共同契约。）

师：（总结）手机只是一个工具，人应使用工具，而不是被工具控制。用好手机这个工具，你将实力更强大，生命更精彩。

【设计意图】这一个环节是"先跟后领"中的"领"，给学生支招，鼓励学生用勇气和意志，克服手机游戏的诱惑，将手机工具化。

第5节　爱是责任

宁乡市德育名师工作室　刘令军

【班会背景】

学生李敏的妈妈来到我办公室，跟我谈了李敏这一段时间的异常表现："我发现李敏这一段时间真的变了。"我有些诧异："哪些方面变了？"

李敏妈妈说："变得特别注重衣着了，现在他穿衣服，一定要买品牌运动服，穿鞋子，也一定要品牌运动鞋。更奇怪的是，夏天我们通常都是晚上洗澡，他偏偏要早晨洗澡。某天即使晚上洗澡了，早晨一定要再洗一次头发才能出门。如果天气冷，不需要每天洗澡，他必定天天早晨洗头发。自己还买了洗面奶、护肤霜、发胶什么的，天天使用。暑假在家的时候，这种现象都没有了。"

我呵呵一笑："这很正常呀，说明孩子已经长大了，他出门的时候，注意自己的形象了。"

对于李敏妈妈的担忧，我很长时间都没有引起足够的重视，我觉得这是孩子成长的一种迹象，没必要大惊小怪，也没有必要进行干涉。但是，后来一件事的发生，改变了我的看法。有一天，这个李敏，居然带着两个男生，将我们班另一个男生打了一顿，原因就是李敏和那个男生同时爱上了我们班的女神——小璇。小璇很漂亮，也很文静，是一个人见人爱的女孩子。但是她很懂事，在学习上一直很专心，私下里一直有很多男孩子喜欢她，但是她从来没有分心过。但是这件事情之后，我觉得有必要给学生上一节爱情方面的班会课了。

适用年级：九年级上学期。

【班会目标】

（1）认知提升：以《窗外》这首歌为载体，讲述李琛的故事，让所有学生都明白，随着年龄渐长，异性之间互相产生好感是正常现象。

（2）价值塑造：爱一个人就要对一个人负责。

（3）外化于行：对自己当前的年龄、职责、实力有清醒的自我认知，并将对爱情憧憬转化为努力学习的动力。

【班会准备】

（1）资源：歌曲《窗外》MV。

（2）思路：通过对歌词的反复品读，分析李琛的性格特点，让男生们明白：男人应该对自身有清醒的认知——自己目前处于什么阶段，有什么样的实力；男人应该自强不息，以事业为重；男人在爱情上应该胸怀大度，爱不是占有，爱一个人就应该对一个人负责。

一、介绍《窗外》这首歌的创作背景

师：同学们，今天这节班会课，老师想跟大家聊一个神秘一点的话题，那就是爱情。

（一听聊爱情，底下就有些骚动了，有人笑容神秘，有人表情亢奋，有人假装矜持……一个个脸上都写满期待。)

师：首先，老师先跟大家分享一个故事。（点击 PPT 课件，出现李琛的照片。）这就是故事的主人公，名字叫李琛，是不是很帅？

生：（齐声回答）帅！

师：这个很帅的小伙子，有一个很大的人生遗憾，他很小的时候，得了小儿麻痹症，不能像我们正常人一样自由行走，只能靠拄双拐走路，也就是说，他是一个残疾人。

李琛生活在西安的一个小县城里，父亲是一名戏剧演员。小的时候，他父亲的同事有一个小女儿，经常来李琛家补习功课，慢慢地时间久了，李琛就对这个小女孩产生了一种朦朦胧胧的好感。

但是，李琛内心一直很纠结，他觉得这种幸福对于一个身体有残障的人来讲，是一种巨大的奢求，因为女孩是正常人，又很漂亮。李琛内心深处，一直有一种深深的自卑。然而，没想到的是，这个女孩竟然也喜欢他。

有一天，李琛想走出去，和正常人一样，为自己的理想打拼一番。于是和女孩商量之后，决定去北京发展。但是几年时间过去了，李琛的事业并没有多少起色，相反，由于两地分隔，两个年轻人变得越来越陌生。

女孩给李琛提供了两种选择，要么接她去北京，要么李琛自己回西安。但是李琛却无法做出回答，也无法给出一个时间上的承诺，比如说明年或者今年，因为他的事业才刚刚起步。接女孩去北京，他没有这个能力；放弃北京刚刚起步的事业，他又不甘心。

他无数次来到女孩的窗外，内心异常纠结，是敲门进去，还是默默离开？这种真实的情感体验，触发了他的灵感，从女孩那里回来以后，他情不能自抑，跟词曲作者牛朝阳倾诉之后，两人一起创作了一首歌曲，歌名就叫《窗外》。让我们一起来听一听这首歌。

（点击播放《窗外》MV，优美的旋律在教室里响起，老师在讲台上随着音乐轻轻哼唱，学生则在座位上静静欣赏。）

【设计意图】通过创作背景的介绍，首先让学生对"爱情"这个话题进行脱敏，为后面话题的展开和思想植入做好铺垫。

二、逐段品读歌词

师：现在，老师想请大家用一个关键词表达你听完这首歌的感受。

生：深情！

生：悲伤！

生：难舍难分。

师：下面，我们一起来品析一下这首歌的歌词。（PPT 出示第一段歌词）

今夜我又来到你的窗外

窗帘上你的影子多么可爱

悄悄地爱过你这么多年

明天我就要离开

师：有谁会唱这首歌吗？（学生纷纷摇头）

师：如果大家都不会唱，那老师就来唱哦。（学生大笑）

（老师轻声吟唱。）

师：李琛喜不喜欢这个女孩？

生：（齐声回答）喜欢！

师：从哪一句歌词可以看出来？

生：窗帘上你的影子多么可爱。

生：悄悄地爱过你这么多年。

师：说得很对。随着年龄的增长，青春期的男孩女孩之间，会自然而然产生一种对异性的好感，这种好感是完全正常的。老师想当场调查一下女孩们，喜欢看男生打篮球的请举手。

（半数以上的女孩举手，随机采访两位举手的女孩。）

师：你为什么喜欢看男孩打篮球？

生：男孩子打篮球的时候，传球、投篮的动作潇洒，有力量感，我喜欢看。

生：男孩子在球场上奔跑，充满激情，充满活力，我喜欢看。

师：（总结）女孩们，喜欢看有力量、勇往直前的男孩打球，说明你们成长

得很正常。（女孩们大笑）

师：我还想现场调查一下男孩们，喜欢早晨洗头发的男孩请举手。

（半数以上的男孩举手，随机采访两位举手的男孩。）

师：你为什么要在早晨洗头发？

生：早晨洗头发有一个最大的好处，就是可以把晚上睡觉弄乱的头发重新梳理好，人也要自信一些。

生：主要是想把自己弄干净一点。

师：对！男孩就应该要自信、干净。（继续发挥）随着年龄的增长，我们渐渐地对异性有了一种朦朦胧胧的好感，这种好感，会让我们觉得青春是如此美好，生活是如此多姿。

师：（继续提问）年轻的小伙子、姑娘们，你心目中理想的男孩或者女孩形象是怎么样的呢？能用三个词概括一下吗？（有意采访李敏）

李敏：理想的女孩形象是漂亮、文静、聪明。

（很多学生都朝着小璇的方向笑，很显然，她完全符合这三个词。女生中真正想采访的是小璇，但为了不露痕迹，故意随机先采访几位学生，最后才顺便将话筒交给小璇。）

小璇：有责任，有担当，有能力。

师：（微笑着调侃）你这要求概括起来就是"三有新人"呀！（学生大笑）

师：（转身大声发问）男孩们，你们做好准备了吗？这就是我们班女神心目中的男孩标准，如果你不符合这个标准，那么请不要来打扰我们的女神，你只会自讨没趣。如果你是一个有目标的人，那么请努力完善自己，向这个标准靠拢。（学生大笑）

（李敏讪讪地笑了笑，表情尴尬。）

【设计意图】这一段提炼的关键词是：可爱；解读的关键词是：相互吸引。告诉学生随着年龄渐长，异性同学之间相互吸引是正常的，为后面的思想植入做好准备。

（PPT出示第二段歌词。）

多少回我来到你的窗外

也曾想敲敲门叫你出来

想一想你的美丽我的平凡

一次次默默走开

师：李琛非常喜欢这个女孩，为什么一次次默默走开？（主要采访男生）

生：李琛已经说明原因了，想一想你的美丽我的平凡，一次次默默走开。他觉得自己太平凡了，配不上这个优秀的女孩。

生：李琛很自卑，他觉得自己现在事业没有成功，他不能给女孩一份稳定的生活。

（最后，有意走到李敏的旁边进行采访。）

师：作为一个男孩，你以后会成为一个男人，如果我们从一个男人的角度来揣测一下李琛的心理，他内心的真实想法是怎么样的？

李敏：他很爱这个女孩，但是一次次默默走开，他认为自己没有资格爱这个女孩。

师：你评价一下李琛这个男人。

李敏：他对自己有非常清醒的认知，知道自己目前的能力，不能给对方一份安定的生活。

师：你是欣赏他还是鄙视他？

李敏：欣赏他！

师：我也很欣赏他，作为一个男人，当你想去爱一个人的时候，首先应该认真审视一下自己的年龄，目前所具备的能力。爱情不是游戏，爱一个人就应该对这个人负责，如果你目前还不具备这个能力，那么就不要去打扰人家。（学生纷纷点头）

【设计意图】这一段提炼的关键词是：走开；解读的关键词是：自我认知。告诉学生，尤其是男孩们，当你想去爱一个人的时候，首先应该认真审视一下自己的年龄，目前所具备的能力。

（PPT 出示第三段歌词。）

再见了心爱的梦中女孩

我将要去远方寻找未来

假如我有一天荣归故里

再到你窗外诉说情怀

师：假如我有一天荣归故里，再到你窗前诉说情怀。大家知道"荣归故里"是啥意思不？

生：荣归故里，就是事业成功回到家乡。

师：李琛为什么要等到荣归故里的那一天，才去诉说情怀？

生：李琛的想法是：只有等到自己在事业上有了一定成就，经济上有了一定实力，才可以跟心爱的女孩"诉说情怀"。

（分开采访男孩和女孩。）

师：是不是一定要"荣归故里"，才能去"诉说情怀"呢？

生：作为男孩，必须先"去远方寻找未来"。

生：我认为不需要，爱情不需要附加太多物质的东西，只要对方有上进心、有责任心就好，事业可以慢慢去打拼。

师：请从一个男人的角度去分析，揣测一下李琛的心理，并且评价一下李琛这个人。

生：李琛认为，只有自己事业有成，才能够给自己所爱的人一份安定的生活，才有资格去爱她。

生：我觉得李琛这个人，虽然身有残疾，但是很有上进心，自强不息，这是一个有责任、有担当的优秀男人。

师：老师也是这样认为的，李琛身残志坚，志向远大，是男孩们学习的榜样。

【设计意图】这一段提炼的关键词是：寻找；解读的关键词是：自强不息。告诉男孩们，要志向远大，自强不息，努力开创自己的事业。

（PPT 出示最后一段。）

再见了心爱的梦中女孩

对着你的影子说声珍重

假如我永远不再回来

就让月亮守在你窗外

师：李琛最后还是告别了梦中女孩，你赞同他的选择吗？

生：赞赏。

生：惋惜。

师：老师设计了两道写作题，请大家一起来完成。（PPT 出示写作题）

第一题：如果你要拒绝某个爱慕你的人，请你写几句话回复他（她）。

第二题：如果你爱慕一个人，他（她）委婉拒绝了你，你能写几句祝福他（她）的话吗？

小璇：对不起，那个男孩，我们现在还有更重要的事情要做，这个时刻，我不想分心，希望你能理解我。

李敏：梦中女孩，虽然你没有接受我，但我真诚地祝福你，今后的人生道路一帆风顺，相信在不久的将来，一定会有更懂你的人守护在你身边，珍惜和呵护着你。

（当李敏朗读完自己写的祝福语的时候，很多男生自发地为他鼓掌。）

师：（总结）爱不是占有，爱是一份责任。有人认为：如果得不到自己所爱的人，那我就毁灭她（他），由此制造了很多人间悲剧。（PPT 出示早恋造成的悲剧案例）

【设计意图】这一段提炼的关键词是：珍重；解读的关键词是：胸怀大度。为最后的思想升华做好准备。

三、再次播放《窗外》这首歌的视频

师：年轻小伙子、姑娘们，不论你是否愿意，不论你是否已经做好准备，不久之后的某一天，爱情就会来敲你的门。那个时候，请你记住老师今天给你们上的这一课，爱不是占有，爱更多的是一种责任，如果凭你的实力，还不能给对方一份安定的生活，不能让对方幸福，那么，请你选择放手，并祝福对方。

当这节课即将结束的时候，让我们再来听一遍这首从作者心底里流淌出来的歌曲。（播放歌曲 MV）

（略带忧伤的旋律再次在教室里响起，很多同学随着音乐轻轻吟唱，感受旋律的美、情感的真挚。）

【设计意图】通过欣赏音乐，分析李琛的思想感情和个性品格，告诉学生，在目前的年龄阶段，以现在的能力水平，还不具备恋爱的条件。人要有清醒的自我认知，并且要自强不息，胸怀大度。

第6节　中国字，中国人

宁乡市德育名师工作室　戴姣

【班会背景】

习近平总书记强调：我们要坚定文化自信，不要只挂在口头上，而要落实到行动上。文化自信从何而来？中国汉字就是文化的重要组成部分，然而现在的许多初中生忽视汉字的书写，特别是到了九年级，由于作业量的增多，许多同学书写水平相比小学时反而有所下降。为了让学生更多地了解汉字的历史、现在和未来，更深刻地理解汉字与中国的联系，领悟到写好中国字与做好中国人的联结，写规范的中国字，做合格的中国人，特组织本次主题班会课。

适用年级：九年级上学期。

【班会目标】

（1）认知提升：了解汉字的历史、现在和未来，为中国汉字感到骄傲。

（2）价值塑造：中国字是中国人的骄傲，中国字使中国人心相连，中国人让中国字走向世界，中国字中蕴含着做人的哲学和智慧。

（3）外化于行：坚定文化自信，落实到行动上，写好中国字，做好中国人。

【班会准备】

（1）资源：书写方格纸，视频《中国字，中国人》《中国字让中国人走向团结》《中国字让中国人走向世界》《字如其人》。

（2）思路：基于中国字的发展历程，讲述中国字让中国人走向团结，保持了领土完整，中国字让中华文明得以延续，中国字就是中国人的文化自信。

一、猜字导入，了解世界三大古文字

师：（播放音乐）同学们猜一猜，这首歌的歌名是什么？

生：《中国字，中国人》。

师：没错。这首歌的歌名是《中国字，中国人》，这也是我们今天的班会课的主题。这里有两个字（PPT 出示），同学们认识吗？

生：中国。

师：你是怎么认出来的？

生：第一个字和现在的"中"字很像。

生：第二个字与繁体字的"国"很像。

生：第二个字的外围像一个国家的疆域，像国界线。

师：同学们真厉害！这两个字是甲骨文，距今已经 2000 多年了，你们还能辨认出来。那么请你来认认这些字。（PPT 出示苏美尔楔形文字）

生：不认识，但我知道这是苏美尔楔形文字，历史书上有介绍。我感觉它们怪怪的。

师：是的，我也觉得怪怪的。这是古苏美尔人的楔形文字，早在公元 1 世纪就已经失传了。同学们再认认这个。（PPT 出示古埃及象形文字）

生：可能是"鹅"，也可能是"鸭"，也可能是"飞"。（生笑）

师：同学们不确定，老师也不确定，因为古埃及早在公元前就被古希腊和古罗马征服，古埃及文字也因此消失了。我们再来过一把识甲骨文的瘾吧！这些字你都认识吗？（PPT 出示）

生：第二个是"牛"，第八个是"羊"。

生：这是十二生肖。（全体学生惊叹）

师：我们一起来辨认，鼠、牛、虎、兔、龙、蛇、马、羊、猴、鸡、狗、猪。

师：同学们，中国甲骨文、苏美尔楔形文字、古埃及象形文字是世界三大古文字，而汉字是迄今为止连续使用时间最长的主要文字，也是上古时期各大文字体系中唯一传承至今的文字。现在，你有怎样的感受？

生：中国字是中国人的骄傲。

【设计意图】通过辨认古文字，了解中国汉字在世界文字中的地位，为中国字而骄傲。

二、汉字七体，理解中国字与中国人的联系

师：我们刚刚了解的甲骨文是商朝时期写在龟甲兽骨上的文字，汉字还经历了哪些变化呢？接下来我们了解汉字七体。甲骨文之后，人们将文字刻在青铜器上，称之为金文或铭文。秦始皇统一中国后，文字统一为小篆。

师：（出示文字统一前各国的"中"字）我们可以看到在文字统一前，光是"中"字的主要写法就有34种。文字统一后，就是这一种写法了。同学们试着写一个小篆体的"礼"字。（生摹写）

师：你有什么感受？

生：有点难。写得不太像。

师：是的。所以啊，秦始皇统一小篆体后，民间流行着一种更简单的文字——隶书。这是古文字与今文字的分水岭。现在我们答题时写的方正平直的字体叫作——

生：楷书。

师：（出示草书）软笔书法中笔势连贯、字行奔放的字体——

生：草书。

师：还有一种行云流水、飘逸易识的字体——

生：行书。

师：对。它是楷书的草化，草书的楷化。让我们一起来回顾汉字七体：甲骨文、金文、小篆、隶书、楷书、行书、草书。

我们来看一个视频，看看汉字的统一对我们民族有哪些作用。（播放视频《汉字让中国走向团结》）同学们，我们猜想一下，如果当年秦始皇没有统一文字，今天的中国会是什么样？

生：如果秦始皇不统一文字，那么各个地方的沟通就会不畅通，分歧也会更多。

生：如果秦始皇不统一文字，那么各地文字不一样，人心也难以统一。

生：如果秦始皇不统一文字，根本就不会有今天的中国，中国早就四分五裂了。

师：与秦朝相近的历史时期，世界上还有一个非常强大的国家——古罗马帝国。它曾是地跨欧亚的大帝国，连地中海也成了罗马帝国的内湖。但由于东西方文字的不同，他们对圣经的理解就不一样，从而导致信仰的不同。狄奥多西一世在临终前不得不亲手将罗马帝国一分为二，西边使用希腊文的叫西罗马帝国，东边使用拉丁文的叫东罗马帝国。到如今，我们再来看看原来的古罗马帝国变成了怎样的局面。

生：分裂成了许多国家，葡萄牙、西班牙、法国、英国、德国、意大利……

生：四分五裂，他们应该经历了许多的战争。

师：对比中国与古罗马的历史，你有什么感受？

生：中国字使中国人永不分离。

生：中国字使中国人心相连。

生：中国字使中国人团结一心。

【设计意图】了解汉字七体，对比秦始皇统一文字与古罗马帝国文字不统一造成的不同影响，懂得统一的中国汉字让中国人心相连。

三、中国人让中国字走向世界

师：（播放视频《汉字让中国走向世界》）公元 1793 年 9 月，经过整整一年的颠簸，英国勋爵马戛尔尼率领一个庞大的商业使团前来觐见大清国的皇帝——乾隆。这是一个新兴的海洋帝国和古老的中华帝国之间的第一次正式会晤。使团成员由测绘员、医生等 135 人以及 650 名官兵和水手组成。而其中略通中文的仅 1 人。在当时，整个西方世界，能使用汉字的也不超过 100 人。

师：而现在，我们可以看到孔子学院在全球广泛分布。同学们，你们知道孔子学院是做什么的吗？

生：是外国人学习汉语的学校。

师：许多国家都在向中国学习汉字和汉文化。说一说，为什么汉字能受到世界人们的重视？

生：中国的综合国力提升了，中国成了世界上的一个大国，其他国家要与我们更多地交流沟通，就要学习汉语和汉文化。

生：中国也希望汉字走向世界，积极开办孔子学院。

师：根据以上交流，请你补充说一说，中国人让中国字——

生：中国人让中国字走向世界。

【设计意图】了解中国汉字曾经的不为人知和现在的走向世界，明白汉字能够走向世界的原因，增强自豪感。

四、写字做人，心中有标准

师：书写优秀者，往往在作文中拿高分，对此，你怎么看？

生：我觉得这是很正常的事情，老师阅卷那么多，那么辛苦，如果字都写不好，看上去就很累，当然拿不到高分。

生：我觉得也不能光看字，毕竟是考作文，不是考书写。

生：我认为写好字是我们最基本的素养，即使不能成为书法家，也要尽自己的能力把字写工整，写规范。

师：是的。其实早在唐宋时期，中国的科举制度就十分重视书写。我们作为中国人，都应写一手规范的中国字，那么是不是把字写得极致的人就会成为名垂千古的书法家呢？同样是精通书法的人物，为何苏轼能名垂千古，而秦桧却遭人唾弃，死了也被人做成铁铸人像面墓而跪呢？

生：因为苏轼人品高，在各地为官时都能为老百姓着想。秦桧是个奸臣，他贪污受贿，主动求和，还陷害他人，屡兴大狱。

师：是的，我们常说"字如其人"，其实是告诉我们，写字如做人，一点也不可马虎。（播放视频《字如其人》）"大"字怎么写？起笔要抬头，竖要挺直，这是人的腰杆，要挺直。一横，是人伸展的双手，一撇一捺，是人左右伸展的双腿。"妄"字怎么写？重心要稳，首点居正，点竖直对，交叉居中，中直对正。常见的问题有：点横相连，头没有抬起来，或者中心偏右，或者重心偏左。人与人之间要保持适当距离，因此多横，多竖，多撇，要注意横笔等距，竖笔等距，多撇等距，长短不一。"攻"字的写法，要注意左收右放；"列"的写法，要注意左斜右正；"奏"字的写法，要注意左右对称；"软"字的写法，要注意穿插避让。

生：原来汉字还有这么多学问呀。

生：中国汉字，博大精深。

师：说得很对。我们为什么有文化自信？你看看我们中国的文字，就有这么深厚的文化。

生：对，我们很自信。

师：作为初中生，我们应该写怎样的中国字？做怎样的中国人？

生：我们应该写规范的中国字，做合格的中国人。

生：我们应该写端端正正中国字，做堂堂正正中国人。

生：我们应该写工整方正中国字，做文明有礼中国人。

【设计意图】通过对书写与作文的思考，明白写好字的重要性。对比苏轼和秦桧，明白不仅要认真写字，更要认真做人。

五、对比反思，提升书写水平

师：同学们，我们不仅要说到，更要做到。现在请拿好你的书写纸，对照反思：

（1）我的字写对了吗？

（2）我的字大小合适吗？

（3）我书写中有没有删改的习惯？

（4）我的字是否做到了横平竖直？

（5）整体上看，我的字高低大小是否匀称？

（6）我的字是写在格子的正中央吗？

谁来评评你自己的字？

生：我在书写过程中总是出错，删改比较多。

生：我的字太靠近下线了，而且下面还经常出了格子。

生：我的字不匀称，时高时低，时大时小。

师：你们对自己写的"人"字满意吗？

生：还可以。

生：不太满意，每个"人"字都不太一样。

师：我们一起来欣赏"人"字的规范写法。（生对照练习）

师：（总结）同学们，写字需训练，做人要历练。请同学们坚持三周练字打卡，三周后我们进行书写比赛。

【设计意图】文化自信不能仅挂在口头上，更要落实到行动上。引导学生发现自己书写中出现的问题，并通过练字打卡不断提升书写水平。

第7节 我们都是五星红旗的护旗手

宁乡市德育名师工作室 王金阳

【班会背景】

2019年8月4日，央视新闻微博"#五星红旗有14亿护旗手#转发！我是护旗手！"燃爆全网。8月5日，央视新闻发表评论说：护旗可以每天做起来，一个"护"字里，容纳万般情怀——有关键时刻扑上去的"护"，有寻常岁月里静静的守"护"，无论当面致敬还是心中思念，都是鲜活的"护"、真实的"护"、有力的"护"。为了引导学生做好五星红旗的护旗手，特设计本堂班会课。

适用年级：九年级下学期。

【班会目标】

（1）认知提升：知晓护旗手的本义以及引申意义，知晓国旗代表的深刻含义。

（2）价值塑造：守护好五星红旗，就是守护好我们的祖国。

（3）外化于行：在日常生活中能做好五星红旗的护旗手。

【班会准备】

（1）资源：PPT课件，做小红旗的道具，视频《黎巴嫩叙利亚难民：生活艰难盼望回国谋生》《男孩擦拭国旗》，音频《歌唱祖国》。

（2）思路：以"护旗手"的来历进行导入，解读护旗手的含义，并总结出在日常生活中做好护旗手的具体方法。

一、护旗手的含义解读

师：（导入）同学们，你们知道我们的国旗，又叫什么旗吗？

生：五星红旗！

师：说得很对。这一节课我们就来聊聊五星红旗护旗手的话题，大家知道什么是护旗手吗？护旗手的主要职责是什么？

生：护旗手就是保护国旗的人。

生：主要职责就是保护国旗。

师：（解读）护旗手的原义：升旗时站在升旗手两侧，对国旗进行护卫工作，保证国旗的正常升起、防止国旗落地和损坏的旗手。

护旗手的引申义：保护国旗的人，即爱国的人。

师：大家知道，在哪些地方会升国旗吗？

生：学校、天安门广场、各级政府机关、奥运赛场……

师：为什么要在这些地方升挂国旗呢？

生：因为国旗是我们国家的象征。

师：大家看，这是 2011 年 3 月 3 日晚，在约旦首都安曼阿利亚王后机场，手举国旗的中国工人正等待出发。你们看到这些中国工人脸上的表情了吗？

生：很开心的笑容。

师：他们为什么会拿出国旗来打开，手中还挥舞着小国旗？

生：因为祖国派飞机来接他们了，他们即将离开这个充满危险的地方，有一个强大的祖国，他们内心无比的骄傲和自豪。

师：国旗承载了他们的什么感情？

生：承载了他们内心的骄傲和自豪。

师：大家再看，这是 2011 年 3 月 5 日，在金凤组执行的利比亚撤侨航班上，中国同胞在高呼祖国万岁。他们手中挥舞的是什么？

生：小国旗。

师：他们为什么要挥舞国旗呢？

生：因为他们内心有骄傲、有自豪，挥舞国旗，然后高呼祖国万岁，就是他们内心骄傲和自豪的最好表达。

师：大家再看，这是 2013 年 4 月 21 日，四川省雅安市芦山县发生 7.0 级地震的重灾区龙门乡，一面五星红旗插在废墟中。为什么要插这样一面国旗？

生：国旗在，力量就在，希望就在。

师：2008 年 5 月 12 日，四川汶川发生 8.0 级特大地震，24 日，青川县几名灾区群众在挂有国旗的帐篷旁吃午饭。帐篷上为什么要悬挂国旗？

生：因为国旗就是灾区群众的信仰所在，他们相信国家一定不会放弃他们，一定会来支援和帮助他们。他们对未来的生活充满信心。

师：（总结）国旗是我们国家的象征：

（1）它代表了我们国家的尊严与荣誉；

（2）它承载着民族的骄傲与自豪；

（3）它承载着人民的信仰与希望。

【设计意图】通过师生对话，让学生知晓护旗手的原义和引申义，知晓国旗是一面代表国家尊严的旗帜，同时也是一面承载中国人感情的旗帜。

二、14 亿护旗手的来历

（2019 年 8 月 4 日，央视新闻发微博："＃五星红旗有 14 亿护旗手＃转发！我是护旗手！"）

师：央视新闻作为一个权威媒体，为什么会发布这样一条讯息呢？

生：是因为有人想分裂祖国。

师：分裂祖国，将会极大地损伤所有中国人的利益。这方面有前车之鉴，我们来看看叙利亚的例子。这是分裂前的叙利亚：民众过着富足、自由的生活。这是分裂之后的叙利亚，民众苦不堪言，生活异常贫困。我们来看一个央视《朝闻天下》的视频《黎巴嫩叙利亚难民：生活艰难盼望回国谋生》。（播放视频）

师：这些叙利亚的难民，还有未来吗？没有稳定团结的祖国的人，是没有未来的。看到这个视频，你的感受是什么？

生：中国绝对不容许分裂。

生：所有中国人都应该团结起来，做五星红旗的护旗手。因为守护国旗，就是守护我们的国家。

生：我也要做一个护旗手。

【设计意图】通过介绍"中国有14亿护旗手"的来历，激发学生的爱国热情，增强做五星红旗护旗手的责任感和使命感。

三、如何做五星红旗的护旗手

师：那么，大家知道怎样做好五星红旗的护旗手吗？

生：不能让国旗受到践踏。

生：不能让国旗受到污损。

师：大家说得很对。大家看这张照片（PPT出示）：2016年10月19日，香港特区郑某在特区立法会议事厅公然倒插国旗，侮辱国旗。我们要做好五星红旗的护旗手，应该怎么做？

生：维护好国旗的尊严，不让国旗受到侮辱。

师：再看这张照片（PPT出示）：贵州贵阳，经开消防大队金戈路中队在演练途中发现一面国旗掉落在车道上，消防员杨彰鹏迅速跑到车道上将国旗捡起。由于悬挂国旗的路杆比较高，消防员将消防车开了过来，杨彰鹏登上消防车车顶，将国旗安稳固定。我们要做好五星红旗的护旗手，应该怎么做？

生：爱护国旗，不让其受到毁损。

师：2012年6月20日，在G20峰会上，主办方用贴在地板上的各国国旗来标示合影时领导人的位置。合影结束后，唯有时任中国国家主席胡锦涛弯腰把这面国旗贴纸捡起、细心地收了起来，从而使中国国旗免于被人踩踏。做五星红旗的护旗手，应该怎么做？

生：爱护国旗，不让其受到踩踏。

师：（播放视频《男孩擦拭国旗》：四川甘孜州石渠县长须贡玛乡查加部落

村中心校六年级学生桑登多吉，小心地用校服擦拭国旗上的雨水。）

2019年9月19日，四川文化传媒职业学院到学校开展扶贫公益活动，为孩子们讲述红色故事，播放红色影片，正准备进行集体演唱时突降大雨，分发到孩子们手中的国旗被淋湿，于是便出现了视频中的一幕。做五星红旗的护旗手，应该怎么做？

生：爱护国旗，不让其受到污损。

师：这张照片（PPT出示），是某餐饮店拿国旗做广告。做五星红旗的护旗手，应该怎么做？

生：爱护国旗，不让其用作广告。

师：（总结）做五星红旗的护旗手，就应该这样做：

（1）不让其受到侮辱；

（2）不让其受到踩踏；

（3）不让其受到污损；

（4）不让其受到毁损；

（5）不让其用作广告。

师：如果生活中，遇到了不尊重国旗的行为我们该怎么做？

生：尽量自己解决，如果自己解决不了的，可以报警。

师：为你点赞，因为你知道用法律的手段来维护国旗的尊严。那老师现在赋予你《国旗法》法律宣传员的身份，请你大声地将法律文献读出来：

生：《国旗法》明确规定：每个公民和组织，都应当尊重和爱护国旗；不得升挂破损、污损、褪色或者不合规格的国旗；国旗及其图案不得用于做商标和广告，不得用于私人丧事活动；在公共场合故意以焚烧、毁损、涂划、玷污、践踏等方式侮辱中华人民共和国国旗的，依法追究刑事责任。

师：你的声音真是铿锵有力、掷地有声，相信你以后是一个优秀法律宣传员和护旗手。其实除了法律手段外，比法律更可贵的是思想意识的加强。爱护国旗是我们每一位中国人的职责，我们应该身体力行。

【设计意图】通过罗列现实生活中遇到的各种情况，对如何做好护旗手给出标准答案。

四、亲手制作五星红旗

（老师分发材料，指导学生亲手制作五星红旗，时间为五分钟。播放背景音乐《歌唱祖国》。）

师：守护国旗，就是守护我们的祖国，守护我们共同的信仰，守护我们最亲爱的人。五星红旗有 14 亿护旗手！我们都是护旗手！

（再次播放《歌唱祖国》，学生挥舞亲自做好的小红旗一起哼唱。）

【设计意图】制作小红旗的目的，就是让学生找到一个护旗的载体，身体力行做好五星红旗的护旗手。

第8节　一本中国护照带给我们的安全感

宁乡市德育名师工作室　许娇

【班会背景】

"你是中国人吗？你爱中国吗？你愿意中国好吗？"1935 年那堂著名的"开学第一课"上，教育家张伯苓对南开学子提出的"爱国三问"流传至今，成为一代代中国人都必须回答的基本问题。国家认同不是人出生就有的，也不是后天"突击"就能习得的，关键要靠教育工作者持续不断地努力，更要从小培养，让孩子在心目中能够树立爱国情怀。凿井者，起于三寸之坎，以就万仞之深。青少年处于价值观形成和确立的关键期，其发展更与国家、民族未来发展紧密相关。现在坐在教室里的学生，既是中国的，也是世界的，他们终将会长大，他们中也一定会有人走出国门，走向世界。当他们走出国门的时候，他们的头脑里有什么样的价值观，将会有什么样的行为？为了让学生了解自己的国家，培养他们热爱祖国的情感，我以中国护照为载体，设计了这堂班会课。

适用年级：九年级下学期。

【班会目标】

（1）认知提升：通过对几次大型撤侨行动的解读，让学生知晓中国护照可以把你从世界各个角落接回家来。

（2）价值塑造：中国人的安全感来自祖国的强大和中国共产党"人民至上、生命至上"的执政理念。

（3）外化于行：愿意为祖国的强大贡献自己的力量。

【班会准备】

（1）资源：中国护照，《利比亚战争前夕撤侨纪录片》片段，背景音乐。

（2）思路：以中国护照为主线，向学生介绍几次大型的撤侨行动，通过对一些典型细节的解读，让学生体验和感受中华人民共和国公民在海外遭遇危险的时候，身后会有一个强大的祖国。一本中国护照，带给中国公民的是坚实的安全感。

一、介绍护照的功能

师：大家看，老师手上有一个东西，大家认识吗？（出示老师自己的护照）

（有学生近前来看，然后说：中华人民共和国护照。）

师：大家知道什么是护照吗？

生：相当于一个人的身份证。

师：对！护照，就是一个国家的公民，出入本国国境和到外国旅行或居留时，由国家发给的一种能证明该公民国籍和身份的合法证件。那么，有人知道护照的用途吗？

生：出国用的。

师：对，但这个答案太笼统，护照具体用途有四个：

（1）证明国籍；

（2）通过各种手续，到国外旅游；

（3）在国外可以凭借护照要求回国；

（4）在国外遇到麻烦和危险时，可以凭借护照到本国驻外大使馆求助。

【设计意图】了解什么是护照，以及护照在生活中的具体用途。

二、解读外出旅行可能遭遇到的风险

师：今天的世界越来越小，地球真的只是一个村，只要我们足够努力，我们可以到达世界的任何一个地方，成为任何一个国家的公民。如果给你一个机会，你愿意做哪个国家的公民呢？

（让学生在便利贴上写自己的国籍，并贴在胸前。老师随机采访，不做评论。）

师：只要是有国籍的人，都可以申请一张护照，手中有了护照，就可以出国去旅行了。（播放背景音乐）

比如，你可以去利比亚，这个国家有古罗马遗留下来的迷人风景，有已经发展了数千年的文化。莱皮提斯·麦格纳是罗马帝国的重要城市，它的废墟位于的黎波里以东130公里，这个遗址是地中海地区最壮观、最原始的罗马废墟之一，吸引了来自世界各地的游客。

你也可以去也门，建于16世纪的希巴姆古城被军事防御墙所环绕，是基于垂直建筑规则建造的最古老、最杰出的城市规划典范之一。古城建在悬崖峭壁之上，其塔状建筑令人印象深刻，城市由此得名"沙漠中的曼哈顿"。

你也可以去尼泊尔，背靠喜马拉雅山，地球上14座8000米以上的雪山，在尼泊尔就可以看见8座。在尼泊尔，你甚至可以穿着短袖仰望茫茫雪山。

你可以去新西兰，特卡波湖因湖泊色泽充满神秘之美而闻名，湖水色泽呈现带有乳白色的湛蓝色。

你可以去以色列，那里有巴哈伊阶梯花园，有死海，有加利利海。

但是，生活中总是有意外，比如说，有中国人在利比亚旅行或工作的时候，遭遇了战火；有中国人在也门旅行或工作的时候，遭遇了内战；有中国人在尼泊尔旅行或工作的时候，遭遇了8.1级大地震；有中国人在新西兰旅行或工作的时候，遭遇了7.8级地震；有中国人在以色列旅行或工作的时候，遭遇了海法大火灾。

师：同学们，当你身处国外，突然遭遇了这样的意外，怎么办？

生：向当地的朋友求助！

生：向当地警察、政府求助！

生：向祖国求助！

师：三条途径，大家认为哪一条是最可靠的？

生：向当地的朋友求助！

生：向当地警察、政府求助！

生：向祖国求助！

师：今天，老师郑重地告诉大家，如果将来的某一天，你真的遇到了这种意外，作为中国人，向祖国求助是最可靠的！请大家注意，我说的向祖国求助是最可靠的有一个前提条件，大家听清楚是什么前提条件了吗？

生：作为中国人。

师：对！

【设计意图】告诉学生：如果将来的某一天，你真的在国外遇到了意外，作为中国人，向祖国求助是最可靠的！

三、解读中国政府几次大型撤侨行动

[利比亚撤侨：2011年，利比亚战争一触即发，中国调动了182架次中国民航包机、5艘货轮，动用了4架军机，租用20余艘次外籍邮轮，把35860名中国公民从利比亚安全接回家。我们来看一段视频。（播放视频）]

师：2011年3月4日，空军4架接运利比亚撤离人员的运输机安全抵达北京南苑机场。这批撤离回国人员共287人。41岁的中国水电二局工人冯克荣一下飞机，五体投地，亲吻祖国大地。

师：这个叫冯克荣的工人，为什么要用嘴去亲吻大地？我们都知道，机场的水泥地，是无数人脚踩过的地方，可能有很多细菌的。

生：这是他表达内心感情的一种方式。

师：什么样的感情？

生：感谢，感激。

师：此时此刻，在冯克荣心中，机场的那块水泥地，已经不是水泥地了，它是什么？

生：它是祖国大地，它代表的就是祖国母亲。

师：对！祖国大地，是最温暖的大地，是最有安全感的大地。所以根本就不在乎脏的问题。

（新西兰撤侨：2016 年，新西兰南岛发生地震，距离震中较近的海滨小镇凯伊库瞬间成为"孤城"。一时间，来自世界各国 1000 多名游客被困，其中就有 125 名中国游客。得到消息后，中国领事馆第一时间启动了撤离计划，租下所有可用的直升机，把中国游客一个一个安全撤离，安置到了安全城市。当时在凯伊库这座"孤城"里，人太多，于是就有人拿出了中国国旗，振臂一呼：中国人这边集合！手持中国护照的中国游客，在全世界人民羡慕和无奈的眼神中，第一时间离开了那座"孤城"。）

师：同样在这座"孤城"里，其他国家的公民就没有这么幸运，两名哀怨的英国游客表示，他们已经在此滞留了数个小时还无法离开，"没有人知道这里究竟发生了什么"。

（也门撤侨：2015 年初，也门内战爆发，也门国内安全形势急剧恶化。中国派出中国海军护卫舰，动用武装力量，把中国公民从炮火纷飞的也门，安全接回家。当时，美、英、法、德等 10 多个国家关闭使馆，要求本国公民自行撤离也门。）

师：大家对比一下中国政府和其他国家政府的做法。

生：中国派出中国海军护卫舰，动用武装力量，把中国公民从炮火纷飞的也门安全接回家。美、英、法、德等 10 多个国家关闭使馆，要求本国公民自行撤离也门。

师：很好！你觉得做中国公民有安全感，还是其他国家的公民有安全感？

生：当然是中国公民。

师：我们再来看两张图片，比一比哪一个国家的公民安全感强。

（叙利亚女孩：眼中充满恐惧，仿佛她面对的是一把枪。然而，在她前面的其实仅仅是一部相机。中国女孩：被海军小姐姐牵着手，迈着轻盈的步伐，踏上了接她回家的中国军舰。）

师：看这两张图片，你觉得哪一个国家的小女孩更有安全感？

生：中国小女孩。

【设计意图】告诉学生：中国政府对本国公民是最有责任感的政府，中国人是世界上最有安全感的族群。

四、每一个中国公民的背后都有一个强大祖国

师：在国外遭遇意外的时候，有人挥舞着中国国旗，走出了交战区（出示电影《战狼2》吴京以手臂为杆穿越交战区的图片）。这一个场景的原型是2011年利比亚撤侨行动中，首批撤离班加西的270人分8辆中小巴，穿越沙漠向埃及进发，车队在一个路口被持枪拦截，领队王守合下车跟他们谈判，成功放行。

在国外遭遇意外的时候，有人唱着中国国歌，走过了关卡。2011年2月27日，几十名在利比亚工作的中国工人，在撤离途中丢失了护照，被当地检查站扣留了。扣留的理由是：你怎么证明你们是中国人？

就在这时，有人对着队伍高声喊道："全体都有：集合，全体立正，唱国歌！""起来！不愿做奴隶的人们！把我们的血肉，筑成我们新的长城！……"国歌没唱完，检查人员就打开关卡，放行了。

师：在海外的中国人，为什么能畅通无阻？

生：因为他们的背后有一个强大的祖国。

师：对！强大的祖国能够给你什么？

生：安全感。

师：有国才有家，同学们，如果没有强大的祖国，哪里会有你的小家？就像叙利亚的那个小女孩一样，因为她失去了祖国的庇护，所以才那么卑微、胆怯。（朗诵）

中华人民共和国公民：

当你在海外遭遇危险，

请你不要放弃！

请记住，

在你身后，

有一个强大的祖国！

师：来，我们一起朗诵这一段话。（学生朗诵）

中国护照，也许不能把你带到世界的任何一个角落，但中国护照，可以把你从世界的任何一个角落接回家来。

师：习近平总书记说："中国共产党根基在人民，血脉在人民。坚持以人民为中心的发展思想，无论面临多大挑战和压力，无论付出多大牺牲和代价，这一点都始终不渝、毫不动摇。"

我们的安全感来自哪里？

（1）祖国的富强；

（2）中国共产党"人民至上，生命至上"的执政理念。

师：同学们，假如再给你一次机会，你会选择哪一个国家的国籍？

生：（齐）中国。

【设计意图】通过朗诵，震撼学生的心灵，激发学生的民族自豪感。

第9节　我们为什么要努力读书

宁乡市德育名师工作室　刘令军

【班会背景】

进入九年级以后，一部分学生迷失了方向，不知道自己为什么要读书：有些学生认为读书无用，北大毕业的陆步轩成了卖肉的屠夫，如果是做一个屠夫，不读书也完全可以；有些学生认为自己家庭条件好，根本就用不着读书；还有一些学生认为自己学习基础不好，无论怎么努力都不会有什么前途了……针对上述种种问题，特召开此次班会课。

适用年级：九年级下学期。

【班会目标】

（1）认知提升：知晓"读书可以帮助我们更好地实现生命的价值，让我们在未来的社会生活中有更多的人生选择，而不是被迫谋生"的道理。

（2）价值塑造：读书让我们的生命更有价值。

（3）外化于行：确立自己的理想目标，并朝着自己的理想目标不断前进。

【班会准备】

（1）资源：陆步轩、姚安娜、张立勇、何江的故事，何江哈佛毕业演讲视频片段。

（2）思路：以宁乡市经开区人才就业情况为切入点，说明努力读书，可以使自己在择业的时候，有更多的选择，而不是被迫谋生。通过北大屠夫陆步轩的案例，说明读书改变人的思维；通过富二代姚安娜的案例，说明读书让人自立自强；通过张立勇、何江的案例，说明努力读书可以实现人生逆袭。最后提炼核心观点：读书可以更好地实现人生命的价值。

一、讨论：不读书的好处和读书的坏处

师：同学们，你们是否想过一个问题，我们为什么要努力读书？

生：想过，可以过更好的生活。

生：可以实现自己的人生理想目标。

生：读书就是太难了，太苦了。

师：老师想跟大家讨论两个问题。第一个问题：假如你现在不读书了有什么好处？

生：可以去玩电游。

生：可以无顾忌地使用手机。

生：可以看小说。

生：可以出去打工赚钱……

师：很好，大家都看到了现在不读书的好处。那么第二个问题来了：假如你现在努力读书有什么坏处？

生：要每天熬夜写作业。

生：要每天坐在教室里上课。

生：少了很多玩耍的时间。

生：每天都要接受老师和家长的约束，没有自由。

生：这样的生活会持续六年，十年……

【设计意图】让学生充分发言，对"不读书的好处"和"读书的坏处"进行讨论，为本课核心观点的形成做好铺垫。

二、不读书会让我们失去选择的权利

师：为了上好本节课，老师特意去我们宁乡市的经济技术经开区做了一番就业调查，调查了一些工作岗位的要求和薪酬情况。下面，我们就来做一个体验活动。

全班起立，老师会逐步为大家展示岗位的工作要求和薪酬标准，当你觉得自己不适合或者不愿意从事这个工作的时候，你可以坐下去。

老师首先来到的是格力电器公司，现在他们正在招聘公司杂工，平均工资2000元，岗位主要有门卫和物业。

（大部分学生都坐下去了。）

师：你为什么会坐下去？

生：工资太低了。

（还有人站着。）

师：你为什么还站着？

生：我还想看看工作时间、工作要求啥的。

师：工作时间：门卫24小时在岗，每月4天假期；物业12小时在岗，每月4天假期。

生：工作有什么要求吗？

师：岗位要求是初中学历，吃苦耐劳，听从指挥，随叫随到。

师：你愿意做这份工作吗？

生：工作时间这么长，待遇这么低，这样的工作，我不愿意做。

师：你虽然不愿意做，但是等到你参加工作的时候，还不一定能找到这样要求很低的岗位。据宁乡经开区人力资源部门预测，由于人工智能的发展，这样的岗位需求职数会越来越少，到2030年，只需要现在岗位职数的50%，到2035年则只需要20%。

生：老师，还有更好的岗位吗？

师：当然有。请之前坐下去的同学再次起立。宁乡格力电器公司普工，平均工资 5200 元，岗位是流水线工人。

（大部分学生又坐下去了。）

师：你为什么坐下去？

生：我不想从事这样的工作。

（还有人站着。）

师：你为什么还站着？

生：我还想看看工作时间有多长。

师：12 小时在岗，每月 4 天假期。

生：有什么岗位要求？

师：岗位要求是高中（含职高）学历，吃苦耐劳，工作严谨细致，不能出错。

师：你愿意做这份工作吗？

生：勉强可以吧。

师：但是你至少要有职高学历，现在你还是初中生，所以你至少还要去读几年书。而且据宁乡经开区人力资源部门预测，由于人工智能的发展，这样的岗位需求职数会越来越少，到 2030 年只需要现在岗位职数的 20%，到 2035 年则只需要 5%。

生：到 2035 年则只需要 5%，看来以后就连这样的工作都很难找了。

生：老师，还有更好的岗位吗？

师：当然有。请之前已经坐下去的同学再次站起来。宁乡经开区规划设计师、工程师，平均年薪 15 万～ 30 万元，主要岗位有理财规划师，人力资源师，游戏、动画设计工程师等。

生：工作时间多长？

师：8 小时工作制，每月 8 天假期。

生：有什么要求？

师：岗位要求是大学本科学历，能进行创新设计和规划。

生：老师，这样的岗位是我需要的。

师：据宁乡经开区人力资源部门预测，由于人工智能的发展，这样的岗位需求职数会越来越多，到 2030 年会比现在的岗位需求职数增长 2 倍，到 2035 年则会增长 5 倍。

生：老师，还有更好的岗位吗？

师：有！宁乡经开区企业高级主管、高端专业人才，平均年薪 50 万～200 万元，岗位主要有部门经理、律师、高级工程师。

生：工作时间多长？

师：弹性工作制，可居家办公，每年可带薪休假一个月。

生：岗位要求呢？

师：硕士或者博士学历，在自己的专业领域里有一定的影响力。而且，据宁乡经开区人力资源部门预测，由于人工智能的发展，这样的岗位需求职数会越来越多，到 2030 年会比现在的岗位需求职数增长 5 倍，到 2035 年则会增长 10 倍。

师：六年或者十年以后，你想从事哪一个工作？

生：我只能说，我不想从事杂工和普工的工作。

生：我想做高级主管的工作。

师：我们之所以要努力读书，是让自己学到更多的本领，当有一天我们走入社会就业的时候，有更多选择的权利。

大家读一读这句话，仔细体会一下，你认为说得对吗？（生齐读）

【设计意图】通过对宁乡经开区人才招聘信息的分类与讨论，明确用功读书的意义在于：将来会拥有选择的权利，而不是被迫谋生。

三、驳斥读书无用论

师：有人说，读书无用，这个人就是例证。（出示陆步轩的照片）认识这个人吗？（生摇头）

师：（介绍陆步轩的卖猪肉经历）北大毕业，做了屠夫，被称为"北大屠夫"。是不是很丢脸？

生：一个屠夫，不读书也可以做呀。

师：因此，2013 年 4 月，陆步回母校演讲时说，"我给母校丢了脸、抹了黑，我是反面教材。"北大老校长许智宏说："北大学生可以做国家主席，可以做科学家，也可以卖猪肉。"因此，陆步轩做屠夫一点儿都没有给北大丢脸，因为……

生：因为什么？

师：因为他读了北大，有了自己的思想。（快速介绍陆步轩的发展经历）现在，你还说陆步轩给北大丢脸了吗？

生：这么厉害呀。

师：所以，一个没怎么读过书，只知道卖猪肉的人，他只会守着一个猪肉摊，把猪肉摊打理好；但是一个读过书的人，就会想到开连锁店，把生意越做越大。这就是思维的不同。因此《北京日报》在采访陆步轩之后总结道："读书不一定改变命运，但是能改变思维！"

【设计意图】陆步轩的例证，看上去是读书无用，但深究陆步轩的发展历程，就会发现一个道理：读书可以改变人的思维。

四、读书能帮助我们实现生命的价值

师：（PPT出示人像图片）大家认识她吗？（生摇头）

师：她叫姚安娜，是任正非的小女儿，任正非是华为的创始人，她家一年的收入比宁乡全市的财政收入还要多。（PPT介绍姚安娜的学习经历）

师：家庭这么富裕，为什么还要这么努力地读书？

生：她不想依赖父母。

师：说得对，姚安娜只想靠自己，不想依赖父母。按道理来说，依赖父母是天经地义的，是理所当然的，她为什么就不愿意呢？

生：或许在她看来，依赖父母是一种弱者行为，是做人的耻辱。

师：你们愿意什么事都依赖父母吗？

生：不愿意。

师：为什么？

生：因为我依赖不了一辈子。

师：下面我们来讨论两个问题。第一个问题是：我家庭条件好，为什么也要努力读书呢？

生：努力读书，你才能掌握自己的命运。

生：努力读书，你就能创造自己的未来。

师：说得很好，继续讨论第二个问题：读书有什么用呢？

生：读书可以让自己有更强大的生存能力。

生：读书可以让自己独立自主。

师：再看一个例子。（出示张立勇身穿厨师服装的照片）知道这是一个从事什么工作的人吗？

生：厨师。

师：张立勇，原籍江西赣南崇义县茶滩乡濑坑村，1993年辍学离家，曾在广东的竹制品厂和玩具厂打工，1996年进入清华食堂做临时工。大家觉得这个厨师会不会有大的出息？

生：应该不会有了，他就是一个临时工，每天都有做不完的工作。

师：但是你们错了。大家来看一看这个厨师的作息时间表。（PPT介绍张立勇的作息时间表以及学英语的细节）

生：太勤奋了。

师：你能做到像他这样勤奋吗？

生：不能。他后来怎么样了？

师：1999年起，张立勇先后通过大学英语四、六级考试，托福成绩630分，被清华学生尊称为"馒头神""清华大学英语神厨"。2008年10月，美国著名的"金头脑"英语传播公司在与张立勇多次沟通后，聘任他为中国分公司CEO。知道CEO是什么样的岗位吗？

生：就是一个团队的领导者。

师：对，就是宁乡经开区说的企业高级主管、高端专业人才，平均年薪50万～200万元。是什么原因让"馒头神"张立勇实现了自己的人生逆袭？

生：他从自己的睡眠时间里、吃饭的时间里，抠出来几个小时。

生：从别人认为不可能的地方抠出时间来，做自己人生中最重要的事情。

师：对，你们可曾这样抠过时间？（生摇头）

师：再看一个案例，何江，宁乡市坝塘镇人，初中就读于宁乡市停钟中学。

一个农村的孩子，读的也是农村的中学，他会不会有大的出息？

生：估计会，但是很难。

师：何江 2002 年考入宁乡一中。2005 年，17 岁，以湖南省前 300 名的优异成绩考入中国科学技术大学，四年保持全院成绩第一。21 岁，不仅收到了哈佛、斯坦福等大学的录取通知书，还拿到了哈佛 50 万美金全额奖学金。27 岁，哈佛博士毕业。2016 年 5 月 26 日，何江在哈佛大学毕业典礼上做全英文演讲，被媒体称为"哈佛毕业演讲中国第一人"。来，我们一起来看看他的全英文演讲。（播放视频片段）

师：（访谈）有什么感受？

生：我觉得我也应该像他一样，让自己的生命更精彩。

生：我要努力读书，为国争光。

师：1911 年，14 岁的周恩来在回答老师提问时说"为中华之崛起而读书"，他的志向，成为天下读书人的榜样。

师：（总结）读书能带给我们什么？读书给我们的生命创造了更多的可能性，可以帮助你去实现自己的人生理想，能让我们的生命更有价值，更有意义！如果你不希望自己这一生碌碌无为，那么，去努力读书吧！

师：最后，我想回到堂课之初的那个话题，讨论了不读书的好处、读书的坏处，你会怎么进行选择？

生：选择读书。

师：老师希望能在行动中看到你们的选择。同学们，年少时的几年放纵，换来的可能是碌碌无为的一生！

人在年少的时候吃苦，是人生财富，希望大家通过老师的这一堂课，能够看清楚：读书，可以帮助我们实现生命的价值。读书，可以让我们的生命更有价值！

【设计意图】通过姚安娜、张立勇、何江的案例，提炼本课的核心观点：读书，可以让我们的生命更有价值！

第10节 给自己积极的心理暗示

宁乡市德育名师工作室 刘令军

【班会背景】

进入初中以后，班上有一些学生形成了消极的自我概念：在学习过程中，有一个女生觉得"我不是学数学的料"，这种自我暗示导致她数学成绩真的越来越退步，形成了消极的自我概念。有的学生觉得"别人都不喜欢我"，经常这样消极地暗示自己，结果发现喜欢她的人真的越来越少。有的男生，老是觉得自己学不好英语，不敢当众讲也不敢当众读，后来，他真的英语成绩越来越差，消极的自我暗示，让他没有自信，也没有意志去进行努力。为了帮助学生用积极的心理暗示克服消极的自我概念，增强自信，特设计本节班会课。

适用年级：九年级下学期。

【班会目标】

（1）认知提升：知晓"自我暗示"的概念，知晓消极的自我暗示能形成消极的自我概念，而积极的自我暗示能形成积极的自我概念。

（2）价值塑造：积极的心理暗示，能够让我们拥有积极的心态，采取更积极的行为。

（3）外化于行：用积极的心理暗示改变自己。

【班会准备】

（1）资源：小品《卖拐》视频，《我真的很不错》音乐视频，背景音乐班得瑞《迷雾森林·清晨》。

（2）思路：通过"最喜欢做的事情就是到你们班上班会课"的现场呼应导入，让学生了解什么是自我暗示，积极心理暗示能帮助我们建立积极的自我概念。通过分享和交流，学会用积极的自我暗示来提升自信，改进自己的行为。

一、情境体验活动：师生呼应游戏

师：现在，老师想大声宣布：

我最喜欢做的事情，就是到你们班上班会课！

分组讨论一下：你们怎么回应老师的宣布？

（学生自由讨论一分钟，一分钟以后采访学生。）

生：谢谢老师。

生：我最喜欢做的事情，就是上刘老师的班会课！

生：我最喜欢做的事情，就是跟刘老师说话。

师：大家采纳哪一个同学的呼应？

生：（齐）第二个同学的。

师：好，我们再来演练一遍。我最喜欢做的事情，就是到你们班上班会课！

生：（齐）我最喜欢做的事情，就是上刘老师的班会课！

师：今天你开心吗？为什么？

生：开心，因为能上刘老师的班会课。

师：谢谢肯定。喜欢上刘老师的课吗？为什么？

生：喜欢，因为你的课，充满了正能量。

师：你今天之所以会喜欢刘老师，喜欢上刘老师的班会课，是因为你受到了刘老师的积极心理暗示。你接受了刘老师的积极心理暗示以后，同时也接收到了老师送给大家的礼物：健康、漂亮、学习进步。

生：老师，你送给我们这样的礼物了？真的假的？

师：当然是真的，脑科学研究表明：当你心情愉悦时，大脑会制造出"快乐荷尔蒙"和"年轻荷尔蒙"——内啡肽，体内的每个器官、每个细胞会变得更健康、更年轻，思维会更敏捷，因此你就会收获健康、漂亮、学习进步。如果你心情抑郁，经常否定自己，大脑就会分泌出更多的"痛苦荷尔蒙"——肾上腺素，身体的免疫功能受到抑制，你就容易患各种各样的疾病。

大家看，这是著名男高音歌唱家蒋大为，1947年1月22日出生，今年已经76岁，你看他这个样子像一个76岁的老人吗？

生：不像。

师：这是男高音歌唱家阎维文，1957年8月26日出生，今年66岁，你们看他像一个66岁的老人吗？

生：不像。

师：这是中国著名女高音歌唱家李谷一，1944年11月10日出生，今年已经79岁，你们看她像一个79岁的老人吗？

生：不像。

师：知道为什么吗？（学生摇头）

师：蒋大为唱的《在那桃花盛开的地方》，阎维文唱的《小白杨》《说句心里话》《一二三四歌》，李谷一唱的《难忘今宵》。这些歌唱家，每天唱的都是积极向上的歌、快乐的歌，唱着唱着，就把自己给唱年轻了。

师：还有这个人（PPT出示图片），叫文天祥，南宋末年政治家、文学家。1278年，文天祥在五坡岭被俘，押至元大都，被囚达三年之久。监狱中阴暗潮湿、蚊虫叮咬，缺衣少食，受尽折磨，文天祥居然没有生病。知道为什么吗？（学生摇头）

师：因为文天祥的内心有强大的信念，即他要"留取丹心照汗青"。这个强大的信念，让他坚强地活了下来，他在写下著名的诗篇《过零丁洋》以后，从容就义。

【设计意图】通过师生呼应游戏，帮助学生建立心理暗示的初步印象，并制造一个悬念：收到了老师送给大家的礼物——健康、漂亮、学习进步。

二、心理暗示的概念解读

师：知道什么是心理暗示吗？

生：不知道。

师：我们先来看一个视频。（播放小品《卖拐》视频）

师：范厨师是怎么变瘸的？

生：被忽悠瘸的。

师：范厨师是在什么情况下变瘸的？

生：赵本山在前面走的时候，走着走着，他就一瘸一拐的，后面跟着的范厨师，跟着也就一瘸一拐了。

师：对，范厨师之所以会变瘸，就是因为受到了赵本山的心理暗示。所谓心理暗示，就是指人接受外界或他人的愿望、观念、情绪、判断、态度影响的心理特点。范厨师之所以会变瘸，主要的原因就是因为他跟在赵本山的后面走，不知不觉就受到了他的暗示，变成了一瘸一拐地走路。心理暗示分为两种：他人暗示和自我暗示。

他人暗示：罗森塔尔效应

1968 年，美国心理学家罗森塔尔来到一所小学进行实验。

他们从一至六年级各选了 3 个班，对这 18 个班的学生进行了"未来发展趋势测验"。之后，罗森塔尔以赞许的口吻将一份"最有发展前途者"的名单交给了校长和相关老师，并叮嘱他们务必要保密，以免影响实验的正确性。

其实，罗森塔尔名单上的学生是随便挑选出来的。

8 个月后，罗森塔尔和助手们对那 18 个班级的学生进行复试，结果让人意外，因为凡是上了名单的学生，每一个成绩都有了较大的进步，而且性格活泼开朗，自信心强，求知欲旺盛，更乐于和别人打交道。

名单上的学生为什么每一个成绩都有了较大的进步？

心理学家的暗示（这些学生有发展前途）—老师的暗示（你有发展前途）—学生认为我有发展前途—因此变得自信勇敢—开始积极行动—走向成功。

罗森塔尔对学生进行了积极的暗示，学生受到了积极暗示，采取了积极行动，所以他们的表现就如期待的那样——有发展前途。

自我暗示：马克死亡之谜

马克是一家食品公司的员工，这天他在冷冻库里检查储备物品，下班时间到了，他开门准备回家，却惊恐地发现门坏了，怎么打也打不开，而且任他怎么按警铃，也没有人回应。想到要在这零下 20 多度的地方待一夜，马克绝望了……

第二天来上班的同事，在冷冻库里发现了被冻僵了的马克，百思不得其解的是：为什么他会被冻死了呢？昨天公司停电了一个晚上……即使没人听到他按的警铃，也不至于被冻坏了啊！

马克为什么他会被冻死了呢？

马克受到了消极的自我暗示：我被关在冷冻库里了—这里温度很低，会冻死人—没有人来解救我—我死定了—绝望了—内心无比恐慌—失去生存意志—死了。

马克受到了消极的自我暗示，失去了生存的意志，所以最后他死了。

师：你在学习和生活中，是否受到过他人暗示，或者进行过自我暗示？分享你的故事。

生：我读小学的时候，有一次，语文老师把我的作文拿到班上作为范文进行分享，老师表扬我的语言生动活泼，有灵性。从那以后，我喜欢上了写作。

生：前不久，英语老师表扬我口语标准，我越来越有信心了。

生：数学老师表扬我空间想象力很强，我越来越喜欢数学课了。

师：你们都受到了积极的心理暗示。

【设计意图】用小品《卖拐》的视频，引出心理暗示的概念，再通过两个故事让心理暗示的概念更具象，更饱满。

三、自我暗示的方法

师：在我们的学习和生活中，他人暗示可遇不可求，我们可以把握的是自我暗示。自我暗示分为三类。

1. 语言自我暗示

它的使用方法是：

（1）使用肯定句；

（2）语句越简短，越有效果；

（3）多次重复说。

写作：

今天我很开心，因为_____。

今天我在_____有进步。

今天我很自信，因为_____。

2. 行为心理暗示

它的使用方法是：

（1）经常微笑，或者大笑；

（2）经常性地舒展身体，比如伸懒腰、张开双臂、挺胸抬头、双腿分开；

（3）对着镜子做这些动作，效果会更好。

练习：

做两个给自己积极暗示的行为。

注意：

行为心理暗示比语言心理暗示更加有效，每一种动作，每一种表情，都具有强烈的心理暗示和自我暗示作用。

3. 环境自我暗示

它的使用方法是：

（1）多待在宽敞明亮的区域；

（2）用绿色和蓝色装点周边（因为绿色和蓝色容易联想到自然、海洋和天空，营造舒适宽广的环境）；

（3）在墙上贴上某些暗示的文字；

（4）多用暖色调（红色、橙色、黄色、棕色为暖色，象征着太阳、火焰、大地）的物品。

【设计意图】通过一些具体的操作和训练，教会学生进行自我暗示的具体方法，并能够在现实生活中进行具体操作。

四、学会给自己积极的心理暗示

师：李老师是一名英语老师，她教的班级，在一个学期以后，经检测 85%

的同学英语成绩有了进步。想知道李老师的秘密武器是什么吗?

生:想呀。

师:李老师的秘密武器就是,学生在做家庭作业前花三分钟时间做好三件事。

(1)花两分钟时间,唱一首自己特别喜欢的歌,同时面带微笑,摩拳擦掌,跃跃欲试。

(2)告诉自己,下面我要做的,是我喜欢做的,下面做的,是我能够做好的。

(3)提醒自己,我一定要比平时更认真,更细心。

来,我们一起来练练。

师:在学习和生活中,懂得使用积极的暗示,可以让一个人重塑信心,激发潜能,战胜困难挫折,从而使其健康快乐地成长。

(播放《我真的很不错》音乐视频)请大家站起来,跟我一起做:

我真的很不错!(右手伸出大拇指,先敲击左肩,再敲击右肩,然后向前方笔直伸出。)

我真的很不错!(左手伸出大拇指,先敲击右肩,再敲击左肩,然后向前方笔直伸出。)

我真的真的真的真的很不错!(双手伸出大拇指,交叉敲击左右肩,不交叉敲击左右肩,然后双手向前方笔直伸出。)

师:(总结)经过实证研究,积极的心理暗示,能显著影响你的心理状态,让你的心情更愉快,自信心更强,行动更敏捷,思维更活跃。请大家收好老师送给大家的礼物——健康、漂亮、学习进步。在今后的学习和生活中,大家每天都能给自己一点积极的心理暗示,并以此为动力,成为学习的强者、生活的强者。

【设计意图】运用学到的心理暗示知识,解决学习和生活中遇到的问题,让自己变得更自信,行为更积极。

第11节 努力到竭尽全力，拼搏到感动自己

宁乡市德育名师工作室 闵鑫

【班会背景】

临近中考，随着学习压力增大，一些学生开始出现烦躁、恐惧情绪，厌倦无休无止的加班加点。本节课力图让学生扫除内心障碍，减少对结果的焦虑，重视每一天、每一堂课的具体过程，拼尽全力，永不放弃。

适用年级：九年级下学期。

【班会目标】

（1）认知提升：知晓临近中考应该有的学习状态是：永不放弃，不想结果，认真上好每一堂课，做好每一道试题，完成好每一天、每一刻的学习任务。

（2）价值塑造：只要有1%的希望，就要尽100%的努力，明知不会赢，也要拼尽全力。

（3）外化于行：面对学习压力，不放弃不退缩，拼尽全力。

【班会准备】

（1）资源：中国女排的故事，邢益凡的故事，电影《夺冠》中女排的训练视频，视频《时隔12年中国女排重返奥运之巅》《女排精神唱响"中国最强音"》。

（2）思路：通过中国女排的故事、邢益凡的故事，告诉学生，面对中考压力，应该勇敢向前，永不放弃，不想结果，做好学习过程中的每一件事情。

一、认识自己的压力，进行压力测评

（活动一：摆好桌椅，在教室留出宽阔的通道，中间摆一张凳子。然后请两位同学蒙上眼睛向前走，看谁先走到后面的黑板前。活动过程中，附近的同学悄无声息撤去障碍。）

师：为什么障碍撤去后，两位同学都不敢大胆地快步前行呢？

生：因为蒙着眼睛，看不见路。

生：因为在他们心里，路上有凳子，有障碍物，所以不敢大步往前走。

师：心中有障碍，阻挡了前进的步伐。这一节课我们一起来扫除心中的障碍。

师：中考临近，同学们在学习生活中是否心里也有这样的障碍呢？我们来进行一个压力测评。请大家在草稿本上，左边写测评的序号，右边写自己的得分。

压力测评：

（1）我担心考不上自己满意的高中；

（2）不能专心学习，前一刻还许下诺言要好好学习，下一刻就集中不了注意力；

（3）我想努力，但是我上课实在听不懂；

（4）除了完成老师交代的作业之外，不知道做什么；

（5）老师布置的作业太多导致没有时间复习；

（6）感觉学不进去，学习没有兴趣，成绩提升困难；

（7）晚上睡不着，白天又很困；

（8）不知道怎样提高自己的成绩；

（9）我努力了，但是成绩并没有明显的提升；

（10）我感觉自己压力很大。

师：老师采访几位同学，说出你的压力测评结果。（略）

【设计意图】知晓自己在临近中考时，因为内心有障碍，导致自己不敢大步向前。

二、中国女排给我们的启示

师：面对这些压力，你一般会对自己说什么？

生：压力太大了，反正也学不进去，要不还是算了吧。

生：对中考越来越焦虑，万一考不好怎么办？

师：不同的人，面对压力的态度不一样。下面我们来看一看多年前，面对压力，中国女排是怎么做的。

她们的主要对手是日本女排，当年有"东洋魔女"之称。上世纪 60 年代，在教练大松博文的调教下，日本女排曾创下 118 场国际赛事连胜纪录。我们来看看中国女排的训练情况。（播放电影《夺冠》中女排的训练视频）

师：视频中，你印象最深的是哪一句话或者哪一个镜头？

生：袁伟民说："美国人不会对你手软，日本人不会对你手软。"

生：袁伟民说："别哭，中国女排，流血不流泪。"

生：当你的判断成为下意识的时候，你在赛场上，才可能出现在正确的位置上。下意识怎么来？训练来的，不是一般的训练，而是日复一日成千上万次不断重复的训练。

师：1981 年，中国女排参加了 11 月在日本举行的第三届世界杯排球赛，经过 7 轮 28 场比赛，以 7 战全胜的成绩首次获得世界杯赛冠军。

从 1981 年到 1986 年，中国女子排球队在世界杯、世界锦标赛和奥运会上，连续五次夺得世界冠军——"五连冠"。

上世纪 80 年代的中国，正是百废待兴，女排以拼搏精神赢得五连冠的成绩，中国女排成为了当时中国人的模范和骄傲，更是中国在 80 年代腾飞的象征。

师：当年有一个女排队员，被中央电视台体育解说员宋世雄称为"铁榔头"，知道是谁吗？

生：郎平。

师：知道为什么叫"铁榔头"吗？

生：说明她打球非常强硬。

师：对，因为郎平扣球十分凶猛，当时少有人能够接起郎平的扣球，郎平的扣球往往能取得"一锤定音"的效果。

2016 年夏季奥运会于 8 月 6 日至 8 月 21 日在巴西里约热内卢举行，共有 12 支女子排球队参加比赛。此次奥运之旅，中国女排走得相当艰难：以小组第四进入四分之一决赛，却靠着顽强的意志逆袭成功，淘汰卫冕冠军东道主巴西队。在半决赛中，又战胜荷兰队，最终战胜欧洲劲旅塞尔维亚队，获得冠军。

我们一起来看看中国女排迎战塞尔维亚的冠军之战。（播放视频《时隔12年中国女排重返奥运之巅》）

生：首局中国女排以19：25落败。

生：第二局开始，塞尔维亚继续以3：2占先，朱婷带队打出一波小高峰，将比分追到6：3，塞尔维亚队叫了暂停。

生：第四局，中国姑娘在场上显示出必胜的决心和信心，气场全开，塞尔维亚队毫不示弱，力争背水一战。

生：创造了奇迹，太不可思议了。

师：我们来看8月22日的中国新闻。（播放视频《女排精神唱响"中国最强音"》。）

郎平说："我们就是永远不放弃，追求每一分，不要去想结果，认真打好每一分，该是什么就是什么。什么是女排精神？女排精神就是：流血不流泪，掉皮不掉队，只要有1%的希望，就要尽100%的努力，明知不会赢，也要拼尽全力的。"

师：我们一起齐读一遍郎平的话。（生齐读）

师：女排精神能运用到我们的学习中吗？

生：能，永不放弃，不想结果。

生：就是认真上好每一堂课，做好每一道试题。

生：就是完成好每一天、每一刻的学习任务。

师：（总结）永不放弃，不想结果，认真上好每一堂课，做好每一道试题，完成好每一天、每一刻的学习任务。

【设计意图】让学生知晓女排精神的内涵，自觉将女排精神运用到自己的学习中。

三、邢益凡给我们的启示

师：邢益凡，18岁时体重却仅有18公斤。6个月大时，他被确诊为

LAMA2-相关先天性肌营养不良（渐冻症的一种）。他的肌肉几乎不能生长，只能独坐，无法站立行走，脊柱严重畸形，竖头无力。

师：你的体重是多少公斤？

生：65 公斤。

师：你可以想象到邢益凡有多瘦吗？

生：不敢想象。

师：因为患病，邢益凡最大的运动能力仅仅是独坐，无法像其他孩子一样站立、行走。你们猜想一下看，邢益凡会去读书吗？

生：应该不会吧。

生：应该不会，活着都已经相当艰难。

师：他上学了。他并没有向残酷的命运低头，而是把学习作为最大的乐趣，在家人的帮助下，坚持生活、上学。

这是他学习时的照片（PPT 出示）。上课、做题时，他只能用下巴撑在桌上支着头，由于严重脊柱畸形，邢益凡一堂课最多能坚持坐着听课 30 分钟，剩下 15 分钟只能躺着听课，全靠大脑想象老师讲的知识。

师：再猜想一下，邢益凡的学习成绩会好吗？

生：应该不会好。

生：不可能会好。

师：但事实是，中考时，邢益凡以 615 分的成绩考入吉林一中，考出了学校最好的中考成绩。也就是说，邢益凡的中考成绩是他们学校的第一名。

生：太不可思议了，居然是全校第一名。

生：太令人震惊了。

师：继续猜想，邢益凡能完成高中的学业吗？他会去参加高考吗？

生：应该会，但是会很难。因为高中的学习更难了。

师：邢益凡完成了高中的学业，并且他下定决心去参加高考。高考临近，邢益凡用仅剩一点儿肌肉力量的双手，完成了一张又一张试卷，一天最多做了 20 多张，经常做到凌晨一两点，每天疲倦到沾床就能睡着。

他的骨头非常脆弱，稍有不慎就有折断的危险。备战高考期间，邢益凡在准备上床睡觉时不慎右臂肩关节骨折，进行了长达 3 个月的治疗。

生：跟他相比，我觉得我遇到的都不是事。

师：继续猜想，邢益凡的高考成绩会好吗？

生：估计会好。

师：2021年高考，邢益凡考出了645分的优异成绩，被北京航空航天大学录取。

生：我的天哪，645分，太不可思议了。

师：我们来看看网友的评论。

· 这种坚忍的意志，不屈不挠的精神，值得每个人敬佩，这个帖子要给我家孩子看看，我们这些健康的人，还有什么理由不努力呢？

· 看得我泪眼汪汪，孩子加油，辛苦你了，祝福你父母，加油。

邢益凡说："我就想看看，我还能走到哪一步，想再往前奔一奔。"

邢益凡遭遇了那么大的人生劫难，他是怎么做的？

生：不放弃努力。

师：我们能从邢益凡的身上学到什么？

生：永不放弃。

师：永不放弃，不想结果，认真上好每一堂课，做好每一道试题，完成好每一天、每一刻的学习任务。有一个初三的学生看了邢益凡的报道以后在文章中这样写道：

从现在起，每天晚上都要这样问自己：今天我竭尽全力了吗？今天我思考和掌握了多少东西？又有哪些知识我没有弄明白？怎么处理？明天我准备做什么？怎么安排？

从今天起，做一个认真的自己，聚精会神，精益求精。

从今天起，做一个奋进的自己，瞄准目标，奋勇前行。

从今天起，做一个执著的自己，战胜自我，挑战自己。

从今天起，做一个坚强的自己，顽强拼搏，奋斗到底。

师：我们一起来把上面的这段话齐读一遍。（生齐读）

【设计意图】通过邢益凡的事例，让学生知晓什么是坚忍的意志，什么是不屈不挠的精神，这种意志和精神正是当下我们最需要的精神食粮。

四、总结提升

师：同学们，前方就是中考，让我们勇敢向前！

永不放弃，不想结果，认真上好每一堂课，做好每一道试题，完成好每一天、每一刻的学习任务。

努力到竭尽全力，拼搏到感动自己。

【设计意图】给学生鼓劲加油。

第12节　挫折是一块磨刀石

宁乡市德育名师工作室　戴姣

【班会背景】

进入初中以后，学生们学习上遇到的困难，生活中遭受的挫折，人际交往中的各种问题，渐渐地需要自己独自去面对。遭遇挫折之后，有的学生怨天尤人，觉得自己太倒霉；有的学生觉得自己能力不足，否定自己；有的学生甚至不敢直接面对，选择逃避。鉴于此，有必要组织一次班会课，教会学生如何正确看待挫折。

适用年级：九年级下学期。

【班会目标】

（1）认知提升：知晓什么是挫折，人生路上遇到挫折是必然的，遇到挫折时有失望、痛苦等情绪也是正常的，不要否定自己，也不要逃避，而应该直面挫折。

（2）价值塑造：挫折能够绊倒一部分人，也能够成就一部分人，那些绽放了生命精彩的人，都是战胜了挫折的人，都是把挫折当成磨刀石的人。

（3）外化于行：把挫折当磨刀石，用积极行动战胜各种挫折。

【班会准备】

（1）资源：视频《成龙经历过的挫折》《侯斌经历过的挫折》，背景音乐贝多芬《生命交响曲》。

（2）思路：通过讲述成龙和侯斌的故事，以及身边同学的一些故事分享，让学生明白挫折能够绊倒一部分人，也能够成就一部分人，引导学生用坚强的意志去战胜眼前遇到的挫折。

一、聊聊伤疤的事情

师：请看一看自己，从头到脚，你有没有留下超过了半年的伤疤？和小组同学说一说，你是在什么情况下受的伤？

（同学们小组交流，老师采访学生。）

生：我的膝盖受了伤，那是我刚学骑自行车的时候摔的，当时鲜血直流，我还看到了自己的骨头。这个伤疤已经两年了，恐怕一辈子都不能去掉了。

生：我的肚子上留下了一个小小的伤疤，那是我六岁的时候做阑尾炎手术留下的。当时我还小，身上插满了各种管子，有尿管啊，胃管啊，还要打点滴，难受极了。不过，现在留下的印记很小很小。

生：我的额头受了伤，那是我小时候调皮捣蛋留下的。我和一个同学放学后没有直接回家，我们在路上玩。我看到一块废弃的玻璃，就跟同学吹牛说，我会铁头功。我想学电视里的杂技演员一样砸下去，结果血流不止。当时额头上还缝了五针。

师：看来同学们这些年也是"历经磨难"过来的。我想问问这几位同学，你们到现在还在意自己的伤疤吗？

生：不在意了。反正也不疼了。

生：当时特别难受。现在不在意了，反而觉得自己挺了不起的，因为妈妈总是夸我从小就很坚强。

师：你认为这些伤疤带给了你什么？

生：带给了我难看，我的伤疤留在额头上，大家都能看见。

生：带给了我痛苦，当时确实挺疼的。

师：你们说的都是表面现象，其实，伤疤带给我们的是勇敢、顽强、坚韧。你想一想你自己，是不是在经历过这些伤痛之后，变得顽强了，变得勇敢了，变得坚韧了？因此，我们应该感谢伤疤。

生：老师，你这么一说，还真是的，以前我从未意识到伤疤会带给我们好处。

师：对于伤疤的认识，最深刻的是成龙，一个功夫明星，来，我们看看他的经历。（播放视频《成龙经历过的挫折》）

师：同学们，看了成龙的故事，联想自己的经历，你现在对伤疤有什么全新的认识吗？

生：我觉得我们不要害怕伤疤，因为过一段时间就好了。

师：对。疼痛只是暂时的。

生：虽然我们不要害怕伤疤，但是我们还是要学会保护好自己，不要让自己随随便便就受伤了。我们自己会疼，家长也会心疼。

师：说得很好。我们也不要做无谓的"牺牲"。

生：我们每个人都是在跌跌撞撞中长大的，伤疤培养了我们性格中的坚韧和顽强。

【设计意图】让同学们感受这种看得见的挫折，通过交流和观看视频、反思，认识到挫折只是暂时的，我们不要惧怕，并且要学会从中吸取经验和教训。

二、说说人生的挫折

师：同学们，请想一想，有没有一件事情让你在很长一段时间里都觉得委屈、愤怒、生气、受伤、难过？比如，学习成绩不理想、同学之间产生矛盾、老师的误会……

生：有。六年级毕业会考的时候，我正好感冒了，没考好。自己本来心情就不好，整个暑假妈妈一直在唠叨，那段时间真是难熬啊！

生：那天在宿舍里，我取错了一条裤子，因为我的那条裤子跟隔壁宿舍一位女生的裤子一模一样。我发现拿错了，就把裤子叠好，还给了她，并且跟她道了歉，她也接受了。可是，事情过后，我却听到隔壁班居然有人小声议论，说我是"小偷"。真是气死我了。

师：身正不怕影子歪。我倒是发现，你处事挺稳重，挺成熟，这是你们这个年龄段里很难得的。

生：暑假里，最爱我的外婆离开了人世。我到现在还经常梦见她。

师：生老病死，是人生的自然规律。外婆爱你，一定更希望你能阳光、健康地生活。同学们，刚才大家聊到的，就是我们人生中遭受的各种挫折。通过刚才几位同学的分享，我们大抵对挫折已经有了一些概念。那么，接下来，老师想请大家根据自己的理解，来给挫折下一个定义。

生：挫折就是我们遇到的阻碍。

师：你说得很好，能不能说得更清楚一点，是我们在做什么事情时遇到的阻碍呢？

生：是我们在为达成某一个目标时遇到的阻碍。

师：这个表述更全面了，那么，遇到挫折会带给我们什么样的心理感受呢？

生：会带给我们痛苦、失望、沮丧、不安等感受。

师：这些感受对我们有没有伤害？

生：会带来伤害。

师：好，综合大家的意见，我们可以给挫折定义为：挫折，是指人们在有目的的活动中，遇到阻碍人们达成目的的障碍。这种阻碍会在心理上给人带来失望、痛苦、沮丧、不安等情绪反应，会给人带来实质性伤害。

现在，请大家来完成这样几道填空题。

（1）漫漫人生路，遇到大大小小的挫折是（　　　）的。

（2）遇到挫折时，我们在一段时间内失望、痛苦、沮丧，这都是（　　　）的。

（3）挫折是（　　　）的，我们努力就能（　　　）它。

（4）挫折能够绊倒一部分人，也能够（　　　）一部分人，关键是看人们有没有（　　　）渡过难关。

（学生完成填空，老师请学生分享。）

生：漫漫人生路，大大小小的挫折是必然的。

生：遇到挫折时，我们在一段时间内失望、痛苦、沮丧，这都是正常的。

生：挫折是暂时的，我们努力就能打败它。

生：挫折能够绊倒一部分人，也能够成就一部分人，关键是看人们有没有信心和勇气渡过难关。

师：同学们，大家写得棒极了！我们一起来有力量、有感情地读一读。（学生齐读上面四句话）

师：同学们，请小组内相互交流，选择其中任意一句话，举例加以论证，你可以举古今中外名人的事例，也可以举身边同学、老师、社会上熟悉的人的事例。

（学生交流讨论，老师请学生分享。）

生：我觉得乐乐就是我们的榜样。开学的时候，她刚做了手术，体育锻炼都不能参加，还经常请假去复查。但是，她很阳光，也很上进，虽然缺了很多课，但是功课一点也没落下。我觉得正是因为她有信心和勇气，才能渡过难关。

师：那我们问问当事人乐乐吧！

生：我觉得这四点都符合我。每个人都会遇到挫折的，其实我在刚开始的一段时间也很郁闷，心情很不好，还冲家里人发脾气。但是，难熬的日子终究会过去。当然，我也承认，这段时间学习上花的功夫比以前要多一些。（全班鼓掌）

生：大家都知道的，刘禹锡就是一个在挫折中成就自己的人。他屡遭贬谪，最后只能住在小小的斗室里，却写出了流传千古的好文章《陋室铭》，"刘禹锡"这个名字也因此被人们记住。

生：不知道大家有没有印象，在我们校门不远的地方，有一位爷爷，他的脚有一点跛，但是他自食其力，开了个肉铺，每天都是乐呵呵的。

生：小喻是我的榜样。别看他现在成绩还不错，其实他小学的时候成绩特别差，尤其是拼音与汉字的书写，他不会读拼音，汉字的书写笔顺没有一个是对的。但是，进入初中，他不仅努力学好新知识，还不停地补习前面的内容，进步很大。

师：是的。挫折是暂时的，不过这也有一个条件，就是我们要勇敢面对，而不是选择逃避。当事人小喻，你也说句话吧！

生：是的。我上一年级的时候，有一次奶奶送我进了学校，我还溜回去了。刚开始补习拼音和练习书写时，觉得挺难坚持的，效果也不大。不过总算挺过来了，感谢自己当初的坚持和不放弃。

【设计意图】通过同学们积极地发现和思考，结合名人事例和生活实际，深刻认识到挫折可以被战胜，战胜挫折需要信心和勇气等。

三、听听侯斌的故事

师：同学们，我们一起来听听侯斌的故事吧！侯斌，在他九岁的时候，因为意外事故失去了左腿。你能想象一个九岁的孩子失去一条腿后，会是怎样的状态吗？

生：心里会非常痛苦，会觉得特别无助，会每天哭。

生：他不能自己去上学，到了学校也会有同学投来异样的目光。

生：不能打篮球，不能做游戏，不能上体育课。

师：是的。除了忍受身体的伤痛，他还要忍受心理的折磨，对未来充满担忧。可是，也正是在那段特别煎熬的日子里，侯斌除了学会用假肢走路，还学过绘画，学过按摩，也学过修表。这些事情他都做得不错，所以他顺利找到了工作。后来，他还做了什么呢？我们一起来看视频。（视频播放《侯斌经历过的挫折》）

师：所有人练跳高，都是跳横杆，唯独侯斌一个人跳栅栏。侯斌为什么不跳横杆？

生：因为他觉得跳横杆的随意性太大了，会导致比赛的准确性不够。

师：跳栅栏有什么危险？跳栅栏有什么好处？

生：如果没有跳过去，人会受伤，但是跳栅栏能倒逼运动员把每一步都测量准确。

师：从侯斌的故事里，你们获得了什么启示？

生：挫折能够绊倒一部分人，也能够成就一部分人，那些绽放了生命精彩的人，都是战胜了挫折的人。

【设计理念】用典型人物侯斌的真实故事，给学生以启发，坚定学生战胜挫折的信念。

四、怎样克服挫折

师：人生难免会遇到挫折，这是不可避免的，而挫折有着正面和负面的影响。它既可使人走向成熟、取得成就，也可能破坏个人的前途，关键在于你怎样面对挫折。

（1）学会冷静。这是我们遇到挫折时首先要学会的第一件事，很多人一遇到挫折或者不如意时，往往都会表现得很冲动和急躁，甚至对身边的人发脾气，这样不但不利于解决问题，还会将问题严重化。

（2）停止抱怨。很多人在遇到挫折时，总是会不停地抱怨，这时候再去抱怨是于事无补的，还不如想办法去解决问题更好。

（3）先停一停。必要的时候让自己先停下来，不要纠结它，让自己的头脑放空，或者转移一下紧绷着的注意力，休息过后或许能想出好方法来。

（4）积极应对，直面挫折和压力，找到正确的途径去解决。如果是能力不足，就尽全力去提高自己的能力。如果是心态问题，我们可以通过不断修炼，使自己拥有足够强大的心态。

（5）请人帮忙。俗话说，一人计短，两人计长，不要觉得找人帮忙不好意思，朋友之间就应该是互相帮忙的，这次请朋友帮忙，下次再帮回去就可以了。

英国哲学家培根说过一句名言："超越自然的奇迹多是在对逆境的征服中出现的。"同学们，永远不要对自己说不能，永远不要对自己说放弃，挫折是一块磨刀石，它的作用就是把你打磨得更加锋利！愿大家都把挫折当磨刀石，在挫折中实现自我成长。

【设计意图】提出了五条措施，指导学生如何去克服挫折。挫折是一块磨刀石，它的作用就是把你打磨得更加锋利！